HACKERS TOEFL
ACTUAL TEST WRITING 300% 활용법

토플 스피킹/라이팅 첨삭 게시판

이용방법 고우해커스(goHackers.com) 접속 ▶
상단 메뉴 [TOEFL → 스피킹게시판/라이팅게시판] 클릭하여 이용하기

토플 공부전략 강의

이용방법 고우해커스(goHackers.com) 접속 ▶
상단 메뉴 [TOEFL → 토플공부전략] 클릭하여 이용하기

토플 자료 및 유학 정보

이용방법 유학 커뮤니티 **고우해커스(goHackers.com)**에 접속하여
다양한 토플 자료 및 유학 정보 이용하기

고우해커스 바로 가기 ▶

통합형 문제학습 MP3

이용방법 해커스인강(HackersIngang.com) 접속 ▶
상단 메뉴 [토플 → MP3/자료 → 무료 MP3/자료] 클릭하여 이용하기

MP3/자료 바로 가기 ▶

iBT 라이팅 실전모의고사 · 답안 작성 프로그램

이용방법 해커스인강(HackersIngang.com) 접속 ▶
상단 메뉴 [토플 → MP3/자료 → 무료 MP3/자료] 클릭 ▶
본 교재의 실전모의고사 프로그램(답안 작성 프로그램) 이용하기

MP3/자료 바로 가기 ▶

HACKERS

TOEFL
ACTUAL TEST

WRITING

해커스 어학연구소

최신 토플 경향을 반영한

토플 라이팅, 최고의 마무리 실전서

『Hackers TOEFL Actual Test Writing』을 내면서

해커스 토플은 토플 시험 준비와 함께 여러분의 영어 실력 향상에 도움이 되고자 하는 마음에서 시작되었습니다. 해커스 토플을 처음 출간하던 때와 달리, 이제는 많은 토플 책들을 서점에서 볼 수 있지만, 그럼에도 해커스 토플이 여전히 **독보적인 베스트셀러**의 자리를 지킬 수 있는 것은 늘 **처음과 같은 마음으로** 더 좋은 책을 만들기 위해 고민하고, **최신 경향을 반영하기 위해 끊임없이** 노력하기 때문입니다.

이러한 노력의 결실로 **최신 토플 경향을 반영한** 『Hackers TOEFL Actual Test Writing』을 출간하게 되었습니다.

토플 라이팅 고득점을 위한 확실한 마무리!

최신 토플 출제 경향을 철저히 분석하여 실전에 가까운 난이도의 문제를 총 20회분 제공합니다. 문제 유형에 따른 단계별 전략, 자세한 지문 해석과 모범 답안, 고득점 필수 표현 등 보다 체계적이고 논리적인 학습을 통해 토플 Writing 영역 고득점을 위한 확실한 마무리가 가능합니다.

완벽한 실전 대비, 이보다 더 철저할 순 없다!

총 20회분의 실전모의고사 중 3회분을 해커스인강(HackersIngang.com)에서 제공하여 실제 토플 시험과 동일한 환경에서 풀어볼 수 있도록 하였습니다. 또한, 답안 작성 프로그램을 활용하여 자신의 답안을 컴퓨터 환경에서 제한 시간에 맞춰 작성해 봄으로써 보다 철저하게 실전에 대비할 수 있습니다.

『Hackers TOEFL Actual Test Writing』이 여러분의 토플 목표 점수 달성에 확실한 해결책이 되고, 영어 실력 향상, 나아가 **여러분의 꿈을 향한 길**에 믿음직한 동반자가 되기를 소망합니다.

해커스 어학연구소

CONTENTS

문제집(책 속의 책)

TEST 01~17

실전모의고사 프로그램(온라인)

TEST 18~20 ⊕ 답안 작성 프로그램

＊해커스인강(HackersIngang.com) 접속
→ [MP3/자료] 클릭 → [실전모의고사 프로그램]

TOPIC LIST

＊다음의 TOPIC LIST는 교재에 수록된 모든 유형별 문제를
토픽별로 구분하여 목록으로 구성한 것이다.

INTEGRATED TASK

토픽	TEST
생물	STRATEGY, TEST 07, TEST 10, TEST 13, TEST 15, TEST 18
환경/지구과학	TEST 01, TEST 05, TEST 08, TEST 14, TEST 16
천문/지질학	TEST 02, TEST 12
역사/인류학	TEST 03, TEST 09, TEST 17, TEST 20
사회	TEST 04, TEST 06, TEST 19
예술/건축	TEST 11

ACADEMIC DISCUSSION TASK

토픽	TEST
사회	TEST 13, TEST 15, TEST 18
정치/경제	TEST 05, TEST 19
경영	TEST 01, TEST 04, TEST 07, TEST 10, TEST 12, TEST 14, TEST 17
교육	STRATEGY, TEST 11, TEST 16
과학기술	TEST 02
심리	TEST 09
예술/문화	TEST 03, TEST 06, TEST 08
환경	TEST 20

해커스 토플로 실전 Writing 완벽 대비!

1 실전 TOEFL Writing 완벽 대비

최신 출제 경향 반영
모든 테스트에 최신 iBT TOEFL Writing 시험 경향을 완벽히 반영하여 학습자들이 실전 감각을 익히고 실제 시험에 효과적으로 대비할 수 있도록 하였다.

실전에 가까운 난이도의 문제 구성
모든 테스트를 실전에 가까운 난이도의 문제로 구성하여 효과적인 실전 대비가 가능하게 하였다.

온라인 실전모의고사 프로그램 제공
교재에 수록된 17회분의 테스트 외에 해커스인강(HackersIngang.com)에서 3회분의 테스트를 추가 제공하여, 학습자들이 실전과 같은 컴퓨터 환경에서 문제를 풀어봄으로써 iBT TOEFL Writing 시험을 미리 경험해보고 실전에 대비한 최종 마무리를 할 수 있도록 하였다.

2 고득점 달성을 위한 확실한 해결책

문제 유형에 따른 맞춤형 전략 제시
WRITING STRATEGIES에서 문제 유형별로 맞춤화된 전략과 전략 적용 방법을 제시하여, 학습자들이 고득점 달성에 필요한 문제 접근 방법을 체계적으로 익힐 수 있도록 하였다.

실전에서 활용 기능한 모범 답안 제시
실제 시험에서 바로 활용할 수 있는 표현 및 문장 구조로 모범 답안을 구성하여, 이를 익힌 학습자들이 논리적으로 매끄럽게 글을 전개하여 고득점에 가까워질 수 있도록 하였다.

Paraphrase된 표현 및 고득점 필수 표현 수록
각 테스트의 모범 답안에서 Paraphrase된 표현을 제시하였으며, 토론형 답안에서는 추가로 고득점 필수 표현과 예문을 함께 수록하여, 학습자들이 동일한 표현의 반복을 피하고 다양한 표현을 익힘으로써 고득점에 한 걸음 더 다가갈 수 있도록 하였다.

3 체계적인 학습으로 실전 마무리

정확한 해석과 구조 제시

교재의 모든 모범 답안, 읽기 지문, 강의 스크립트에 대한 정확한 해석을 제공하여 학습자들이 교재의 내용을 명확히 이해할 수 있
도록 하였고, 글의 구조를 별도로 표시하여 글의 흐름을 이해하고 자신의 답안을 완성하는 데 참고할 수 있도록 하였다.

학습플랜과 학습플랜 활용법 제시

교재 학습 기간에 따른 두 가지 학습플랜을 제시하여 학습자가 자신이 선호하는 플랜을 선택할 수 있도록 하였고, 학습플랜 활용법
을 상세하게 제시하여 교재를 더욱 효과적으로 학습할 수 있도록 하였다.

학습 상황을 스스로 점검할 수 있는 체크 시스템 제공

테스트 전 확인사항, SELF-CHECK LIST 및 SELF-EVALUATION LIST를 제공하여, 학습자들이 자신의 테스트 진행 과정과 Writing
실력 향상 과정을 스스로 점검해볼 수 있도록 하였다.

4 점수를 올려주는 다양한 학습 자료 제공

답안 작성 프로그램 무료 제공

답안 작성 프로그램을 온라인 실전모의고사 프로그램과 함께 제공하여, 학습자들이 교재의 모든 테스트에 대한 답안을 실전과 동일
한 컴퓨터 환경에서 작성해볼 수 있도록 하였다.

문제 유형별 출제 예상 토픽 리스트 제공

최신 iBT TOEFL Writing 시험 출제 경향이 반영된 출제 예상 토픽 리스트를 수록하여, 학습자들이 다양한 토픽을 미리 접해보고 실
제 시험에서 출제될 수 있는 문제들에 대비할 수 있도록 하였다.

고우해커스(goHackers.com)를 통한 정보 공유

학습자들은 온라인 토론과 정보 공유의 장인 고우해커스(goHackers.com)에서 교재에 대한 의견과 다양한 무료 학습 자료를 공유
할 수 있으며, TOEFL 시험 및 유학에 대한 풍부한 정보도 얻을 수 있다.

교재 학습 가이드

WRITING STRATEGIES 익히기

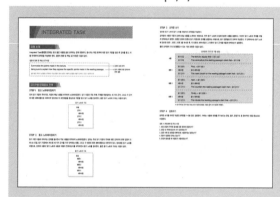

iBT TOEFL Writing 문제에 더욱 효과적으로 접근할 수 있도록 문제 유형별 전략과 이 전략을 단계별로 적용한 예시를 제공하였다. 테스트를 학습하기 전에 WRITING STRATEGIES를 익혀, 보다 체계적이고 효과적인 답안 작성을 준비할 수 있다.

TEST 풀기

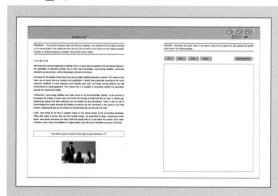

실제 iBT TOEFL Writing 시험과 유사한 형태의 화면으로 구성된 테스트 총 20회분(온라인 실전모의고사 프로그램 3회분 포함)을 수록하였다. 테스트 진행에 앞서 '테스트 전 확인사항' 리스트를 통해 시험을 볼 준비가 되었는지 스스로 확인해본 후, 테스트를 풀어보면서 실전 감각을 유지할 수 있다.

SELF-CHECK LIST로 점검하기

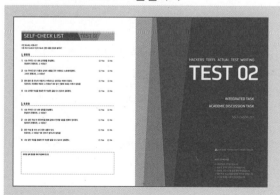

각 테스트를 마친 후에는 'SELF-CHECK LIST'를 활용하여 자신의 테스트 진행 과정 및 태도를 점검할 수 있다.

Part 2 실전 Test 복습

모범 답안, 지문 및 해석으로 심화학습하기

자신이 작성한 답안과 비교하며 심화학습을 할 수 있도록 모범 답 안과 읽기 지문/강의 스크립트를 정확한 해석 및 중요 어휘와 함 께 제공하였고, 문장 표현력을 기를 수 있도록 Paraphrase된 표 현을 제시하였다. 또한, 토론형에서는 실제 시험에서 활용할 수 있는 고득점 필수 표현을 예문과 함께 제시하여, 다양한 표현 과 문장을 효과적으로 익힐 수 있도록 하였다.

＊자세한 통합형/토론형 유형별 심화학습 방법은 p.10〜11 참고

SELF-EVALUATION LIST로 답안 점검하기

심화학습한 내용을 바탕으로 자신이 작성한 답안을 스스로 점검 할 수 있도록 'SELF-EVALUATION LIST'를 제공하였다. 문제 유 형별로 제시된 기준에 따라 답안을 검토함으로써 Writing 실력 향상을 위해 개선해야 할 점을 파악하고, 이를 바탕으로 앞으 로의 학습 목표를 세울 수 있다.

출제 예상 토픽 리스트로 추가 학습하기

최신 iBT TOEFL Writing 시험 출제 경향을 바탕으로 통합형과 토론형 각 문제의 출제 예상 토픽 리스트를 제공하였다. 주제별 로 분류된 다양한 토픽들을 미리 익혀둠으로써 실제 시험에 효 과적으로 대비할 수 있다.

통합형

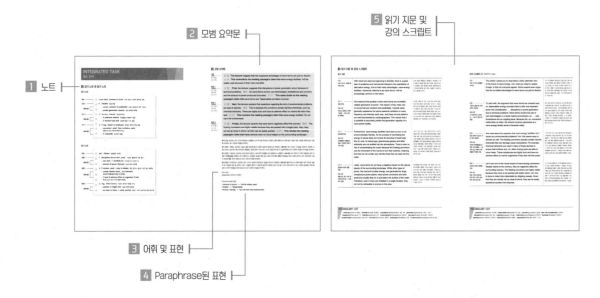

2 모범 요약문

5 읽기 지문 및
강의 스크립트

1 노트

3 어휘 및 표현

4 Paraphrase된 표현

1 노트 점검하기

읽기 지문과 강의의 핵심 내용을 노트테이킹한 읽기 노트와 듣기 노트를 보고, 자신이 작성한 노트와 비교하여 수정하거나 보완할
내용이 없는지 점검해본다.

2 모범 요약문 써보기

모범 요약문에 별도로 표시된 답안 구조를 보고, 노트의 내용을 바탕으로 어떻게 요약문을 작성할 수 있는지 확인한다. 자신이 작
성한 요약문과 비교하여 템플릿, 표현, 문장 구조 등에 수정하거나 보완할 내용이 없는지 점검해보고 필요한 부분을 다시 써본다.

3 어휘 및 표현 학습하기

요약문에 사용된 중요 어휘와 표현을 뜻, 발음기호와 함께 학습한다.

4 Paraphrase된 표현 학습하기

읽기 노트의 내용이 모범 요약문에서 다르게 표현된 부분을 확인하여 동일한 어휘나 표현의 반복을 피해 분상을 다양하게 쓸 수 있
는 방법을 익힌다.

5 읽기 지문 및 강의 스크립트 학습하기

읽기 지문과 강의 스크립트의 정확한 해석과 구조, 내용 요약 등을 참고하여 지문의 흐름과 내용을 명확하게 이해하도록 한다.

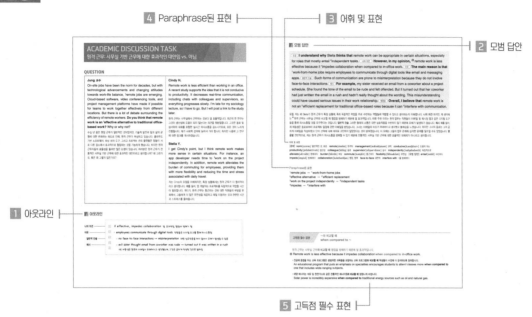

1 아웃라인

4 Paraphrase된 표현

3 어휘 및 표현

2 모범 답안

5 고득점 필수 표현

1 아웃라인 점검하기

답안을 효과적으로 작성할 수 있는 아웃라인 예시를 자신이 작성한 아웃라인과 비교해보고, 수정하거나 보완할 내용이 없는지 점검해본다.

2 모범 답안 써보기

모범 답안에 별도로 표시된 답안 구조를 보고, 아웃라인의 내용을 바탕으로 어떻게 답안을 작성할 수 있는지 확인한다. 자신이 작성한 답안과 비교하여 템플릿, 표현, 문장 구조 등에 수정하거나 보완할 내용이 없는지 점검해보고 필요한 부분을 다시 써본다.

3 어휘 및 표현 학습하기

답안에 사용된 중요 어휘와 표현을 뜻, 발음기호와 함께 학습한다.

4 Paraphrase된 표현 학습하기

주어진 문제와 답안 안에서 의미는 비슷하지만 다르게 표현된 부분을 확인하여 동일한 어휘나 표현의 반복을 피해 문장을 다양하게 쓸 수 있는 방법을 익힌다.

5 고득점 필수 표현 학습하기

모범 답안에 사용된 중요 표현을 다양한 예문과 함께 학습하여, 실제 시험에서 활용할 수 있는 고득점 표현을 익힌다.

실전모의고사 프로그램 100% 활용법

해커스인강(HackersIngang.com)에서는 해커스 어학연구소에서 자체 제작한 실전모의고사 프로그램을 제공한다. 이 프로그램에는 iBT TOEFL Writing 시험과 동일한 방식으로 문제를 풀 수 있는 테스트 3회분과, 교재에 수록된 17회분의 테스트에 대한 답안을 실제 시험과 같은 컴퓨터 환경에서 작성해볼 수 있는 답안 작성 프로그램이 수록되어 있다.

> *온라인 실전모의고사 프로그램 다운로드 방법
> 해커스인강(HackersIngang.com) 접속 ▶ 상단 메뉴 [토플 → MP3/자료 → 무료 MP3/자료] 클릭 ▶ [실전모의고사 프로그램]

프로그램의 기본 구성

메인 화면

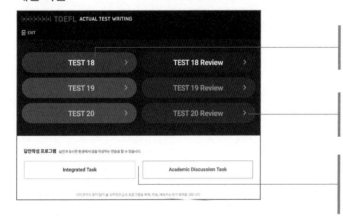

Actual Test (TEST 18~20)
각 테스트의 버튼을 클릭하면 실제 시험과 동일한 방식으로 테스트를 진행할 수 있으며, 작성 완료된 답안을 출력할 수 있다.

Test Review (TEST 18~20)
각 테스트의 리뷰 버튼을 클릭하면 모범 노트 및 요약문, 읽기 지문/강의 스크립트, 해석 및 어휘를 확인할 수 있다.

답안 작성 프로그램
답안 작성 프로그램을 실행하면 교재에 수록된 17회분의 테스트에 대한 답안을 실제 시험과 동일한 환경에서 작성해볼 수 있으며, 마찬가지로 작성 완료된 답안을 출력할 수 있다.

Actual Test (TEST 18~20)

테스트 진행

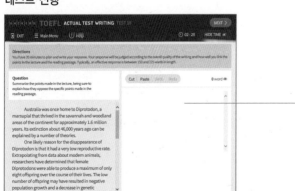

실제 시험과 유사한 화면 구성과 진행 방식으로 문제를 풀어볼 수 있다. 통합형 20분, 토론형 10분의 시간 제약이 주어지고, 시간이 초과되면 자동으로 다음 화면으로 전환된다.

Test Review (TEST 18~20)

모범 답안

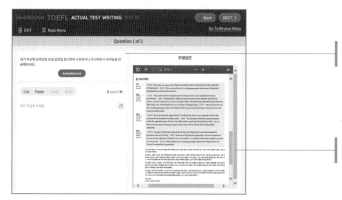

제시된 Evaluation List를 참고하여 자신의 답안에서 개선해야 할 점을 확인할 수 있다.

자신이 작성한 답안을 모범 답안과 비교해보고, 글의 구조 및 내용을 점검할 수 있다.

읽기 지문/강의 스크립트

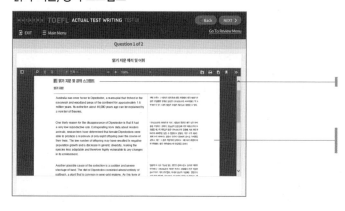

통합형 문제의 읽기 지문 및 강의 스크립트를 확인할 수 있다.

통합형 문제의 읽기 지문 및 강의 스크립트의 해석과 중요 어휘를 학습할 수 있다.

답안 작성 프로그램

교재에 수록된 17회분의 테스트에 대한 답안을 실제 시험과 동일한 컴퓨터 환경에서 작성해볼 수 있다.

iBT TOEFL 소개 및 시험장 Tips

iBT TOEFL이란?

iBT(Internet-based test) TOEFL(Test of English as a Foreign Language)은 종합적인 영어 실력을 평가하는 시험으로 읽기, 듣기, 말하기, 쓰기 능력을 평가하는 유형의 문제 외에도, 듣기-말하기, 읽기-듣기-말하기, 읽기-듣기-쓰기와 같이 각 능력을 연계한 통합형 문제가 출제된다. iBT TOEFL은 Reading, Listening, Speaking, Writing 영역의 순으로 진행되며 4개의 시험 영역 모두 노트테이킹을 허용하므로 문제를 풀 때 노트테이킹 한 내용을 참고할 수 있다.

iBT TOEFL 구성

시험 영역	출제 지문 및 문항 수	시험 시간	점수 범위	특징
Reading	• 2개 지문 출제 지문당 길이: 700단어 지문당 10문항 출제	36분	0~30점	• 지문 길이가 길고, 다양한 구조의 지문이 출제됨 • 사지선다 형태, 지문 클릭(지문에 문장을 삽입하기) 형태, 또는 정보를 분류하여 요약표나 정보 분류표에 넣는 형태 등이 출제됨
Listening	• 2개 대화 출제 대화당 길이: 3분 대화당 5문항 출제 • 3개 강의 출제 강의당 길이: 3~5분 강의당 6문항 출제	36분	0~30점	• 대화 및 강의의 길이가 길고, 실제 상황에 가까움 • 노트테이킹이 허용됨 • 사지선다 형태, 다시 듣고 푸는 형태, 정보를 표 안에 분류해 넣거나 순서대로 배열하는 형태 등이 출제됨
Speaking	• 독립형 1문항 출제 • 통합형 3문항 출제	17분	0~30점	• 독립형 문제 (1번) – 익숙한 주제에 대해 의견 말하기 • 통합형 문제 (2~4번) – 읽고 들은 내용을 바탕으로 말하기
Writing	• 통합형 1문항 출제 • 토론형 1문항 출제	35분	0~30점	• 통합형 문제 – 읽고 들은 내용에 기초하여 글쓰기 • 토론형 문제 – 토론 주제에 대해 글쓰기
		약 2시간	총점 120점	

iBT TOEFL 접수 및 성적 확인

실시일	ETS Test Center 시험은 1년에 60회 이상 실시되며, 홈에디션 시험은 일주일에 약 4~5일 실시됨
시험 장소	ETS Test Center에서 치르거나, 집에서 홈에디션 시험으로 응시 가능 (홈에디션 시험 응시 가능한 장비 및 환경 요건은 ETS 토플 웹사이트에서 확인 가능)
접수 방법	ETS 토플 웹사이트 또는 전화상으로 접수
시험 비용	(2024년 현재 기준이며, 가격 변동 있을 수 있음) • 시험 접수 비용 US $220 · 추가 리포팅 비용 US $25 (대학당) • 시험일 변경 비용 US $60 · 취소한 성적 복원 비용 US $20 • 추가 접수 비용 US $40 · Speaking/Writing 재채점 비용 US $80 (영역당) 　(응시일로부터 2~7일 전에 등록할 경우)
시험 당일 주의사항	• 공인된 신분증 원본 반드시 지참하며, 자세한 신분증 규정은 ETS 토플 웹사이트에서 확인 가능 • 홈에디션 시험에 응시할 경우, 사전에 ProctorU 프로그램 설치하여 정상 작동 여부 확인 • 홈에디션 시험에 응시할 경우, 휴대폰 또는 손거울, 화이트보드 또는 투명 시트와 지워지는 마카 지참 (일반 종이와 필기구, 헤드폰 및 이어폰은 사용 불가)
성적 및 리포팅	• 시험 응시 후 바로 Reading/Listening 영역 비공식 점수 확인 가능 • 시험 응시일로부터 약 4~8일 후에 온라인으로 성적 확인 가능 • 시험 접수 시, 자동으로 성적 리포팅 받을 기관 선택 가능 • MyBest Scores 제도 시행 (최근 2년간의 시험 성적 중 영역별 최고 점수 합산하여 유효 성적으로 인정)

시험장 Tips

1. **입실 절차** 고사장에 도착한 순서대로 번호표를 받아 입실하고, 입실 순서대로 시험을 시작한다.

2. **신분 확인** 신분증 확인 후 성적표에 인쇄될 사진을 찍은 다음 감독관의 안내에 따라 시험을 볼 자리에 앉는다.

3. **필기 도구** 연필과 종이는 감독관이 나누어주므로 따로 챙겨갈 필요가 없다. 부족한 경우 조용히 손을 들고 요청하면 된다.

4. **헤드폰 음량 및 마이크 음량 조절** 헤드폰 음량은 Listening, Speaking, Writing 영역 시작 전이나 시험 중간에 화면의 음량 버튼을 이용하여 조절할 수 있다. 적절한 크기로 하되 주위에 방해가 되지 않는 크기로 설정한다. 마이크 음량은 시험 시작 직후와 Speaking 영역을 시작하기 전에 조절할 수 있다. 평소 말하는 톤으로 음량을 조절한다.

5. **주의 집중** 응시자들의 시험 시작 시간이 달라 고사장이 산만할 수 있으나, 집중하도록 노력한다. 특히 Listening이나 Writing 영역 시험을 보고 있을 때 다른 응시자의 Speaking 답변 소리가 들리더라도 자신의 시험에 집중한다.

iBT TOEFL Writing 미리보기

iBT Writing의 구성

Writing 영역은 약 35분간 Integrated Task(통합형 문제)와 Academic Discussion Task(토론형 문제) 두 문제에 답하게 된다.

Integrated Task(통합형 문제)
통합적인 영어 구사 능력을 평가하는 것으로, 한 가지 주제에 대해 읽기 지문과 강의가 주어지고, 응시자는 읽고 들은 정보를 통합, 연계하여 답안을 작성해야 한다.

Academic Discussion Task(토론형 문제)
토론 상황에서의 논리적인 영어 구사 능력을 평가하는 것으로, 응시자는 주어진 질문에 대한 자신의 의견을 밝히고, 이를 뒷받침할 수 있는 적절한 근거를 제시하여 답안을 작성해야 한다.

iBT Writing 문제 유형 분석

문제 유형		유형 분석	소요 시간
Integrated Task (통합형 문제)	읽기 → 듣기 → 쓰기 지문을 읽고 강의를 들은 후 내용을 연계하여 요약하기	**지문 읽기** 학술/비학술적 주제에 대한 지문(230~300단어) 읽기 ↓ **강의 듣기** 지문에서 다룬 주제에 대해 지문과 다른 방식으로 접근한 강의(230~300단어) 듣기 ↓ **요약문 쓰기** 지문의 내용에 대해 강의에서 어떻게 접근하고 있는지 요약문 (150~225단어) 작성하기	읽기 시간: 3분 듣기 시간: 약 2분 요약문 작성 시간: 20분
Academic Discussion Task (토론형 문제)	쓰기 자신의 의견을 정하여 답안 쓰기	**답안 쓰기** 토론 주제에 대한 자신의 의견을 밝히고 그 근거를 제시하는 답안(100단어 이상) 작성하기	답안 작성 시간: 10분
			총 35분

iBT Writing 화면 구성 및 시험 진행 방식

화면 상단 도구 창(Tool Bar)

화면 상단에는 시험 진행을 보여주는 도구 창이 나타난다. 볼륨을 조절하거나 남은 시간을 확인하는 등의 기능을 지원한다.

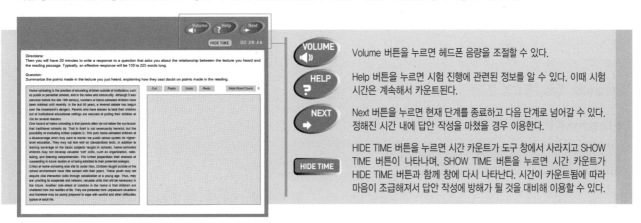

VOLUME Volume 버튼을 누르면 헤드폰 음량을 조절할 수 있다.

HELP Help 버튼을 누르면 시험 진행에 관련된 정보를 알 수 있다. 이때 시험 시간은 계속해서 카운트된다.

NEXT Next 버튼을 누르면 현재 단계를 종료하고 다음 단계로 넘어갈 수 있다. 정해진 시간 내에 답안 작성을 마쳤을 경우 이용한다.

HIDE TIME HIDE TIME 버튼을 누르면 시간 카운트가 도구 창에서 사라지고 SHOW TIME 버튼이 나타나며, SHOW TIME 버튼을 누르면 시간 카운트가 HIDE TIME 버튼과 함께 창에 다시 나타난다. 시간이 카운트됨에 따라 마음이 조급해져서 답안 작성에 방해가 될 것을 대비해 이용할 수 있다.

답안 작성 화면의 좌측 상단에는 편집 관련 기능 버튼이, 우측 상단에는 단어 수 카운트가 표시된다.

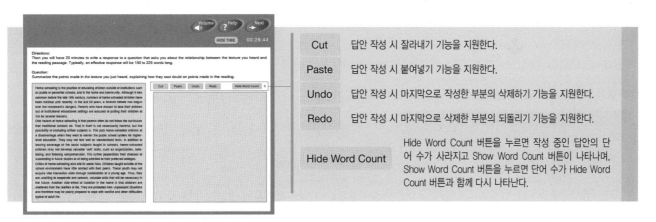

Cut 답안 작성 시 잘라내기 기능을 지원한다.

Paste 답안 작성 시 붙여넣기 기능을 지원한다.

Undo 답안 작성 시 마지막으로 작성한 부분의 삭제하기 기능을 지원한다.

Redo 답안 작성 시 마지막으로 삭제한 부분의 되돌리기 기능을 지원한다.

Hide Word Count Hide Word Count 버튼을 누르면 작성 중인 답안의 단어 수가 사라지고 Show Word Count 버튼이 나타나며, Show Word Count 버튼을 누르면 단어 수가 Hide Word Count 버튼과 함께 다시 나타난다.

Writing 영역 전체 Direction

Writing 영역의 전반적인 시험 진행 방식에 대한 설명이 화면에 나오고, 같은 내용이 음성으로도 제시된다. 이 설명을 듣는 동안 볼륨을 조절할 수 있다.

Integrated Task(통합형 문제)

■ Direction 화면

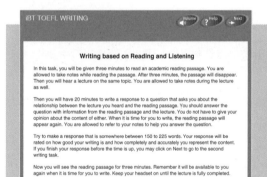

통합형 문제의 진행 방식에 대한 설명이 제시된다. 지문을 읽고 강의를 들은 후, 그 내용을 연계하여 150~225자 정도의 요약문을 작성하라는 내용을 담고 있다.

■ 읽기 지문이 제시되는 화면

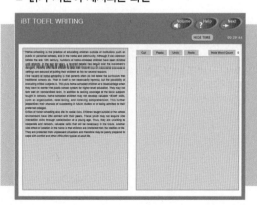

화면에 읽기 지문이 제시되면, 화면 상단의 시간이 3분부터 카운트된다. 읽기 지문에는 주제에 맞는 사진이 함께 제시되기도 한다. 우측에 답안을 작성하는 곳은 비활성화되어 있기 때문에 읽기 지문을 읽는 동안 답안 작성을 미리 시작할 수 없다. 3분이 지나면 자동으로 다음 단계로 넘어간다.

■ 강의를 들을 때 제시되는 화면

강의를 듣는 동안 화면 중앙에 교수가 강의를 하는 사진이 나온다. 강의가 끝나면 자동으로 다음 단계로 넘어간다.

■ 답안 작성 화면

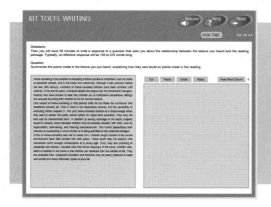

화면 상단에 Direction과 문제가 주어지고, 좌측 하단에는 읽기 지문이 다시 제시된다. 우측 하단의 빈 공간은 답안을 작성할 수 있도록 활성화되고, 화면 상단의 시간은 20분부터 카운트된다. 20분이 지나기 전에 답안 작성을 마칠 경우 Next 버튼을 눌러 다음 단계로 넘어갈 수 있다.

Academic Discussion Task(토론형 문제)

■ Direction 화면

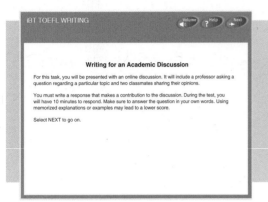

토론형 문제의 진행 방식에 대한 설명이 제시된다. 주어진 질문에 대한 자신의 의견을 10분 동안 작성하라는 내용을 담고 있다.

■ 답안 작성 화면

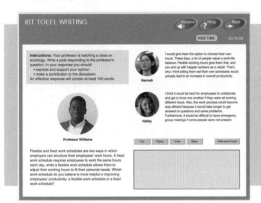

화면 좌측에 디렉션과 문제가 주어지고, 우측에 답안을 작성할 수 있는 공간이 주어진다. 화면 상단의 시간은 10분부터 카운트되며, 10분이 지나기 전에 답안 작성을 마칠 경우 Next 버튼을 눌러 다음 단계로 넘어갈 수 있다.

iBT Writing 점수 평가 요소

Integrated Task(통합형 문제)

통합형 문제는 요약문의 전개 방식과 구성뿐만 아니라 적절한 어휘 및 문법 사용 여부, 내용의 정확성 등의 요소를 평가하여 채점한다. 각 점수대별 채점 기준은 다음과 같다.

통합형 문제 채점 기준표

5점	강의의 중요한 정보를 매우 잘 선별하고, 읽기 지문에 제시된 정보와 관련지어 조리 있고 정확하게 제시한다. 간혹 사소한 언어적 실수가 보일 수 있지만 글의 내용이나 맥락을 모호하게 하거나 거스르지 않는다.
4점	강의의 중요한 정보를 대체로 잘 선별하고, 읽기 지문에 제시된 정보와 관련지어 조리 있고 정확하게 제시한다. 간혹 사소한 일부 정보가 누락되거나 부정확하거나 모호한 경우가 있지만 심각한 수준은 아니다. 또한 이 점수를 받은 요약문에는 사소한 언어적 실수가 5점을 받은 요약문보다 좀 더 자주 나타나기는 하지만, 글의 맥락을 이해하는 데 큰 방해가 되지는 않는다.
3점	강의의 중요한 정보를 일부 포함하여 읽기 지문에 제시된 정보와 어느 정도 관련지어 전달하지만 다음 중 하나 이상의 문제를 지니고 있다. • 전체 요약문이 강의의 요지를 벗어나지는 않으나, 읽기 지문과의 관계가 모호하거나 너무 광범위하거나 다소 부정확하다. • 강의에서 언급된 핵심 논점 하나가 빠져 있는 경우가 있다. • 강의와 읽기 지문의 요점 중 일부의 연결 관계가 불완전하거나 부정확하다. • 언어적 실수가 잦거나 눈에 띄게 모호하거나 불명료하여 주요 정보 및 지문 간의 관련성을 전달하는 데 방해가 된다.
2점	강의의 정보를 일부 포함하고 있지만, 상당한 언어적 실수를 보이거나 강의와 읽기 지문을 연관 짓는 데 있어 중요한 정보가 누락되고 명료하지 않다. 이 점수를 받은 요약문은 다음 중 하나 이상의 문제를 지니고 있다. • 강의와 읽기 지문의 관계가 상당히 부정확하거나 누락되어 있다. • 강의의 핵심 내용의 상당 부분이 부정확하거나 누락되어 있다. • 요점을 이해하는 데 방해가 되는 언어적 오류나 표현을 포함하고 있으며, 내용이 명확하지 않아 핵심 내용을 이해할 수 없다.
1점	다음 중 하나 이상의 문제를 지니고 있다. • 강의의 내용 중 의미 있는 내용을 포함하고 있지 않거나 강의와 거의 관련이 없다. • 글의 언어적 수준이 매우 낮아 의미를 파악하기가 어렵다.
0점	읽기 지문의 문장을 그대로 사용하거나 주어진 주제와 관련 없는 내용인 경우, 또는 글을 전혀 쓰지 않은 경우이다.

Academic Discussion Task(토론형 문제)

토론형 문제는 온라인 토론 주제와 답안의 연관성, 적절한 어휘의 선택과 명확한 문법 사용 여부가 채점의 기준이 된다. 각 점수대별 채점 기준은 다음과 같다.

토론형 문제 채점 기준표

5점	답안이 온라인 토론 주제와 관련이 있고, 토론에 매우 명확하게 기여한다. 일관적인 언어 능력을 보여준다. • 설명과 예시, 세부사항 등이 서로 관련성이 있고 명료하게 제시된다. • 다양한 문장 구조와 정확한 단어, 관용어구를 유능하게 사용한다. • 사소한 오타 또는 철자 오류를 제외하고는 어휘 또는 문법적 오류가 거의 없다.
4점	답안이 온라인 토론 주제와 관련이 있고, 토론에 기여한다. 언어 능력은 답안의 아이디어를 쉽게 이해할 수 있게 한다. • 설명과 예시, 세부사항 등이 서로 관련성이 있고 적절하게 제시된다. • 다양한 문장 구조와 적절한 단어를 사용한다. • 어휘 또는 문법적 오류가 많지 않다.
3점	답안이 온라인 토론 주제와 대부분 관련이 있고 이해할 수 있는 수준에서 기여한다. • 설명과 예시, 세부사항의 일부가 누락되거나 불분명하거나 서로 연관성이 없다. • 문장 구조와 단어를 다양하게 사용하는 편이다. • 눈에 띄는 어휘 또는 문법적 오류가 몇몇 있다.
2점	답안이 온라인 토론에 기여하려는 시도를 보이지만, 언어 능력의 한계로 답안의 아이디어를 이해하기 어렵다. • 설명이 부족하거나 부분적으로만 관련이 있다. • 문장 구조와 어휘 사용이 제한적이다. • 어휘 또는 문법적 오류가 자주 보인다.
1점	답안이 온라인 토론에 기여하지 못하며, 언어 능력의 한계로 아이디어를 표현하지 못한다. • 아이디어가 일관되지 않는다. • 문장 구조 및 어휘 사용의 범위가 매우 제한적이다. • 심각한 어휘 또는 문법적 오류가 자주 보인다.
0점	답안을 작성하지 않은 경우, 주제에 반하거나 영어로 되어 있지 않은 경우, 또는 문제를 그대로 복사하거나 문제와 전혀 연관성이 없는 경우이다.

iBT Writing 점수 환산표

작성한 답안은 인공지능(AI)과 ETS 시험관이 직접 채점하며, 통합형 문제(Integrated Task)와 토론형 문제(Academic Discussion Task)를 각각 0점에서 5점 사이의 점수로 매긴 후, 두 문제의 평균 점수를 0점에서 30점 사이의 점수로 환산한다.

Writing 평균 점수	환산된 점수
5.00	30
4.75	29
4.50	28
4.25	27
4.00	25
3.75	24
3.50	22
3.25	21
3.00	20
2.75	18
2.50	17
2.25	15
2.00	14
1.75	12
1.50	11
1.25	10
1.00	8
0.75	7
0.50	5
0.25	4
0	0

※ 자료 출처: www.ets.org

[점수 환산의 예]

통합형 영역에서 3점을 받고, 토론형 영역에서 4점을 받은 경우

(3 + 4) / 2 = 3.5 → 평균 점수

3.5점을 환산표를 이용하여 환산된 점수로 변환하면 22점이 된다.

2주/4주 완성 학습플랜

자신에게 맞는 학습플랜을 선택하여 효과적으로 학습한다.

2주 학습플랜

하루에 테스트 2회분씩, 2주 동안 테스트 20회분을 학습한다.

	DAY 1	DAY 2	DAY 3	DAY 4	DAY 5
Week 1	TEST 01 & 02 테스트 진행 및 심화학습	TEST 03 & 04 테스트 진행 및 심화학습	TEST 05 & 06 테스트 진행 및 심화학습	TEST 07 & 08 테스트 진행 및 심화학습	TEST 09 & 10 테스트 진행 및 심화학습
Week 2	TEST 11 & 12 테스트 진행 및 심화학습	TEST 13 & 14 테스트 진행 및 심화학습	TEST 15 & 16 테스트 진행 및 심화학습	TEST 17 & 18 (온라인) 테스트 진행 및 심화학습	TEST 19 & 20 (온라인) 테스트 진행 및 심화학습

4주 학습플랜

하루에 테스트 1회분씩, 4주 동안 테스트 20회분을 학습한다.

	DAY 1	DAY 2	DAY 3	DAY 4	DAY 5
Week 1	TEST 01 테스트 진행 및 심화학습	TEST 02 테스트 진행 및 심화학습	TEST 03 테스트 진행 및 심화학습	TEST 04 테스트 진행 및 심화학습	TEST 05 테스트 진행 및 심화학습
Week 2	TEST 06 테스트 진행 및 심화학습	TEST 07 테스트 진행 및 심화학습	TEST 08 테스트 진행 및 심화학습	TEST 09 테스트 진행 및 심화학습	TEST 10 테스트 진행 및 심화학습
Week 3	TEST 11 테스트 진행 및 심화학습	TEST 12 테스트 진행 및 심화학습	TEST 13 테스트 진행 및 심화학습	TEST 14 테스트 진행 및 심화학습	TEST 15 테스트 진행 및 심화학습
Week 4	TEST 16 테스트 진행 및 심화학습	TEST 17 테스트 진행 및 심화학습	TEST 18 (온라인) 테스드 진행 및 심화학습	TEST 19 (온라인) 테스트 진행 및 심화학습	TEST 20 (온라인) 비스트 진헹 및 심회학습

학습플랜 활용법

테스트 진행

1. 학습플랜을 따라 매일 정해진 분량의 테스트를 진행한다. 답안 작성 시에는 온라인 실전모의고사 프로그램에 수록된 답안 작성 프로그램을 활용하여 정해진 시간 안에 답안을 작성하는 훈련을 한다.

2. 테스트를 마치면 SELF-CHECK LIST를 활용하여 전반적인 테스트 과정을 점검한다.

심화학습

1. 해설집의 모범 답안을 참고하여 자신의 답안의 내용을 점검한다. 전체적인 글의 구조와 전개 방식이 문제의 핵심 요구사항에 부합하는지, 중요한 정보가 빠져 있지는 않은지 등을 확인한다.

2. 모범 답안과 비교한 내용을 바탕으로 SELF-EVALUATION LIST를 활용하여 자신의 부족한 부분과 개선해야 할 점을 확인한다.

3. 통합형의 경우, 읽기 지문과 강의 내용을 정확하게 파악하기 위해 지문 해석과 글의 구조를 참고하여 지문을 분석하고 자신이 노트테이킹한 내용과 비교해본 후, 모범 답안과 Paraphrase된 표현을 바탕으로 자신의 요약문을 점검한다. 토론형의 경우, 나의 의견과 이유 및 근거가 설득력이 있는지를 중심으로 모범 답안을 분석하고 Paraphrase된 표현을 통해 다양한 표현을 익힌 후, 고득점 필수 표현에 제시된 표현과 예문을 학습한다.

4. 모범 답안 혹은 지문에 모르는 어휘나 표현이 사용되었을 경우에는 해설집에서 제공하는 어휘 및 표현과 VOCABULARY LIST를 참고하여 학습한다.

5. 출제 예상 토픽 리스트는 2주 학습플랜을 따를 경우 하루에 통합형 토픽 6개와 토론형 토픽 11~12개를 학습하고, 4주 학습플랜을 따를 경우 하루에 통합형 토픽 3개와 토론형 토픽 5~6개를 학습한다. 통합형 토픽을 학습할 때에는 제시된 키워드를 중심으로 관련 정보를 찾아보며 다양한 토픽에 대한 배경지식을 쌓고, 토론형 토픽을 학습할 때에는 브레인스토밍을 통해 아웃라인을 잡고 글의 전개 방식을 구상해본다.

WRITING
STRATEGIES

INTEGRATED TASK

ACADEMIC DISCUSSION TASK

✔ 실전에 유용한 라이팅 전략

1. 작성 전에 답안의 구조를 분명히 잡는다.

답안 작성을 시작하기 전 1분 정도를 할애해 답안의 구조를 분명히 잡아두는 것이 좋다. 질문의 핵심 요구사항을 중심으로 전체 글의 구조와 각 단락의 요지 등을 정해 놓으면, 작성 도중 답안의 내용을 고민하며 갈팡질팡하는 일이 없어진다.

2. 작성 시간 내에 답안을 완성한다.

제한 시간 내에 글을 완성하지 못하면 높은 점수를 받기 어렵다. 글을 쓰는 중간중간 화면 상단의 타이머를 통해 남은 시간을 확인하여 시간이 모자라는 일이 발생하지 않도록 주의한다. 이때 작성 시간 종료 전 40초~1분은 답안 검토에 할애해야 한다는 것을 염두에 두고 답안을 작성한다.

3. 비슷한 표현을 반복해서 쓰지 않도록 주의한다.

비슷한 표현을 반복해서 쓰면 문장 구사력이 제한되어 있다는 느낌을 주어 높은 점수를 받기 어렵다. 답안 작성 시, 자주 쓰게 되는 표현을 동의어로 대체하거나 문장 구조를 바꾸는 등 paraphrase하는 것이 중요하다.

4. 오타에 주의한다.

iBT TOEFL Writing의 답안 작성 화면에서는 일반적인 문서 작성 프로그램과 달리 오타가 밑줄 등으로 표시되지 않기 때문에 주의하지 않으면 오타가 생기기 쉽다. 따라서 답안 작성 시 오타가 발생하지 않도록 주의하고 검토 시에도 오타가 있는지 꼼꼼히 살피는 것이 필요하다. 평소 오타가 나기 쉬운 단어들을 정확하게 타이핑하는 연습을 하는 것도 도움이 된다.

INTEGRATED TASK

유형 소개

Integrated Task(통합형 문제)는 읽고 들은 내용을 글로 요약하는 문제 유형이다. 응시자는 특정 토픽에 대한 읽기 지문을 읽은 후 강의를 듣고, 이를 연계하여 요약문을 작성해야 한다. 질문의 형태 및 핵심 요구사항은 다음과 같다.

질문의 형태 및 핵심 요구사항

Summarize the points made in the lecture, ———————— ■ 강의의 논점 요약

being sure to explain how they oppose the specific points made in the reading passage. ——— ■ 읽기 지문에 대한 강의자의 반박 설명

방금 들은 강의의 논점들을 요약하되, 이 논점들이 읽기 지문의 구체적 논점들을 어떻게 반박하고 있는지 설명하시오.

STEP별 문제풀이 전략

STEP I   읽고 노트테이킹하기

먼저 읽기 지문이 주어지면, 지문의 핵심 내용을 파악하여 노트테이킹한다. 읽기 지문은 주로 **주제**, 주제를 뒷받침하는 세 가지 **근거**, 그리고 각 근거에 대한 **세부사항**으로 이루어져 있으므로 이 포인트들을 중심으로 지문을 읽고 읽기 노트를 정리한다. 좋은 읽기 노트의 구조는 다음과 같다.

읽기 노트의 구조

> **주제**
> 근거 1
>   세부사항
> 근거 2
>   세부사항
> 근거 3
>   세부사항

STEP 2   듣고 노트테이킹하기

읽기 지문 다음에 이어지는 강의를 들으면서 주요 내용을 파악하여 노트테이킹한다. 강의는 주로 읽기 지문의 주제에 대한 강의자의 반대 입장이 드러나는 **도입**, 읽기 지문에서 제시된 세 가지 근거를 각각 반박하는 **반론**, 그리고 각 반론에 대한 **세부사항**으로 이루어져 있다. 정리해둔 읽기 노트를 바탕으로, 강의의 내용이 읽기 노트의 내용과 어떻게 연계되는지를 파악하면서 듣기 노트를 정리한다. 좋은 듣기 노트의 구조는 다음과 같다.

듣기 노트의 구조

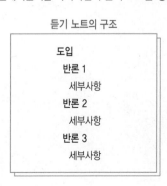

> **도입**
> 반론 1
>   세부사항
> 반론 2
>   세부사항
> 반론 3
>   세부사항

STEP 3 요약문 쓰기

정리한 읽기 노트와 듣기 노트를 바탕으로 요약문을 작성한다.

요약문의 서론은 지문과 강의의 중심 내용을 소개하는 부분으로, 먼저 듣기 노트의 도입에 정리한 내용을 설명하고, 이것이 읽기 노트의 주제를 어떻게 반박하는지 밝힌다. 본론은 강의의 반론과 읽기 지문과의 관계를 설명하는 부분으로, 듣기 반론별로 한 단락씩 작성한다. 각 단락에서는 듣기 노트에 정리한 반론 1, 반론 2, 반론 3을 제시한 후, 각 반론의 세부사항과 그 반론이 읽기 근거를 어떻게 반박하는지 설명한다.

좋은 요약문의 구조 및 활용할 수 있는 기본 표현은 다음과 같다.

요약문의 구조 및 기본 표현

서론	듣기 도입	The lecturer argues that + 듣기 도입
	읽기 주제	This contradicts the reading passage's claim that + 읽기 주제
본론 1	듣기 반론 1	First, + 듣기 반론 1
	세부사항	듣기 세부사항
	읽기 근거 1	This casts doubt on the reading passage's claim that + 읽기 근거 1
본론 2	듣기 반론 2	Next, + 듣기 반론 2
	세부사항	듣기 세부사항
	읽기 근거 2	This counters the reading passage's claim that + 읽기 근거 2
본론 3	듣기 반론 3	Finally, + 듣기 반론 3
	세부사항	듣기 세부사항
	읽기 근거 3	This refutes the reading passage's claim that + 읽기 근거 3

※ 읽기 주제 및 근거 작성 시에는 읽기 지문의 문장을 그대로 옮겨 쓰지 않도록 주의한다.

STEP 4 검토하기

요약문 쓰기를 마치면 작성한 요약문을 1~2분 정도 검토한다. 이때는 내용에 변화를 주기보다는 문법, 철자, 문장구조 등 형식적인 면을 중심으로 수정한다.

검토 시 확인해야 할 주요 사항
1. 모든 문장이 주어와 동사를 갖춘 완전한 문장인가?
2. 문장 내 주어와 동사의 수가 일치하는가?
3. 같은 어휘 및 표현을 반복적으로 사용하지는 않았는가?
4. 철자가 잘못된 단어는 없는가?
5. 문장이 끝났을 때 마침표가 사용되었는가?

STEP 1 읽고 노트테이킹하기

<table>
<tr><th>읽기 지문</th><th>읽기 노트</th></tr>
</table>

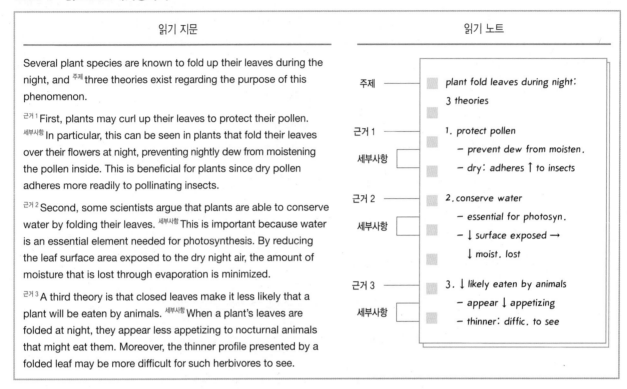

읽기 지문

Several plant species are known to fold up their leaves during the night, and ^{주제}three theories exist regarding the purpose of this phenomenon.

^{근거 1}First, plants may curl up their leaves to protect their pollen. ^{세부사항}In particular, this can be seen in plants that fold their leaves over their flowers at night, preventing nightly dew from moistening the pollen inside. This is beneficial for plants since dry pollen adheres more readily to pollinating insects.

^{근거 2}Second, some scientists argue that plants are able to conserve water by folding their leaves. ^{세부사항}This is important because water is an essential element needed for photosynthesis. By reducing the leaf surface area exposed to the dry night air, the amount of moisture that is lost through evaporation is minimized.

^{근거 3}A third theory is that closed leaves make it less likely that a plant will be eaten by animals. ^{세부사항}When a plant's leaves are folded at night, they appear less appetizing to nocturnal animals that might eat them. Moreover, the thinner profile presented by a folded leaf may be more difficult for such herbivores to see.

읽기 노트

주제 — plant fold leaves during night:
3 theories

근거 1 — 1. protect pollen
세부사항 — prevent dew from moisten.
— dry: adheres ↑ to insects

근거 2 — 2. conserve water
세부사항 — essential for photosyn.
— ↓ surface exposed →
↓ moist. lost

근거 3 — 3. ↓ likely eaten by animals
세부사항 — appear ↓ appetizing
— thinner: diffic. to see

STEP 2 듣고 노트테이킹하기 🎧 EXAMPLE.mp3

<table>
<tr><th>강의 스크립트</th><th>듣기 노트</th></tr>
</table>

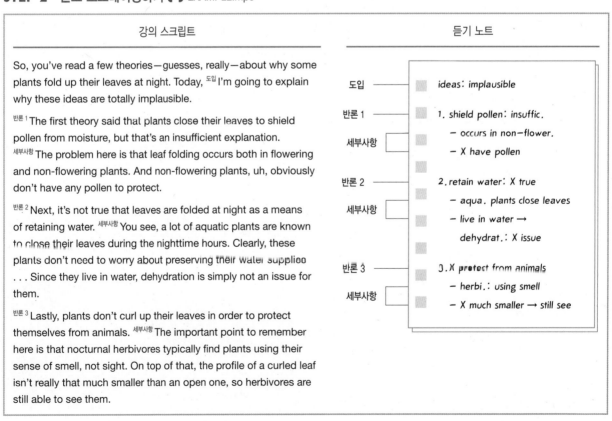

강의 스크립트

So, you've read a few theories—guesses, really—about why some plants fold up their leaves at night. Today, ^{도입}I'm going to explain why these ideas are totally implausible.

^{반론 1}The first theory said that plants close their leaves to shield pollen from moisture, but that's an insufficient explanation. ^{세부사항}The problem here is that leaf folding occurs both in flowering and non-flowering plants. And non-flowering plants, uh, obviously don't have any pollen to protect.

^{반론 2}Next, it's not true that leaves are folded at night as a means of retaining water. ^{세부사항}You see, a lot of aquatic plants are known to close their leaves during the nighttime hours. Clearly, these plants don't need to worry about preserving their water supplies . . . Since they live in water, dehydration is simply not an issue for them.

^{반론 3}Lastly, plants don't curl up their leaves in order to protect themselves from animals. ^{세부사항}The important point to remember here is that nocturnal herbivores typically find plants using their sense of smell, not sight. On top of that, the profile of a curled leaf isn't really that much smaller than an open one, so herbivores are still able to see them.

듣기 노트

도입 — ideas: implausible

반론 1 — 1. shield pollen: insuffic.
세부사항 — occurs in non-flower.
— X have pollen

반론 2 — 2. retain water: X true
세부사항 — aqua. plants close leaves
— live in water →
dehydrat.: X issue

반론 3 — 3. X protect from animals
세부사항 — herbi.: using smell
— X much smaller → still see

STEP 3 요약문 쓰기

서론

듣기 도입
읽기 주제

(듣기 도입) **The lecturer argues that** the theories about why plants fold their leaves at night are implausible. (읽기 주제) **This contradicts the reading passage's claim that** there are three hypotheses that explains this behavior.

본론 1

듣기 반론 1
세부사항
읽기 근거 1

(듣기 반론 1) **First,** the lecturer argues that the theory about plants closing their leaves to shield pollen is an insufficient explanation. (세부사항) Folding occurs in non-flowering plants as well, but these plants do not have any pollen to protect. (읽기 근거 1) **This casts doubt on the reading passage's claim that** fold up their leaves to safeguard pollen.

본론 2

듣기 반론 2
세부사항
읽기 근거 2

(듣기 반론 2) **Next,** the lecturer contends that it's not true that leaves are folded as a means of retaining water. (세부사항) This is because some aquatic plants also close their leaves. They live in water, so dihydration is not an issue for them. (읽기 근거 2) **This counters the reading passage's claim that** the purpose is preserving moisture.

본론 3

듣기 반론 3
세부사항
읽기 근거 3

(듣기 반론 3) **Finally,** the lecturer points out that plants do not fold their leaves to protect themselves from animals. (세부사항) Nocturnal herbivores usually find plants using their senses of smell In addition, curled leaves are not much smaller than open ones, so animals can still see them. (읽기 근거 3) **This refutes the reading passage's claim that** folded leaves reduce the likelihood of an animal eating the plant.

STEP 4 검토하기

The lecturer argues that the theories about why plants fold their leaves at night are implausible. This contradicts the reading passage's claim that there are three hypotheses that ~~explains~~ this behavior.
explain ◄

> 주어 'three hypotheses'와 동사 'explains'의 수가 일치하지 않으므로, 동사를 'explain'으로 수정한다.

First, ~~the lecturer argues that~~ the theory about plants closing their leaves to shield pollen is an
the lecturer asserts that ◄

insufficient explanation. Folding occurs in non-flowering plants as well, but these plants do not have any pollen to protect. This casts doubt on the reading passage's claim that (plants) fold up their leaves to safeguard pollen.

> 밑줄 친 부분과 같은 표현을 반복적으로 사용하고 있으므로, 'argues'를 'asserts'로 수정한다.

> 주어가 빠진 불완전한 문장이므로, 주어 'plants'를 삽입한다.

Next, the lecturer contends that it's not true that leaves are folded as a means of retaining water. This is because some aquatic plants also close their leaves. They live in water, so ~~dihydration~~ is
dehydration

not an issue for them. This counters the reading passage's claim that the purpose is preserving moisture.

> 철자가 잘못되었으므로, 'dihydration'을 'dehydration'으로 수정한다.

Finally, the lecturer points out that plants do not fold their leaves to protect themselves from animals. Nocturnal herbivores usually find plants using their senses of smell(.) In addition, curled leaves are not much smaller than open ones, so animals can still see them. This refutes the reading passage's claim that folded leaves reduce the likelihood of an animal eating the plant.

> 문장이 끝났으므로, 마침표를 추가한다.

ACADEMIC DISCUSSION TASK

유형 소개

토론형 문제(Academic Discussion Task)는 학술적인 토론 주제에 대한 자신의 의견을 글로 표현하는 유형으로, 한 문제가 출제된다. 응시자는 교수가 제시하는 질문과 두 학생의 의견을 토대로, 자신의 의견과 그것을 뒷받침하는 이유를 설득력 있게 제시하는 답안을 작성해야 한다. 문제의 형태 및 핵심 요구사항은 다음과 같다.

문제의 형태 및 핵심 요구사항

질문에 제시된 여러 의견 중 하나를 선택하도록 요구하는 유형

Directions Your professor is teaching a class on education. You must post a written response to your professor's question.

In your response, make sure to:

• state your opinion and support it

• contribute meaningfully to the discussion

A minimum of 100 words is required for a response to be effective. The time allotted for your response is 10 minutes.

Professor Williams

It is widely considered beneficial to acquire a foreign language. Not only does this open up another culture, but it also provides career advantages. To learn a new language, do you think it is better to interact with native speakers in the country where the language is used or to take classes in your home country? Why? ——■ 의견 선택 요구

Alice ——■ 모국에서 수업을 듣는 것 선택

Taking classes in one's home country seems like the best option to me. This provides learners with the opportunity to receive instruction from a qualified language instructor in a classroom environment. The teacher will make sure the students learn the necessary language skills in an effective way, which will result in them making rapid progress.

Drew ——■ 그 나라의 원어민과 교류하는 것 선택

It is much better to travel to a region where the language is used every day. By doing so, you are able to immerse yourself in the language. You need to use it for everything, from making friends to buying groceries, so your language ability is sure to improve.

질문에 대한 자유로운 의견을 묻는 유형

Directions Your professor is teaching a class on environmental science. You must post a written response to your professor's question.

In your response, make sure to:

• state your opinion and support it

• contribute meaningfully to the discussion

A minimum of 100 words is required for a response to be effective. The time allotted for your response is 10 minutes.

Dr. Becker

Plastic products that are used once and then discarded, like straws, are referred to as single-use plastics. The widespread use of these products is a serious problem because they do not degrade easily. They end up in the environment, including water bodies where they leach toxic chemicals. In your opinion, what would be the best way to reduce our reliance on single-use plastics?
——■ 응시자의 자유로운 의견 요구

Christine ——■ 각자의 자유로운 의견 제시

I think we should promote the use of compostable or biodegradable materials. I mean, there are alternatives to single-use plastic bags that are compostable. And there are spoons and forks that are made of biodegradable materials like corn and potatoes.

Joshua ——■ 각자의 자유로운 의견 제시

The practice of bringing our own containers when ordering takeout is a simple yet impactful way to reduce our reliance on single-use plastics. It may seem like a small inconvenience at first, but many stores and restaurants have embraced this sustainable practice. By doing so, we can actively contribute to the reduction of plastic waste and support businesses with eco-friendly practices.

STEP 1   브레인스토밍을 통해 나의 의견 정하기

주어진 질문에 대해 떠오르는 생각을 정리해 본다. 여러 의견에서 각각 제시할 수 있는 이유와 근거를 생각해보고, 아이디어가 더 많거나 설득력이 큰 쪽을 선택한다. 브레인스토밍의 일반적인 예는 다음과 같다. 이때 질문의 의도를 잘못 파악하면 답안이 오프토픽 될 수 있으므로 주의한다.

브레인스토밍의 일반적인 예

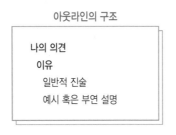

아이디어가 더 많은 의견 A 선택

STEP 2   아웃라인 잡기

브레인스토밍을 통해 얻은 아이디어를 정리하여 답안의 아웃라인을 잡는다. 우선 주어진 질문에 대한 나의 의견을 정리하고, 이를 뒷받침할 이유와, 이유에 대한 일반적 진술 및 예시 혹은 부연 설명을 정리한다. 좋은 아웃라인의 구조는 다음과 같다.

아웃라인의 구조

> **나의 의견**
>   **이유**
>   일반적 진술
>   예시 혹은 부연 설명

STEP 3   답안 쓰기

아웃라인에 정리한 내용을 바탕으로 답안을 작성한다. 답안은 나의 의견과 그것을 뒷받침하는 이유와 근거로 구성한다. 도입 문장을 통해 토론 내용을 이해하고 참여하고 있음을 드러내고, 교수의 질문에 대한 자신의 의견을 먼저 밝히며 시작한다. 이어서 그렇게 생각하는 이유를 제시하고, 이유에 대한 일반적 진술과 예시 등을 덧붙여 뒷받침한다. 시간이 남으면 맺음말을 한 문장 덧붙임으로써 나의 의견을 다시 한번 강조하며 글을 마무리 지을 수 있다. 좋은 답안의 구조 및 활용할 수 있는 기본 표현은 다음과 같다.

답안의 구조 및 기본 표현

도입	I understand why A[나와 의견이 반대인 학생] thinks that + A의 의견 / I see why A and B think that + 학생 A와 B의 의견
나의 의견	However, in my opinion, + 나의 의견
이유 일반적 진술 예시 혹은 부연 설명	This is mainly because + 이유 In fact / It is evident that + 이유에 대한 부가적 설명 For example / For instance, + 구체적 예시
맺음말	Overall, I believe that + 나의 의견

STEP 4   검토하기

답안 쓰기를 마치면 답안을 40초~1분 정도 검토한다. 내용에 변화를 주기보다는 문법, 철자, 같은 표현의 반복 등을 중심으로 수정한다.

QUESTION

Directions Your professor is teaching a class on education. You must post a written response to your professor's question.

In your response, make sure to:

- state your opinion and support it
- contribute meaningfully to the discussion

A minimum of 100 words is required for a response to be effective. The time allotted for your response is 10 minutes.

당신의 교수는 교육학 수업을 하고 있습니다. 교수의 질문에 대한 답안을 서면으로 게시해야 합니다. 답안에서 다음 사항을 확인하세요:

- 당신의 의견을 진술하고 그것을 뒷받침합니다.
- 토론에 의미 있는 기여를 합니다.

답안을 유효하게 하려면 최소 100 단어가 요구됩니다. 당신의 답안에 할당된 시간은 10분입니다.

Professor Williams

It is widely considered beneficial to acquire a foreign language. Not only does it open up another culture, but it also provides career advantages.To learn a new language, do you think it is better to interact with native speakers in the country where the language is used or to take classes in your home country? Why?

외국어를 습득하는 것은 널리 이로운 것으로 여겨집니다. 그것은 또 다른 문화를 접하게 해 줄 뿐만 아니라, 직업적 이점도 제공합니다. 새로운 언어를 배우기 위해서, 여러분은 그 언어가 사용되는 나라의 원어민들과 교류하는 것이 더 낫다고 생각합니까, 아니면 당신의 모국에서 수업을 듣는 것이 더 낫다고 생각합니까? 그 이유는 무엇인가요?

Alice

Taking classes in one's home country seems like the best option to me. This provides learners with the opportunity to receive instruction from a qualified language instructor in a classroom environment. The teacher will make sure the students learn the necessary language skills in an effective way, which will result in them making rapid progress.

모국에서 수업을 듣는 것이 저에게는 최고의 선택인 것 같습니다. 이는 학습자들에게 교실 환경에서 자격을 갖춘 언어 강사로부터 교육을 받을 기회를 제공합니다. 선생님은 학생들이 필요한 언어 기술을 효과적인 방법으로 배우도록 할 것이고, 이것은 그들이 빠르게 발전하는 결과를 가져올 것입니다.

Drew

It is much better to travel to a region where the language is used every day. By doing so, you are able to immerse yourself in the language. You are going to use it for everything, from making friends to buying groceries, so your language ability is sure to improve.

그 언어가 매일 사용되는 지역으로 여행하는 것이 훨씬 낫습니다. 그렇게 함으로써, 그 언어에 몰입할 수 있습니다. 당신은 친구를 사귀는 것에서부터 식료품을 사는 것까지 모든 것을 위해 그것을 사용할 것이므로, 당신의 언어 능력은 확실히 향상될 것입니다.

STEP I 브레인스토밍을 통해 나의 의견 정하기

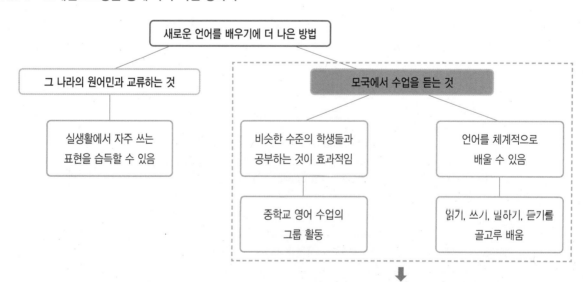

STEP 2 아웃라인 잡기

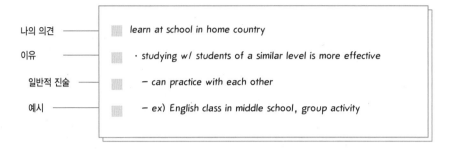

나의 의견 ——— learn at school in home country

이유 ——— · studying w/ students of a similar level is more effective

일반적 진술 ——— – can practice with each other

예시 ——— – ex) English class in middle school, group activity

STEP 3 답안 쓰기

(도입) **I understand why** Drew **thinks that** traveling abroad is a good way to learn a new language. (나의 의견) **However, in my opinion,** it is preferable to remain in one's own country to study in a class. (이유) **This is mainly because** studying with students of a similar level is a more effective way to improve one's language abilities. (일반적 진술) In fact, in a classroom setting, students can practice with each other, which helps them to understand new vocabulary and grammar points. (예시) **For example,** in my English class in middle school, my classmates and I was struggling with how to use pronouns correctly. So our teacher organized a group activity in which each student used varios pronouns to describe a hobby. It was very helpful, and we soon mastered the material. (맺음말) **Overall, I believe that** taking a class in one's home country is a better way to learn a language.

STEP 4 검토하기

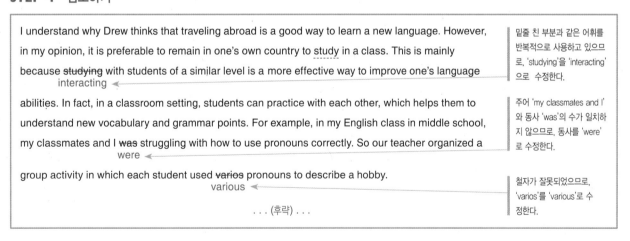

I understand why Drew thinks that traveling abroad is a good way to learn a new language. However, in my opinion, it is preferable to remain in one's own country to study in a class. This is mainly because ~~studying~~ with students of a similar level is a more effective way to improve one's language
interacting ◄

밑줄 친 부분과 같은 어휘를 반복적으로 사용하고 있으므로, 'studying'을 'interacting'으로 수정한다.

abilities. In fact, in a classroom setting, students can practice with each other, which helps them to understand new vocabulary and grammar points. For example, in my English class in middle school, my classmates and I ~~was~~ struggling with how to use pronouns correctly. So our teacher organized a
were ◄

주어 'my classmates and I' 와 동사 'was'의 수가 일치하지 않으므로, 동사를 'were'로 수정한다.

group activity in which each student used ~~varios~~ pronouns to describe a hobby.
various ◄

철자가 잘못되었으므로, 'varios'를 'various'로 수정한다.

. . . (후략) . . .

HACKERS TOEFL ACTUAL TEST WRITING

TEST 01

INTEGRATED TASK
모범 답안 · 지문 · 해석

ACADEMIC DISCUSSION TASK
모범 답안 · 해석

SELF-EVALUATION LIST

INTEGRATED TASK
파도 단지

■ 읽기 노트 및 듣기 노트

읽기 노트

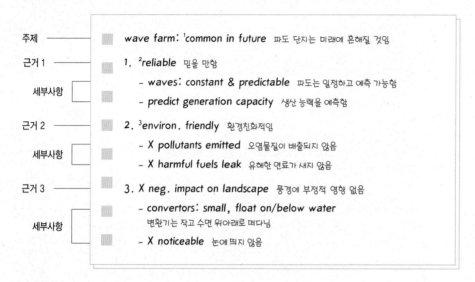

주제 —— wave farm: [1]common in future 파도 단지는 미래에 혼해질 것임

근거 1 —— 1. [2]reliable 믿을 만함

세부사항 — waves: constant & predictable 파도는 일정하고 예측 가능함
— predict generation capacity 생산 능력을 예측함

근거 2 —— 2. [3]environ. friendly 환경친화적임

세부사항 — X pollutants emitted 오염물질이 배출되지 않음
— X harmful fuels leak 유해한 연료가 새지 않음

근거 3 —— 3. X neg. impact on landscape 풍경에 부정적 영향 없음

세부사항 — convertors: small, float on/below water
변환기는 작고 수면 위아래로 떠다님
— X noticeable 눈에 띄지 않음

듣기 노트

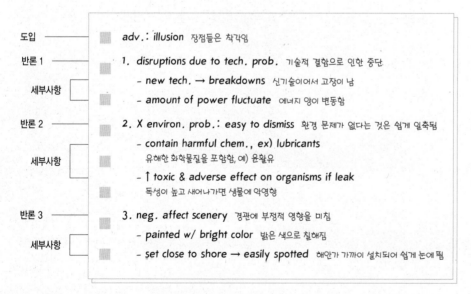

도입 —— adv.: illusion 장점들은 착각임

반론 1 —— 1. disruptions due to tech. prob. 기술적 결함으로 인한 중단

세부사항 — new tech. → breakdowns 신기술이어서 고장이 남
— amount of power fluctuate 에너지 양이 변동함

반론 2 —— 2. X environ. prob.: easy to dismiss 환경 문제가 없다는 것은 쉽게 일축됨

세부사항 — contain harmful chem., ex) lubricants
유해한 화학물질을 포함함, 예) 윤활유
— ↑ toxic & adverse effect on organisms if leak
독성이 높고 새어나가면 생물에 악영향

반론 3 —— 3. neg. affect scenery 경관에 부정적 영향을 미침

세부사항 — painted w/ bright color 밝은 색으로 칠해짐
— set close to shore → easily spotted 해안가 가까이 설치되어 쉽게 눈에 띔

서론
듣기 도입
읽기 주제

(듣기 도입) **The lecturer argues that** the supposed advantages of wave farms are just an illusion. (읽기 주제) **This contradicts the reading passage's claim that** wave-energy facilities [1]will be widely used because of their many benefits.

본론 1
듣기 반론 1
세부사항
읽기 근거 1

(듣기 반론 1) **First,** the lecturer suggests that disruptions in power generation occur because of technical problems. (세부사항) As wave farms involve new technologies, breakdowns are common and the amount of power produced fluctuates. (읽기 근거 1) **This casts doubt on the reading passage's claim that** wave farms are [2]dependable providers of power.

본론 2
듣기 반론 2
세부사항
읽기 근거 2

(듣기 반론 2) **Next,** the lecturer explains that assertions regarding the lack of environmental problems are easy to dismiss. (세부사항) This is because the convertors contain harmful chemicals, such as chemical lubricants. These are highly toxic and have an adverse effect on marine life when they leak. (읽기 근거 2) **This counters the reading passage's claim that** wave-energy facilities [3]do not harm the environment.

본론 3
듣기 반론 3
세부사항
읽기 근거 3

(듣기 반론 3) **Finally,** the lecturer asserts that wave farms negatively affect the scenery. (세부사항) The floating convertors are highly visible because they are painted with a bright color. Also, they are set up close to shore, so they can be easily spotted. (읽기 근거 3) **This refutes the reading passage's claim that** these devices have no visual impact on the surrounding landscape.

듣기 도입 강의자는 파도 단지의 추정되는 장점들이 단지 착각일 뿐이라고 주장한다. **읽기 주제** 이는 파력 발전 시설이 많은 이점들 때문에 널리 사용될 것이라는 읽기 지문의 주장을 반박한다.

듣기 반론 1 첫째로, 강의자는 기술적 결함 때문에 에너지 생산의 중단이 일어난다고 주장한다. **세부사항** 파도 단지는 신기술을 포함하기 때문에, 고장이 흔하고 생산되는 에너지의 양이 변동한다. **읽기 근거 1** 이는 파도 단지가 믿을 만한 에너지 공급원이라는 읽기 지문의 주장에 의구심을 제기한다.

듣기 반론 2 다음으로, 강의자는 환경 문제가 없다는 것에 관한 주장들은 쉽게 일축된다고 설명한다. **세부사항** 이는 변환기가 화학 윤활유와 같은 유해한 화학물질들을 포함하고 있기 때문이다. 이것들은 독성이 매우 높고 새어나가면 해양 생물에 악영향을 미친다. **읽기 근거 2** 이는 파력 발전 시설이 환경에 해를 끼치지 않는다는 읽기 지문의 주장에 반대한다.

듣기 반론 3 마지막으로, 강의자는 파도 단지가 경관에 부정적으로 영향을 미친다고 주장한다. **세부사항** 물에 떠다니는 변환기들은 밝은 색으로 칠해져 있기 때문에 매우 잘 보인다. 또한, 그것들은 해안가 가까이에 설치되기 때문에, 쉽게 눈에 띌 수 있다. **읽기 근거 3** 이는 이러한 장비들이 주변 풍경에 시각적인 영향을 미치지 않는다는 읽기 지문의 주장을 반박한다.

어휘 및 표현
occur[əkɔ́:r] 일어나다, 발생하다

Paraphrase된 표현
[1]common in future → [1]will be widely used
[2]reliable → [2]dependable
[3]environ. friendly → [3]do not harm the environment

읽기 지문 및 강의 스크립트

읽기 지문

주제 파도 단지는 미래에 흔해질 것임	With fossil fuel reserves beginning to dwindle, there is a great deal of academic and commercial interest in the exploitation of alternative energy. Due to their many advantages, wave-energy facilities—commonly referred to as wave farms—will be increasingly common in the future.	화석 연료의 매장량이 줄어들기 시작하면서, 대체 에너지 개발에 대한 많은 학술적, 상업적 관심이 존재한다. 많은 장점들 때문에, 일반적으로 파도 단지라 불리는 파력 발전 시설들은 미래에 점점 더 흔해질 것이다.
근거 1 믿을 만함 **세부사항** 파도는 일정하고 예측 가능함 → 생산 능력을 예측함	One basis for this position is that wave farms are incredibly reliable generators of power. The reason is they make use of waves that are constant and predictable. Coastal areas generally experience the same seasonal variations in wave frequency and intensity each year, and these annual patterns are well documented by oceanographers. This means that it is possible to accurately predict the generation capacity of a wave-power facility.	이러한 주장의 한 가지 근거는 파도 단지가 매우 믿을 만한 에너지 발전소라는 것이다. 그 이유는 파도 단지가 일정하고 예측 가능한 파도를 이용하기 때문이다. 해안 지역은 보통 파도 주기와 강도에 있어서 매년 동일한 계절적 변동을 겪고, 이러한 연간 패턴은 해양학자들에 의해 충분히 기록된다. 이는 파력 발전 시설의 생산 능력을 정확하게 예측하는 것이 가능하다는 것을 의미한다.
근거 2 환경친화적임 **세부사항** 오염물질이 배출되지 않음 / 유해한 연료가 새지 않음	Furthermore, wave-energy facilities have been proven to be environmentally friendly. As the process of harnessing the energy of waves does not involve the burning of fossil fuels like oil, coal, or natural gas, greenhouse gasses and other pollutants are not emitted into the atmosphere. There is also no risk of contaminating the ocean because the floating convertors use the movement of the waves to turn their turbines, meaning that they do not contain any harmful fuels that can leak into the water.	게다가, 파력 발전 시설은 환경친화적인 것으로 증명되어 왔다. 파도의 에너지를 동력화하는 과정은 기름, 석탄, 또는 천연가스와 같은 화석 연료의 연소를 포함하지 않기 때문에, 온실가스나 다른 오염물질들이 대기 중으로 배출되지 않는다. 물에 떠다니는 변환기들은 터빈을 돌리는 데 파도의 움직임을 이용하고, 이는 변환기들이 바다로 새어 나갈 수 있는 어떤 유해한 연료도 포함하고 있지 않다는 것을 의미하기 때문에 해양을 오염시킬 위험 또한 없다.
근거 3 풍경에 부정적 영향 없음 **세부사항** 변환기는 작고 수면 위 아래로 떠다님 → 눈에 띄지 않음	Lastly, wave farms do not have a negative impact on the natural beauty of the surrounding landscape. While other types of power, like coal and nuclear energy, are generated by large, conspicuous power plants, wave-power convertors are fairly small and usually float on or just below the surface of the water. Therefore, even if many are installed in a single location, they will not be noticeable to anyone in the area.	마지막으로, 파도 단지는 주변 풍경의 자연 미관에 부정적인 영향을 미치지 않는다. 석탄이나 원자력 같은 다른 종류의 에너지들은 거대하고 눈에 잘 띄는 발전소에서 생산되는 반면, 파력 변환기는 상당히 작고 보통 수면 위나 바로 아래에 떠다닌다. 따라서, 한 장소에 많은 변환기가 설치되더라도, 그것은 그 지역의 누구에게도 눈에 띄지 않을 것이다.

VOCABULARY LIST

reserves [rizə́:rvs] 매장량 dwindle [dwíndl] 줄어들다 exploitation [èksplɔitéiʃən] 개발, 착취 generator [dʒénərèitər] 발전소, 발전기
frequency [frí:kwənsi] 주기 intensity [inténsəti] 강도 oceanographer [òuʃənágrəfər] 해양학자 harness [há:rnis] 동력화하다, 이용하다
contaminate [kəntǽmənèit] 오염시키다 convertor [kənvə́:rtər] 변환기 landscape [lǽndskèip] 풍경 conspicuous [kənspíkjuəs] 눈에 잘 띄는

도입 파도 단지의 장점들은 착각임	The article I asked you to read takes a fairly optimistic view of the future of wave energy. Um, what you need to realize, though, is that not everyone agrees. Some experts even argue that the so-called advantages of wave farms are just an illusion.	제가 여러분에게 읽어오라고 했던 글은 파도 에너지의 전망에 대해 상당히 낙관적인 관점을 지니고 있어요. 음, 하지만 여러분이 알아야 할 것은 모든 사람들이 이에 동의하지는 않는다는 겁니다. 심지어 일부 전문가들은 파도 단지의 소위 장점이라고 일컬어지는 것들이 그저 착각일 뿐이라고 주장합니다.
반론 1 기술적 결함으로 인한 중단이 일어남 세부사항 신기술이어서 고장이 남 → 에너지 양이 변동함	To start with, the argument that wave farms are constant and, uh, dependable energy providers fails to take one important factor into consideration . . . disruptions in power generation due to technical problems. Wave farms involve the use of new technologies in a harsh marine environment, so . . . well, breakdowns are an ongoing issue. Because the, uh, convertors malfunction so often, the amount of power generated at a wave-energy facility tends to fluctuate wildly.	먼저, 파도 단지가 지속적이고, 어, 믿을 만한 에너지 공급원이라는 주장은 한 가지 중요한 요소를 고려하지 못하고 있어요... 기술적 결함으로 인한 에너지 생산의 중단이요. 파도 단지는 혹독한 해양 환경에서 신기술의 사용을 포함하기 때문에... 글쎄요, 고장은 계속되는 문제예요. 그, 어, 변환기가 매우 자주 오작동하기 때문에, 파력 발전 시설에서 생산되는 에너지의 양은 격하게 변동하는 경향이 있습니다.
반론 2 환경 문제가 없다는 것은 쉽게 일축됨 세부사항 유해한 화학물질을 포함함, 예) 윤활유 → 독성이 높고 새어나가면 생물에 악영향 미침	And what about the assertion that wave-energy facilities don't cause any environmental problems? Um, this seems easy to dismiss as well. The floating convertors actually contain harmful chemicals that can damage ocean ecosystems. For example, chemical lubricants are used in many of these devices to ensure that turbines and, uh, other moving parts are able to move freely. These substances are highly toxic and have an adverse effect on marine organisms if they leak into the ocean.	그리고 파력 발전 시설이 환경 문제를 전혀 일으키지 않는다는 주장은 어떤가요? 음. 이것 또한 쉽게 일축될 수 있을 듯합니다. 물에 떠다니는 변환기들은 사실 해양 생태계에 피해를 줄 수 있는 유해한 화학물질을 포함하고 있어요. 예를 들어, 터빈과, 어, 다른 움직이는 부분들이 막힘없이 돌아갈 수 있도록 하기 위해 화학 윤활유가 이러한 장치 대부분에 사용됩니다. 이 물질은 독성이 매우 높고 바다에 새어나가면 해양 생물에 악영향을 미쳐요.
반론 3 경관에 부정적 영향을 미침 세부사항 밝은 색으로 칠해짐 / 해안가에 가까이 설치되어 쉽게 눈에 띔	Let's now turn to the visual impact of wave-energy convertors. Despite claims to the contrary, they do negatively affect the surrounding scenery. The floating convertors are highly visible because they have to be painted with bright colors. Um, this is done to make them detectable by shipping vessels. Given that they are usually set up close to shore, they can be easily spotted by tourists from beaches.	자 이제 파력 변환기의 시각적 영향으로 넘어갑시다. 반대 주장에도 불구하고, 그것들은 주변 경관에 부정적으로 영향을 미쳐요. 물에 떠다니는 변환기들은 밝은 색으로 칠해져야 하기 때문에 매우 잘 보여요. 음, 이는 그것들이 항해하는 선박들에게 발견될 수 있도록 하기 위한 거죠. 변환기들이 보통 해안가 가까이에 설치된다는 점을 고려하면, 그것들은 해변의 관광객들에게 쉽게 눈에 띌 수 있어요.

VOCABULARY LIST

optimistic [ὰ:ptəmístik] 낙관적인　dependable [dipéndəbl] 믿을 만한　provider [prəváidər] 공급원　take into consideration 고려하다
disruption [disrʌ́pʃən] 중단, 방해　ongoing [á:ngòuiŋ] 계속되는　malfunction [mælfʌ́ŋkʃən] 오작동하다　fluctuate [flʌ́ktʃuèit] 변동하다
dismiss [dismís] 일축하다, 해고하다　lubricant [lú:brikənt] 윤활유　detectable [ditéktəbl] 발견할 수 있는

ACADEMIC DISCUSSION TASK
기업: 기존 고객 유지 vs. 새로운 고객 확보

QUESTION

Arden 교수

Once a company has established itself, [1]customer retention and acquisition become crucial. According to some business advisors, having loyal customers is the key to upholding a company's reputation and increasing revenues. But others argue that even established companies should continue trying to [2]acquire new customers. I want to hear your thoughts. **Should companies prioritize retaining current customers, or should they focus on attracting new ones?** Why do you think so?

일단 기업이 자리를 잡으면, 고객 유지와 확보가 매우 중요해집니다. 몇몇 비즈니스 고문들에 따르면, 충성도가 높은 고객들을 보유하는 것이 기업의 평판을 유지하고 수익을 증가시키는 데 있어 핵심입니다. 하지만 다른 사람들은 자리를 잡은 기업들조차 새로운 고객들을 확보하기 위해 계속 노력해야 한다고 주장합니다. 저는 여러분의 생각을 듣고 싶습니다. 기업들은 현재의 고객들을 유지하는 것을 우선시해야 합니까, 아니면 새로운 고객들을 끌어들이는 것에 집중해야 합니까? 왜 그렇게 생각하나요?

Kyle D.

Companies should focus on customer retention. I heard it's [3]cheaper to keep current customers than to attract new ones because marketing is expensive. The former is already familiar with the company's products and services, so the company doesn't have to spend much on advertising. I have a class to attend now, but I'll post the exact figures later.

기업들은 고객 유지에 집중해야 합니다. 저는 마케팅이 비싸기 때문에 새로운 고객을 끌어들이는 것보다 기존 고객을 유지하는 것이 비용이 덜 든다고 들었습니다. 전자는 이미 그 기업의 제품과 서비스에 익숙하기 때문에, 그 기업은 광고에 많은 돈을 쓸 필요가 없습니다. 저는 지금 참석해야 할 수업이 있는데, 정확한 수치는 나중에 게시하겠습니다.

Hannah K.

I disagree with Kyle that companies should rely solely on customer retention. I think acquiring new customers can be a powerful way for a company to expand because its reputation can be enhanced through new customers' positive word-of-mouth referrals. Thus, the new customers will help the company gain an advantage over its competitors.

저는 기업들이 오로지 고객 유지에만 의존해야 한다는 Kyle의 의견에 동의하지 않습니다. 저는 기업의 명성이 새로운 고객들의 긍정적인 입소문을 통해 높아질 수 있기 때문에 새로운 고객들을 확보하는 것이 기업이 확장하는 강력한 방법일 수 있다고 생각합니다. 따라서, 새로운 고객들은 기업이 경쟁사들보다 우위를 차지하는 데 도움을 줄 것입니다.

■ 아웃라인

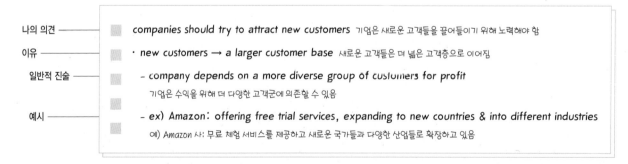

나의 의견 —— companies should try to attract new customers 기업은 새로운 고객들을 끌어들이기 위해 노력해야 함

이유 —— • new customers → a larger customer base 새로운 고객들은 더 넓은 고객층으로 이어짐

일반적 진술 —— - company depends on a more diverse group of customers for profit
기업은 수익을 위해 더 다양한 고객군에 의존할 수 있음

예시 —— - ex) Amazon: offering free trial services, expanding to new countries & into different industries
예) Amazon 사: 무료 체험 서비스를 제공하고 새로운 국가들과 다양한 산업들로 확장하고 있음

모범 답안

(도입) **I understand why** Kyle **thinks that** [1]maintaining existing customers may be [3]more cost-efficient for a company than acquiring new ones. (나의 의견) **However, in my opinion,** companies should try to [2]draw new customers [4]for further growth. (이유) **This is mainly because** acquiring new customers will lead to a larger customer base. (일반적 진술) Thus, to earn more profits, ✿a company will be able to depend on a more diverse group of customers instead of catering to whatever needs a small or narrow group has. (예시) **For example,** the online retail giant Amazon [4]continues to grow by offering free 30-day trials for its premium service to new customers. The company is also [2]gaining more customers by expanding to new countries and into different industries like streaming services, groceries, and health care. (맺음말) **Therefore, I believe that** a company must work on acquiring new customers to [4]sustain its growth.

도입 저는 왜 Kyle이 새로운 고객들을 확보하는 것보다 기존 고객들을 유지하는 것이 기업에 더 비용 효율적이라고 생각하는지 이해합니다. 나의 의견 하지만, 제 생각에는 기업들은 그 이상의 발전을 위해서 새로운 고객들을 끌어들이기 위해 노력해야 합니다. 이유 이는 주로 새로운 고객을 확보하는 것이 더 넓은 고객층으로 이어질 것이기 때문입니다. 일반적 진술 따라서, 더 많은 수익을 얻기 위해. ✿기업은 작거나 제한된 고객군의 어떤 요구든지 충족시키는 대신에 더 다양한 고객군에 의존할 수 있을 것입니다. 예시 예를 들어, 온라인 소매 대기업인 Amazon 사는 새로운 고객들에게 프리미엄 서비스에 대한 30일 무료 체험을 제공함으로써 계속 성장하고 있습니다. 그 기업은 또한 새로운 국가들과 스트리밍 서비스, 식료품점, 그리고 건강 관리와 같은 다양한 산업으로 확장하며 더 많은 고객을 확보하고 있습니다. 맺음말 그러므로, 저는 기업이 성장을 지속하기 위해서는 새로운 고객을 확보하기 위해 노력해야 한다고 생각합니다.

어휘 및 표현

[문제] establish[istǽbliʃ] 자리 잡게 하다, 설립하다   retention[riténʃən] 유지   acquisition[æ̀kwəzíʃən] 확보, 획득   uphold[ʌphóuld] 유지하다
reputation[rèpjutéiʃən] 평판   revenue[révənjùː] 수익, 수입   word-of-mouth referral 입소문   competitor[kəmpétətər] 경쟁사, 경쟁업체
[모범 답안] cost-efficient[kɔ́ːstifíʃənt] 비용 효율적인   profit[práfit] 수익, 이익   cater to ~을 충족시키다   expand[ikspǽnd] 확장하다
industry[índəstri] 산업   sustain[səstéin] 지속하다

Paraphrase된 표현

[1]customer retention → [1]maintaining existing customers
[2]acquire new customers → [2]draw new customers / [2]gaining more customers
[3]cheaper → [3]more cost-efficient
[4]for further growth → [4]continues to grow / [4]sustain its growth

---

고득점 필수 표현	어떤 ~든지 **whatever** 명사

기업은 작거나 제한된 고객군의 **어떤 요구든지** 충족시키는 대신에 더 다양한 고객군에 의존할 수 있을 것입니다.
✿A company will be able to depend on a more diverse group of customers instead of catering to **whatever needs** a small or narrow group has.

• 사람들은 그들이 이용 가능한 **어떤 출처로부터든지** 소식을 얻을 수 있어야 합니다.
People should be able to obtain news from **whatever source** is available to them.

• 우리가 **어떤 기술을 사용하든지**, 최신 보안 패치로 업데이트하는 것이 중요합니다.
Whatever technology we use, it is important to keep it updated with the latest security patches.

SELF-EVALUATION LIST TEST 01

앞서 학습한 내용을 바탕으로 자신의 답안에 대해 다음 사항을 확인 후, 실력 향상을 위해 개선해야 할 점을 적어보세요.

통합형

1 강의에서 제시된 세 가지 반론을 요약문에 모두 포함하였다. ☐ Yes ☐ No

2 강의에서 제시된 각 반론을 읽기 지문의 대응되는 근거와 관련지어 제시하였다. ☐ Yes ☐ No

3 읽기 지문에 등장한 문장을 그대로 다시 사용하지 않았다. ☐ Yes ☐ No

4 적절한 어휘 및 표현을 사용하였다. ☐ Yes ☐ No

5 동일한 어휘 또는 표현을 반복적으로 사용하지 않았다. ☐ Yes ☐ No

6 문법 및 철자의 오류를 보이지 않는다. ☐ Yes ☐ No

토론형

1 나의 의견을 분명히 제시하였다. ☐ Yes ☐ No

2 나의 의견을 뒷받침하는 이유와, 이유에 대한 설득력 있고 구체적인 예를 제시하였다. ☐ Yes ☐ No

3 토론 주제를 벗어난 내용을 포함하지 않았다. ☐ Yes ☐ No

4 문제에 등장한 교수와 학생들의 문장을 그대로 사용하지 않았다. ☐ Yes ☐ No

5 다양한 어휘/표현/문장 구조를 사용하였다. ☐ Yes ☐ No

6 문법 및 철자의 오류를 보이지 않는다. ☐ Yes ☐ No

라이팅 실력 향상을 위해 개선해야 할 점

HACKERS TOEFL ACTUAL TEST WRITING

TEST 02

INTEGRATED TASK
모범 답안 · 지문 · 해석

ACADEMIC DISCUSSION TASK
모범 답안 · 해석

SELF-EVALUATION LIST

읽기 노트 및 듣기 노트

읽기 노트

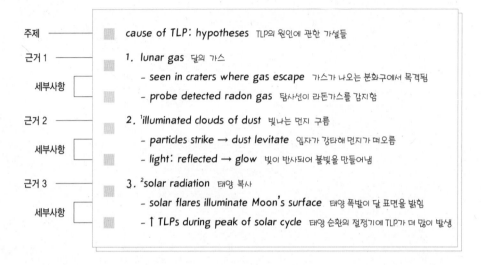

주제 —— cause of TLP: hypotheses TLP의 원인에 관한 가설들

근거 1 —— 1. lunar gas 달의 가스

세부사항 — - seen in craters where gas escape 가스가 나오는 분화구에서 목격됨
- probe detected radon gas 탐사선이 라돈가스를 감지함

근거 2 —— 2. [1]illuminated clouds of dust 빛나는 먼지 구름

세부사항 — - particles strike → dust levitate 입자가 강타해 먼지가 떠오름
- light: reflected → glow 빛이 반사되어 불빛을 만들어냄

근거 3 —— 3. [2]solar radiation 태양 복사

세부사항 — - solar flares illuminate Moon's surface 태양 폭발이 달 표면을 밝힘
- ↑ TLPs during peak of solar cycle 태양 순환의 절정기에 TLP가 더 많이 발생

듣기 노트

도입 —— ideas: X explain 의견들은 설명하지 못함

반론 1 —— 1. gases: unlikely responsible 가스가 원인일 가능성 낮음

세부사항 — - coincidence ← craters: most observed
  분화구가 가장 많이 관찰되므로 우연의 일치임
- may be small amount → X seen 적은 양이어서 보이지 않았을 것임

반론 2 —— 2. dust: X evid. 먼지라는 증거 없음

세부사항 — - huge dust storms: X indication 거대한 먼지 폭풍의 징후가 없었음
- rock surfaces: free of dust 암석 표면에 먼지가 없었음

반론 3 —— 3. solar flare: insuffic. data 태양 폭발은 불충분한 정보임

세부사항 — - compared dates of TLP w/ flare TLP와 폭발의 날짜를 비교함
- X correlation 상관관계 없었음

모범 요약문

서론

듣기 도입
읽기 주제

(듣기 도입) **The lecturer argues that** none of the ideas explain why TLPs occur. (읽기 주제) **This contradicts the reading passage's claim that** the hypotheses about the cause of TLPs are plausible.

본론 1

듣기 반론 1
세부사항
읽기 근거 1

(듣기 반론 1) **First,** the lecturer suggests that lunar gases are unlikely to be responsible for TLPs. (세부사항) It is just a coincidence that most TLPs are seen near lunar craters because those are the most observed parts of the Moon. Moreover, maybe the gas detected by a probe was only a small amount of gas that could not be seen from Earth. (읽기 근거 1) **This casts doubt on the reading passage's claim that** lunar gases are causing TLPs.

본론 2

듣기 반론 2
세부사항
읽기 근거 2

(듣기 반론 2) **Next,** the lecturer explains that there is no evidence that dust causes TLPs. (세부사항) Huge dust storms would have to happen for the dust to be visible from Earth, but there is no indication of such storms occurring on the Moon. In addition, it was reported that rock surfaces on the Moon were almost free of fine dust particles. (읽기 근거 2) **This counters the reading passage's claim that** TLPs occur when [1]dust clouds are lit up.

본론 3

듣기 반론 3
세부사항
읽기 근거 3

(듣기 반론 3) **Finally,** the lecturer claims that the solar flare theory was based on insufficient data. (세부사항) Researchers recently compared the dates of TLPs and the dates when solar flares occurred. They found that there was actually no correlation between the two. (읽기 근거 3) **This refutes the reading passage's claim that** [2]radiation from the Sun triggers TLPs.

듣기 도입 강의자는 그 어떤 의견도 TLP가 일어나는 이유를 설명해주지 않는다고 주장한다. **읽기 주제** 이는 TLP의 원인에 관한 가설들이 그럴듯하다는 읽기 지문의 주장을 반박한다.

듣기 반론 1 첫째로, 강의자는 달의 가스가 TLP의 원인일 가능성이 낮다고 주장한다. **세부사항** 대부분의 TLP가 달의 분화구 근처에서 목격되는 것은 단지 우연일 뿐인데, 분화구가 달에서 가장 많이 관찰되는 부분이기 때문이다. 게다가, 무인 우주 탐사선에 의해 감지된 가스는 아마 지구에서는 보이지 않는 적은 양의 가스였을 것이다. **읽기 근거 1** 이는 달의 가스가 TLP를 일으킨다는 읽기 지문의 주장에 의구심을 제기한다.

듣기 반론 2 다음으로, 강의자는 먼지가 TLP를 일으킨다는 증거가 없다고 설명한다. **세부사항** 먼지가 지구에서 보이려면 거대한 먼지 폭풍이 발생해야 하지만, 그러한 폭풍이 달에서 일어난다는 어떠한 징후도 없다. 게다가, 달의 암석 표면에는 미세한 먼지 입자가 거의 없다고 보고되었다. **읽기 근거 2** 이는 먼지 구름이 비춰질 때 TLP가 일어난다는 읽기 지문의 주장에 반대한다.

듣기 반론 3 마지막으로, 강의자는 태양 폭발 이론이 불충분한 정보에 기반하고 있었다고 주장한다. **세부사항** 연구원들은 최근에 TLP의 날짜와 태양 폭발이 발생한 날짜를 비교했다. 그들은 사실상 이 둘 사이에 상관관계가 없다는 것을 알아냈다. **읽기 근거 3** 이는 태양에서 나온 복사가 TLP를 유발한다는 읽기 지문의 주장을 반박한다.

어휘 및 표현
light up 비추다   trigger[trígər] 유발하다

Paraphrase된 표현
[1]illuminated clouds of dust → [1]dust clouds are lit up
[2]solar radiation → [2]radiation from the Sun

읽기 지문 및 강의 스크립트

읽기 지문

주제 TLP의 원인에 관한 가설들	Numerous astronomers over the years have reported seeing brief changes in the color or brightness of small areas of the Moon from time to time. Known as transient lunar phenomena, or TLPs, the cause of these events is the subject of a number of interesting and plausible hypotheses.	여러 해에 걸쳐 수많은 천문학자들은 가끔 달의 작은 부분들의 색과 밝기가 잠시 동안 변하는 것을 목격했다고 보고해왔다. 일시적 월면 현상, 즉 TLP로 알려진 이 현상의 원인은 흥미롭고도 그럴듯한 여러 가설들의 대상이다.
근거 1 달의 가스 **세부사항** 가스가 나오는 분화구에서 목격됨 / 탐사선이 라돈가스를 감지함	One possibility is that clouds of lunar gas are causing the phenomena. Many researchers believe that gases beneath the surface of the Moon are occasionally expelled into the thin lunar atmosphere. The resulting gas clouds are visible from Earth as reddish or white hues. This theory is consistent with the fact that most TLPs are seen in the vicinity of craters with large fractures, where the gas would be able to escape to the surface. In fact, a probe sent by NASA to the Moon detected the emission of radon gas in the vicinity of Aristarchus, a lunar crater where many TLPs have been observed.	한 가지 가능성은 달의 가스 구름이 그 현상을 일으키고 있다는 것이다. 많은 연구원들은 달 표면 아래의 가스가 간혹 달의 얇은 대기층으로 방출된다고 믿는다. 그 결과 생겨난 가스 구름은 지구에서 붉거나 하얀 빛으로 보여진다. 이 이론은 대부분의 TLP가 커다란 균열들이 있는 분화구 근처에서 목격된다는 사실과 일치하며, 이곳에서 가스가 지면으로 새어 나올 수 있다. 사실, NASA에 의해 달에 보내진 무인 우주 탐사선은 TLP가 많이 목격된 달 분화구인 아리스타르코스 근처에서 라돈가스의 방출을 감지했다.
근거 2 빛나는 먼지 구름 **세부사항** 입자가 강타해 먼지가 떠오름 → 빛이 반사되어 불빛을 만들어냄	Next, some experts believe that TLPs are illuminated clouds of dust floating above the lunar landscape. They posit that particles from space strike the Moon's surface, causing lunar dust to levitate above the ground. Light is then reflected off the suspended dust, creating glows that are visible from Earth.	다음으로, 일부 전문가들은 TLP가 달 주변에 떠다니는 빛나는 먼지 구름이라고 믿는다. 그들은 우주에서 온 입자들이 달의 표면을 강타하고, 이것이 달의 먼지가 지면 위로 뜨게 만든다고 가정한다. 그리고 나서 빛이 떠도는 먼지에 반사되어, 지구에서 볼 수 있는 불빛을 만들어내는 것이다.
근거 3 태양 복사 **세부사항** 태양 폭발이 달 표면을 밝힘 / 태양 순환의 절정기에 TLP가 더 많이 발생	A third theory holds that TLPs are caused by solar radiation. Occasionally, magnetic storms on the Sun's surface release intense bursts of radiation called solar flares, and it is argued that these flares can illuminate portions of the Moon's surface. Many astronomers have reported a greater incidence of TLPs during the peak of the solar cycle when the highest number of flares is emitted, a fact that strongly supports the solar flare hypothesis.	세 번째 이론은 TLP가 태양 복사에 의해 일어난다고 주장한다. 가끔씩, 태양 표면의 자기 폭풍이 태양 폭발이라 불리는 강력한 복사 파열을 방출하고, 이 폭발이 달 표면의 일부분을 밝힐 수 있다고 주장된다. 많은 천문학자들은 가장 많은 수의 폭발이 일어나는 태양 순환기의 절정기 동안 더 많은 TLP의 발생을 보고했는데, 이는 태양 폭발 가설을 강력하게 뒷받침하는 사실이다.

VOCABULARY LIST

transient lunar phenomena 일시적 월면 현상   **expel**[ikspél] 방출하다   **atmosphere**[ǽtməsfìər] 대기층   **consistent with** ~ ~와 일치하는
crater[kréitər] 분화구   **fracture**[frǽktʃər] 균열, 골절   **probe**[proub] 무인 우주 탐사선   **illuminated**[ilú:mənèitid] 빛나는   **posit**[pázit] 가정하다, 단정 짓다
levitate[lévətèit] 뜨다   **suspended**[səspéndid] 떠도는, 떠 있는   **magnetic storm** 자기 폭풍   **burst**[bə:rst] 파열   **solar flare** 태양 폭발

도입 의견들은 TLP를 설명하지 못함	As you know, transient lunar phenomena are a pretty hot topic these days. Now, you've read some theories about what's behind TLPs, but do any of these ideas really explain why these events occur? Unfortunately, I think the answer is a clear "no."	여러분도 아시다시피, 일시적 월면 현상은 요즘 상당한 관심이 집중되는 주제입니다. 자, 여러분은 TLP의 이면에 무엇이 있는지에 관한 몇몇 이론들을 읽었지만, 이 의견 중 하나라도 이러한 현상이 일어나는 이유를 제대로 설명할 수 있을까요? 안타깝게도, 제 생각에 그 답은 명백하게 '아니오'입니다.
반론 1 가스가 원인일 가능성 낮음 세부사항 분화구가 가장 많이 관찰되므로 우연의 일치임 / 적은 양이어서 보이지 않았을 것임	One important point I'd like to make is that gases are unlikely to be responsible for TLPs. For one thing, it's almost certainly a coincidence that most TLPs are observed near lunar craters where gases leak out. You see, as those craters are the most frequently observed features of the Moon, it's no wonder that most TLPs are seen near them. And what about the probe that detected radon gas near a TLP site? Well, it's not actually known how much gas was being emitted there. It may have been only a small amount of gas that couldn't be seen from Earth.	제가 말하고 싶은 한 가지 중요한 요점은 가스가 TLP의 원인일 가능성은 낮다는 것입니다. 우선, 대부분의 TLP가 가스가 새어 나오는 달의 분화구 근처에서 목격되는 것은 거의 확실히 우연입니다. 그러니까, 그 분화구들은 가장 빈번히 관찰되는 달의 특징이기 때문에. 대부분의 TLP가 그 근처에서 목격되는 것은 당연한 일이에요. 그리고 TLP 현장 근처에서 라돈가스를 감지했다는 무인 우주 탐사선은 어떤가요? 글쎄요, 얼마나 많은 가스가 그곳에서 방출되었는지는 사실 알려지지 않았습니다. 그것은 어쩌면 지구에서는 볼 수 없는 적은 양의 가스였을 뿐일지도 몰라요.
반론 2 먼지라는 증거 없음 세부사항 거대한 먼지 폭풍의 징후가 없었음 / 암석 표면에 먼지가 없었음	As for the idea that TLPs are caused by dust, there just isn't any evidence for that. In order to be visible from Earth, dust clouds would have to be very, very large . . . huge dust storms, essentially. But there's never been any real indication that such storms occur on the Moon. In fact, we've got solid evidence that there's actually very little dust floating around. Specifically, uh, Apollo astronauts who walked on the Moon reported that flat rock surfaces were almost completely free of fine dust particles.	TLP가 먼지에 의해 발생한다는 의견에 대해 말하자면, 그에 대한 증거는 전혀 없습니다. 지구에서 보이려면 먼지 구름은 굉장히 컸어야 했을 거예요... 반드시 거대한 먼지 폭풍이어야 했죠. 하지만 그런 폭풍이 달에서 발생한다는 어떠한 실제 징후도 없었습니다. 사실, 우리에게 실제로는 먼지가 거의 떠다니지 않는다는 확실한 증거가 있어요. 특히, 어, 달 위를 걸었던 아폴로 우주비행사들은 판판한 암석 표면에 미세한 먼지 입자가 거의 하나도 없었다고 보고했습니다.
반론 3 태양 폭발은 불충분한 정보에 기반함 세부사항 TLP와 폭발의 날짜를 비교함 → 상관관계 없었음	Let's move on to the solar flare theory. This was a popular idea for a while, but it turns out that it was based on insufficient data. A recent study collected the dates of all observed TLPs and then systematically compared them with the dates of solar flares, and the results were surprising . . . Sometimes they matched up, but more often they didn't. There was actually no correlation at all between TLPs and solar flares.	태양 폭발 이론으로 넘어가죠. 이것은 한동안 인기 있었던 의견이지만, 그것이 불충분한 정보에 기반하고 있었다는 것이 밝혀졌어요. 최근의 한 연구는 모든 TLP가 관찰된 날짜를 수집하여 그것들을 태양 폭발의 날짜와 체계적으로 비교했는데, 그 결과는 놀라웠습니다... 그것들이 간혹 일치하긴 했지만, 더 많은 경우 그렇지 않았어요. 사실 TLP와 태양 폭발 사이에는 아무런 상관관계가 없었던 거죠.

VOCABULARY LIST

coincidence [kouínsidəns] 우연 **leak out** 새어 나오다 **frequently** [frí:kwəntli] 빈번히 **feature** [fí:tʃər] 특징 **emit** [imít] 방출하다
as for ~ ~에 대해 말하자면 **indication** [ìndikéiʃən] 징후, 조짐 **solid** [sá:lid] 확실한 **fine** [fain] 미세한 **turn out** 밝혀지다
systematically [sìstəmǽtikəli] 체계적으로 **correlation** [kɔ̀:rəléiʃən] 상관관계

ACADEMIC DISCUSSION TASK
우리의 삶을 더 편리하게 만든 기술

QUESTION

Choi 교수

This week, I would like to look at how technology has revolutionized the way we live, work, and interact with the world around us. From the moment we wake up to the time we go to bed, technology surrounds us, permeating every aspect of our existence. **Other than smartphones, what technology would you choose as the one that [1]has made our lives more convenient?** Why?

이번 주에는, 기술이 우리가 생활하고, 일하고, 주변 세계와 소통하는 방식에 어떻게 혁신을 일으켰는지 살펴보고자 합니다. 우리가 일어나는 순간부터 잠드는 순간까지, 기술은 우리를 둘러싸고, 우리 존재의 모든 측면에 스며듭니다. 스마트폰 외에, 우리의 삶을 더 편리하게 만든 기술로 어떤 것을 선택하시겠습니까? 그 이유는 무엇인가요?

Emily

GPS navigation devices are, without a doubt, the technology that has made our lives easier and more convenient. They provide us with accurate, real-time information about our location and the best routes to our desired destinations. They have revolutionized how we navigate and explore the world.

GPS 내비게이션 장치는, 의심할 여지 없이, 우리의 삶을 더 쉽고 편리하게 해 준 기술입니다. 그것들은 우리의 위치와 우리가 원하는 목적지로 가는 가장 좋은 경로에 대한 정확하고 실시간의 정보를 제공합니다. 그것들은 우리가 세상을 탐색하고 탐험하는 방법에 혁신을 일으켰습니다.

Miles

I think smart home devices provide a level of convenience and efficiency that greatly enhances our daily lives. Smart home devices, such as voice-activated assistants and automated thermostats, allow us to control various aspects of our homes with just a few taps or voice commands, saving us time and effort.

저는 스마트 홈 기기가 우리의 일상생활을 크게 향상시키는 수준의 편리함과 효율성을 제공한다고 생각합니다. 음성 인식 보조 장치와 자동 온도 조절기와 같은 스마트 홈 장치는 우리가 그저 몇 번의 두드림이나 음성 명령만으로 집의 다양한 측면들을 제어할 수 있게 하여, 우리의 시간과 노력을 절약합니다.

■ 아웃라인

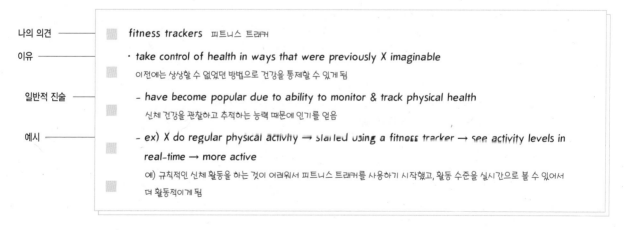

나의 의견 —— fitness trackers 피트니스 트래커

이유 —— · take control of health in ways that were previously X imaginable
이전에는 상상할 수 없었던 방법으로 건강을 통제할 수 있게 됨

일반적 진술 —— - have become popular due to ability to monitor & track physical health
신체 건강을 관찰하고 추적하는 능력 때문에 인기를 얻음

예시 —— - ex) X do regular physical activity → started using a fitness tracker → see activity levels in real-time → more active
예) 규칙적인 신체 활동을 하는 것이 어려워서 피트니스 트래커를 사용하기 시작했고, 활동 수준을 실시간으로 볼 수 있어서 더 활동적이게 됨

모범 답안

(도입) **I understand why** Emily **and** Miles **think that** GPS navigation and smart home devices [1]have increased the convenience of our daily lives. (나의 의견) **For me, personally,** fitness trackers have made our lives easier. (이유) **The main reason is that** they help us to [2]take control of our health in ways that were previously unimaginable. (일반적 진술) In fact, health and fitness trackers have become increasingly popular in recent years due to their ability to [2]monitor and track various aspects of our physical health. (예시) **For instance,** as a student spending long hours sitting at a desk, I found it challenging to incorporate regular physical activity into my routine. So I started using a fitness tracker. It accurately recorded the number of steps I took throughout the day and the calories I burned. Being able to see my activity levels in real-time encouraged me to be more active. ❂Without the help of a fitness tracker, I might never have made the changes to my lifestyle that improved my health.

도입 저는 왜 Emily와 Miles가 GPS 내비게이션과 스마트 홈 기기가 우리 일상생활의 편리함을 증가시켰다고 생각하는지 이해합니다. 나의 의견 저 개인적으로는, 피트니스 트래커가 우리의 삶을 더 수월하게 만들었습니다. 이유 주된 이유는 그것들이 이전에는 상상할 수 없었던 방법으로 우리가 우리의 건강을 통제할 수 있게 도와주기 때문입니다. 일반적 진술 실제로, 건강 및 피트니스 트래커는 우리의 신체 건강의 다양한 측면을 관찰하고 추적하는 능력 때문에 최근 몇 년 동안 점점 더 인기를 얻고 있습니다. 예시 예를 들어, 책상 앞에 앉아 오랜 시간을 보내는 학생으로서, 저는 규칙적인 신체 활동을 제 일과에 통합하는 것이 어렵다는 것을 깨달았습니다. 그래서 저는 피트니스 트래커를 사용하기 시작했습니다. 그것은 제가 하루 종일 걸은 걸음 수와 소모한 칼로리를 정확하게 기록했습니다. 저의 활동 수준을 실시간으로 볼 수 있는 것은 제가 더 활동적이게 되도록 격려했습니다. ❂피트니스 트래커의 도움이 없었더라면, 저는 저의 건강을 증진시킨 생활 습관으로 바꾸지 않았을지도 모릅니다.

어휘 및 표현

[문제] revolutionize[rèvəlúːʃənàiz] 혁신을 일으키다   permeate[pə́ːrmieit] 스며들다   existence[igzístəns] 존재   accurate[ǽkjurət] 정확한
thermostat[θə́ːrməstæt] 온도 조절기   command[kəmǽnd] 명령, 명령어   [모범 답안] previously[príːviəsli] 이전에
unimaginable[ʌ̀nimǽdʒinəbl] 상상할 수 없는   incorporate[inkɔ́ːrpərèit] 통합하다   encourage[inkə́ːridʒ] 격려하다, 장려하다

Paraphrase된 표현

[1]has made our lives more convenient → [1]have increased the convenience of our daily lives
[2]take control of our health → [2]monitor and track various aspects of our physical health

---

고득점 필수 표현   ~하지 않았더라면(~가 없었더라면), …했을지도 모른다
Without ~, 주어 would/could/might have p.p.

피트니스 트래커의 도움이 **없었더라면**, 저는 저의 건강을 증진시킨 생활 습관으로 **바꾸지 않았을지도 모릅니다**.
❂ **Without** the help of a fitness tracker, **I might never have made** the changes to my lifestyle that improved my health.

• 미켈란젤로의 실제 그림들을 직접 본 경험이 **없었더라면**, 저는 사람들이 이 거장의 작품을 볼 때 느끼는 경외감을 **결코 이해할 수 없었을지도 모릅니다**.
  Without the experience of seeing Michelangelo's actual paintings, **I would never have understood** the awe people feel when they view this master artist's works.

• 그 기관의 재정적인 지원이 **없었더라면**, 저는 인류학과 언어학의 복수학위를 **결코 얻을 수 없었을지도 모릅니다**.
  Without the financial support of the foundation, **I could never have obtained** my double degree in anthropology and linguistics.

앞서 학습한 내용을 바탕으로 자신의 답안에 대해 다음 사항을 확인 후, 실력 향상을 위해 개선해야 할 점을 적어보세요.

통합형

1 강의에서 제시된 세 가지 반론을 요약문에 모두 포함하였다. ☐ Yes ☐ No

2 강의에서 제시된 각 반론을 읽기 지문의 대응되는 근거와 관련지어 제시하였다. ☐ Yes ☐ No

3 읽기 지문에 등장한 문장을 그대로 다시 사용하지 않았다. ☐ Yes ☐ No

4 적절한 어휘 및 표현을 사용하였다. ☐ Yes ☐ No

5 동일한 어휘 또는 표현을 반복적으로 사용하지 않았다. ☐ Yes ☐ No

6 문법 및 철자의 오류를 보이지 않는다. ☐ Yes ☐ No

토론형

1 나의 의견을 분명히 제시하였다. ☐ Yes ☐ No

2 나의 의견을 뒷받침하는 이유와, 이유에 대한 설득력 있고 구체적인 예를 제시하였다. ☐ Yes ☐ No

3 토론 주제를 벗어난 내용을 포함하지 않았다. ☐ Yes ☐ No

4 문제에 등장한 교수와 학생들의 문장을 그대로 사용하지 않았다. ☐ Yes ☐ No

5 다양한 어휘/표현/문장 구조를 사용하였다. ☐ Yes ☐ No

6 문법 및 철자의 오류를 보이지 않는다. ☐ Yes ☐ No

라이팅 실력 향상을 위해 개선해야 할 점

HACKERS TOEFL ACTUAL TEST WRITING

TEST 03

INTEGRATED TASK
모범 답안 · 지문 · 해석

ACADEMIC DISCUSSION TASK
모범 답안 · 해석

SELF-EVALUATION LIST

INTEGRATED TASK
아나사지 문명

▌ 읽기 노트 및 듣기 노트

읽기 노트

주제 ——

근거 1 ——

세부사항

근거 2 ——

세부사항

근거 3 ——

세부사항

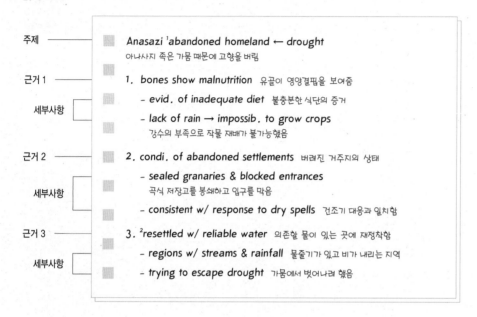

Anasazi [1]abandoned homeland ← drought
아나사지 족은 가뭄 때문에 고향을 버림

1. bones show malnutrition   유골이 영양결핍을 보여줌
   - evid. of inadequate diet   불충분한 식단의 증거
   - lack of rain → impossib. to grow crops
     강수의 부족으로 작물 재배가 불가능했음

2. condi. of abandoned settlements   버려진 거주지의 상태
   - sealed granaries & blocked entrances
     곡식 저장고를 봉쇄하고 입구를 막음
   - consistent w/ response to dry spells   건조기 대응과 일치함

3. [2]resettled w/ reliable water   의존할 물이 있는 곳에 재정착함
   - regions w/ streams & rainfall   물줄기가 있고 비가 내리는 지역
   - trying to escape drought   가뭄에서 벗어나려 했음

듣기 노트

도입 ——

반론 1 ——

세부사항

반론 2 ——

세부사항

반론 3 ——

세부사항

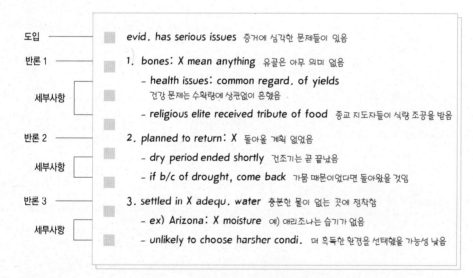

evid. has serious issues   증거에 심각한 문제들이 있음

1. bones: X mean anything   유골은 아무 의미 없음
   - health issues: common regard. of yields
     건강 문제는 수확량에 상관없이 흔했음
   - religious elite received tribute of food   종교 지도자들이 식량 조공을 받음

2. planned to return: X   돌아올 계획 없었음
   - dry period ended shortly   건조기는 곧 끝났음
   - if b/c of drought, come back   가뭄 때문이었다면 돌아왔을 것임

3. settled in X adequ. water   충분한 물이 없는 곳에 정착함
   - ex) Arizona: X moisture   예) 애리조나는 습기가 없음
   - unlikely to choose harsher condi.   더 혹독한 환경을 선택했을 가능성 낮음

모범 요약문

서론
듣기 도입
읽기 주제

〔듣기 도입〕**The lecturer argues that** the evidence to support a 13th-century drought causing the Anasazi migration has serious issues. 〔읽기 주제〕**This contradicts the reading passage's claim that** the Anasazi [1]left their homes because of a drought.

본론 1
듣기 반론 1
세부사항
읽기 근거 1

〔듣기 반론 1〕**First,** the lecturer contends that the discovery of bones that show signs of malnutrition doesn't mean anything. 〔세부사항〕Health issues related to poor diet were common among the Anasazi people regardless of crop yields. This is because the religious elite received tribute in the form of food. 〔읽기 근거 1〕**This casts doubt on the reading passage's claim that** the signs of malnutrition on the bones suggest that a drought caused the migration.

본론 2
듣기 반론 2
세부사항
읽기 근거 2

〔듣기 반론 2〕**Next,** the lecturer points out that the Anasazi did not plan to return when the drought was over. 〔세부사항〕Shortly after the Anasazi left, the dry period came to an end and the climate reverted to normal. If they had left because of the drought, they would have come back then. 〔읽기 근거 2〕**This counters the reading passage's claim that** the state of their settlements proves that the Anasazi were reacting to a dry spell.

본론 3
듣기 반론 3
세부사항
읽기 근거 3

〔듣기 반론 3〕**Finally,** the lecturer maintains that many of the Anasazi people settled in areas that didn't have adequate water. 〔세부사항〕For example, some people relocated to Arizona that had little moisture. It is not likely that people fleeing from drought would choose a region with harsher conditions. 〔읽기 근거 3〕**This refutes the reading passage's claim that** the Anasazi [2]moved to regions with dependable water.

듣기 도입 강의자는 13세기의 가뭄이 아나사지 족의 이동을 초래했음을 뒷받침하는 증거에 심각한 문제들이 있다고 주장한다. 읽기 주제 이는 아나사지 족이 가뭄 때문에 그들의 고향을 떠났다는 읽기 지문의 주장을 반박한다.

듣기 반론 1 첫째로, 강의자는 영양결핍의 징후를 보여주는 유골의 발견은 아무 의미가 없다고 주장한다. 세부사항 빈약한 식단과 관련된 건강 문제는 아나사지 사람들 사이에서 작물 수확량에 상관없이 흔했다. 이는 종교 지도자들이 식량의 형태로 조공을 받았기 때문이다. 읽기 근거 1 이는 유골에 나타난 영양결핍의 징후가 가뭄이 이동을 초래했음을 암시한다는 읽기 지문의 주장에 의구심을 제기한다.

듣기 반론 2 다음으로, 강의자는 아나사지 족이 건조기가 끝났을 때 돌아올 계획이 없었다고 지적한다. 세부사항 아나사지 족이 떠난 직후, 건조기는 끝났고 기후가 정상으로 되돌아왔다. 만약 그들이 가뭄 때문에 떠난 것이었다면, 그들은 그때 돌아왔을 것이다. 읽기 근거 2 이는 거주지의 상태가 아나사지 족이 건조기에 대처하고 있었음을 증명한다는 읽기 지문의 주장에 반대한다.

듣기 반론 3 마지막으로, 강의자는 대다수의 아나사지 사람들이 충분한 물이 없는 지역에 정착했다고 주장한다. 세부사항 예를 들어, 일부 사람들은 습기가 거의 없는 애리조나로 이동했다. 가뭄으로부터 달아난 사람들이 더욱 혹독한 환경을 가진 지역을 선택했을 가능성은 없다. 읽기 근거 3 이는 아나사지 족이 의존할 만한 물이 있는 지역으로 이동했다는 읽기 지문의 주장을 반박한다.

어휘 및 표현
discovery[diskʌ́vəri] 발견

Paraphrase된 표현
[1]abandoned homeland → [1]left their homes
[2]resettled w/ reliable water → [2]moved to regions with dependable water

읽기 지문 및 강의 스크립트

읽기 지문

주제 아나사지 족은 가뭄 때문에 고향을 버림	For hundreds of years, the Anasazi civilization flourished in the Four Corners area of the American Southwest. However, near the end of the 13th century, the Anasazi mysteriously disappeared. Many experts agree that they abandoned their homeland in response to a severe drought.	수백 년 동안, 아나사지 문명은 미국 남서북의 포코너스 지역에서 번성했다. 그러나, 13세기 말 즈음에, 아나사지 족은 불가사의하게 사라졌다. 많은 전문가들은 그들이 심각한 가뭄에 대응하여 그들의 고향을 버렸다는 것에 동의한다.
근거 1 유골이 영양결핍을 보여줌 **세부사항** 불충분한 식단의 증거 / 강수의 부족으로 작물 재배가 불가능했음	The first indication that drought caused this migration is that bones from Anasazi graves show clear signs of malnutrition. When researchers tested human remains from a number of sites, they found evidence of inadequate diet, such as vitamin deficiencies and stunted growth in children. This suggests that the lack of rainfall made it impossible to grow sufficient crops to feed the large population, forcing them to leave their homes.	가뭄이 이 이동을 초래했다는 첫 번째 증거는 아나사지 무덤에서 나온 유골이 영양결핍의 명확한 징후를 보여준다는 것이다. 연구원들이 수많은 유적에서 나온 사람들의 유해를 조사했을 때, 그들은 비타민 부족과 아이들의 발육 부전 같은 불충분한 식단의 증거를 발견했다. 이는 강수량의 부족이 많은 인구에게 먹일 충분한 작물을 재배하는 것을 불가능하게 만들었고, 이것이 그들이 고향을 떠나게 만들었음을 암시한다.
근거 2 버려진 거주지의 상태 **세부사항** 곡식 저장고를 봉쇄하고 입구를 막음 → 건조기 대응과 일치함	A second reason to believe that they were responding to a drought is the condition of the abandoned settlements. Archaeological excavations have revealed that the Anasazi sealed up the granaries with clay and blocked off the town entrances with wooden beams. The Anasazi probably took these significant steps to preserve their communities because they planned to reoccupy them later. This is consistent with what the Anasazi had done in response to earlier dry spells. In fact, many experts believe that vacating and reclaiming individual settlements is a strategy that was commonly used by the Anasazi to cope with droughts.	그들이 가뭄에 대응하고 있었다는 것을 믿게 하는 두 번째 근거는 버려진 거주지의 상태이다. 고고학적 발굴은 아나사지 족이 곡식 저장고를 흙으로 봉쇄하고 마을의 입구를 나무 기둥으로 막아두었음을 밝혀냈다. 아나사지 족은 아마도 그들의 마을을 나중에 되찾을 계획이었기 때문에 그곳을 보호하기 위해 이러한 중요한 조치들을 취했을 것이다. 이는 아나사지 족이 그전의 건조기에 대응하여 행했던 것과 일치한다. 사실, 많은 전문가들은 개인 거주지를 버렸다가 되찾는 것이 가뭄에 대처하기 위해 아나사지 족에 의해 흔히 사용되었던 전략이라고 믿는다.
근거 3 의존할 물이 있는 곳에 재정착함 **세부사항** 물줄기가 있고 비가 내리는 지역 → 가뭄에서 벗어나려 했음	Finally, the fact that most of the Anasazi eventually resettled in areas with reliable water supplies demonstrates that drought was the motivation for the journey. The new settlements were founded in regions with dependable streams and more favorable rainfall, such as the drainage basin of the Rio Grande River. This movement towards places with more abundant water indicates that the Anasazi were trying to escape drought conditions.	마지막으로, 대부분의 아나사지 족이 의존할 만한 물 공급이 있는 지역에 결국 재정착했다는 사실은 가뭄이 그 이동의 동기였다는 것을 증명한다. 새로운 정착지들은 리오그란데 강의 배수 지역과 같은 의존할 만한 물줄기가 있고 비가 더 잘 내리는 지역에 세워졌다. 물이 더 풍부한 지역을 향한 움직임은 아나사지 족이 가뭄 상태에서 벗어나려 했다는 것을 나타낸다.

VOCABULARY LIST

flourish[flə́:riʃ] 번성하다 sign[sain] 징후, 흔적 remains[riméins] 유해, 나머지 inadequate[inǽdikwət] 불충분한 stunted growth 발육 부전 archaeological[ɑ̀:rkiəlɑ́dʒikəl] 고고학의 excavation[èkskəvéiʃən] 발굴 seal up 봉쇄하다 granary[gréinəri] 곡식 저장고 clay[klei] 흙, 점토 beam[bi:m] 기둥, 빛줄기 vacate[véikeit] 버리다 reclaim[rikléim] 되찾다 drainage basin 배수 지역

도입 증거에 심각한 문제들 이 있음	There's this widely held belief that a drought is the cause of the Anasazi migration in the 13th century. Yet, there is still a lot of controversy about this theory. In fact, the evidence provided to support it has some serious issues.	가뭄이 13세기에 있었던 아나사지 족 이동의 원인 이라는 이러한 널리 수용되는 믿음이 있어요. 하지 만, 이 이론에 대해서는 여전히 많은 논란이 있습 니다. 사실, 그것을 뒷받침하는 데 제시된 증거에 는 몇 가지 심각한 문제들이 있어요.
반론 1 유골은 아무 의미 없음 세부사항 건강 문제는 수확량에 상관없이 흔했음 / 종 교 지도자들이 식량 조 공을 받음	First, the discovery of bones with signs of malnutrition doesn't mean anything. You see, health issues due to poor diet and insufficient food were common among the Anasazi people regardless of annual crop yields. Some archaeologists estimate that up to 45 percent of Anasazi children suffered from malnutrition, even during years of bountiful harvests. This is because the farmers gave most of their crops to the religious elite . . . Um, it is known that they received tribute in the form of food from the lower classes to perform religious ceremonies.	첫째로, 영양결핍의 징후를 보이는 유골의 발견은 아무런 의미도 없습니다. 있잖아요, 빈약한 식단과 불충분한 식량으로 인한 건강 문제는 연간 작물 수 확량에 상관없이 아나사지 사람들 사이에서 흔한 일이었어요. 일부 고고학자들은 심지어 풍작이 있 던 해에도 45퍼센트의 아나사지 아이들이 영양결 핍을 겪었을 것으로 추정합니다. 이는 농부들이 그 들 작물의 대부분을 종교 지도자들에게 바쳤기 때 문이에요... 음, 그들은 종교의식을 행하기 위해 하 층 계급으로부터 식량의 형태로 조공을 받았다고 알려져 있습니다.
반론 2 돌아올 계획 없었음 세부사항 건조기는 곧 끝났음 / 가뭄 때문이었다면 돌 아왔을 것임	And then there's the claim that the Anasazi planned to return to their communities once the drought ended. If this is true, then the obvious question is . . . well, why didn't they return? I mean, it's believed that the dry period ended shortly after the Anasazi left, with the climate in their homeland gradually reverting to normal from, uh, 1300 to 1340. If they had left because of the drought, then they would have come back once it was over.	그다음에 아나사지 족이 가뭄이 끝나면 그들의 마 을로 돌아올 계획이었다는 주장이 있었죠. 만약 이것이 사실이라면, 당연한 질문은... 글쎄요, 그 들은 왜 돌아오지 않았을까요? 그러니까, 그들의 고향 땅의 기후는, 어, 1300년부터 1340년까지 점 차 정상으로 되돌아가면서, 건조기는 아나사지 족 이 떠난 직후 끝났다고 믿어지고 있어요. 만약 그 들이 가뭄 때문에 떠났다면, 그것이 끝났을 때 돌 아왔을 겁니다.
반론 3 충분한 물이 없는 곳 에 정착함 세부사항 애리조나는 습기가 없 음 / 더 혹독한 환경을 선택했을 가능성 낮음	Now, the last thing I want to point out is that many of the Anasazi settled in areas that did not actually have adequate water supplies. Um, for example, some Anasazi relocated to the, uh, mesas of modern-day Arizona. These elevated areas of land have very little moisture and are not suitable for agriculture. It seems highly unlikely that people fleeing from drought would choose to settle in a region with even harsher conditions.	이제, 제가 마지막으로 지적하고 싶은 점은 대다수 의 아나사지 족이 사실은 충분한 물 공급이 없는 지역에 정착했다는 겁니다. 음, 예를 들면, 일부 아 나사지 족은, 어, 오늘날 애리조나의 메사 지역으 로 이동했어요. 이 고지대는 습기가 거의 없고 농 업에 적합하지 않죠. 가뭄으로부터 달아난 사람들 이 훨씬 더 혹독한 환경을 가진 지역에 정착하기로 결정했을 가능성은 아주 낮아 보입니다.

VOCABULARY LIST

controversy[kɑ́:ntrəvə̀:rsi] 논란 archaeologist[ɑ̀:rkiɑ́:lədʒist] 고고학자 estimate[éstəmət] 추정하다 bountiful harvest 풍작

tribute[tríbjuːt] 조공 obvious[ɑ́:bviəs] 당연한, 명백한 dry period 건조기 revert[rivə́:rt] 되돌아가다 relocate[rìːloukéit] 이동하다

elevated area 고지대 flee from ~ ~로부터 달아나다

ACADEMIC DISCUSSION TASK
거리 예술: 진정한 예술임 vs. 아님

QUESTION

Dubois 박사

Street art has become popular in recent decades. It can be seen in major cities around the world, and some works are even displayed in galleries. In fact, works by the street artist Banksy have sold at auctions for millions of dollars. But there is a lot of controversy surrounding street art as an art form. **Do you think street art is a [1]valid form of artistic expression, or is it a [2]problem for property owners?**

거리 예술은 최근 수십 년 동안 인기를 얻었습니다. 그것은 전 세계 주요 도시에서 볼 수 있으며, 몇몇 작품들은 심지어 미술관에 전시되어 있습니다. 실제로, 거리 예술가 뱅크시의 작품들은 경매에서 수백만 달러에 팔렸습니다. 하지만 예술 행위로서의 거리 예술을 둘러싼 많은 논란이 있습니다. 여러분은 거리 예술이 예술적 표현의 유효한 형태라고 생각합니까, 아니면 건물 소유주들에게 골칫거리라고 생각합니까?

Leslie

It is definitely a valid art form, and I am a big fan! One of the reasons Banksy is so popular is because of the powerful messages his works convey. Also, I visited Venice Beach last summer and was amazed by the graffiti walls there. I have a sculpture class to attend now, but I'll post some photos here later.

그것은 확실히 유효한 예술 행위이며, 저는 열렬한 팬입니다! 뱅크시가 그렇게 인기 있는 이유 중 하나는 그의 작품들이 전달하는 강력한 메시지 때문입니다. 또한, 저는 지난여름에 베네치아비치를 방문했는데 그곳의 그라피티가 그려진 벽들에 깜짝 놀랐습니다. 제가 지금 조소 수업에 참석해야 하는데, 나중에 몇 개의 사진을 여기에 게시하겠습니다.

Finn

I'm not convinced that street art is actually art. Some street art contains violent or inappropriate imagery, and this can be [3]offensive to both property owners and the other members of society. It can lead to rising tensions in the community, which can lower property values and make it difficult to attract new businesses.

저는 거리 예술이 실제로 예술이라고 확신하지 않습니다. 몇몇 거리 예술은 폭력적이거나 부적절한 이미지를 포함하며, 이는 건물 소유주들과 사회의 다른 구성원들 모두에게 불쾌감을 줄 수 있습니다. 그것은 지역사회 내 고조되는 갈등으로 이어질 수 있고, 이는 건물의 가치를 떨어뜨리고 새로운 사업체들을 유치하는 것을 어렵게 만들 수 있습니다.

■ 아웃라인

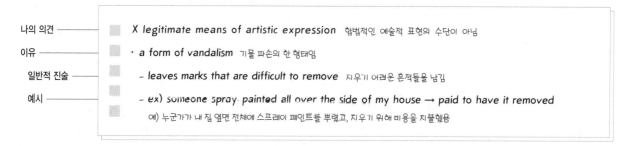

나의 의견 — X legitimate means of artistic expression 합법적인 예술적 표현의 수단이 아님

이유 — • a form of vandalism 기물 파손의 한 형태임

일반적 진술 — - leaves marks that are difficult to remove 지우기 어려운 흔적들을 남김

예시 — - ex) someone spray-painted all over the side of my house → paid to have it removed
예) 누군가가 내 집 옆면 전체에 스프레이 페인트를 뿌렸고, 지우기 위해 비용을 지불했음

▮ 모범 답안

(도입) **I understand why** Leslie **thinks that** street art is considered a genuine art form. (나의 의견) **However, in my opinion,** street art is not a [1]legitimate means of artistic expression. (이유)**The main reason is that** drawing or painting on someone else's property is basically a form of vandalism. (일반적 진술) Street art involves the use of materials that leave marks on buildings that are extremely difficult to remove. (예시)**In my case,** discovering that a street artist had made use of my property was [3]not pleasant. A couple of years ago, I noticed that someone had spray-painted all over the side of my house. I spent hours trying to clean it off before giving up and paying to have it removed. (맺음말) **Overall, I believe that** ✿street art is more of a [2]threat to public and private property than it is an authentic art form.

도입 저는 왜 Leslie가 거리 예술이 진정한 예술 행위로 여겨진다고 생각하는지 이해합니다. 나의 의견 하지만, 제 생각에는 거리 예술은 합법적인 예술적 표현의 수단이 아닙니다. 이유 주된 이유는 다른 사람의 소유지에 그림을 그리거나 페인트를 칠하는 것은 기본적으로 기물 파손의 한 형태라는 것입니다. 일반적 진술 거리 예술은 건물에 지우기 매우 어려운 흔적들을 남기는 재료들의 사용을 수반합니다. 예시 제 경우에는, 거리 예술가가 제 소유지를 이용한 것을 발견하는 것은 유쾌하지 않았습니다. 몇 년 전에, 저는 누군가가 저의 집 옆면 전체에 스프레이 페인트를 뿌린 것을 발견했습니다. 그것을 지우려고 노력하는 데 몇 시간을 썼고, 결국 포기하고 그것을 지우기 위해 비용을 지불해야 했습니다. 맺음말 전반적으로, 저는 ✿거리 예술이 진정한 예술 행위라기보다는 공공 및 사유 재산에 대한 위협이라고 생각합니다.

어휘 및 표현
[문제] display[displéi] 전시하다   auction[ɔ́ːkʃən] 경매   property[prɑ́pərti] 건물, 소유지, 재산   valid[vǽlid] 유효한, 정당한   convey[kənvéi] 전달하다
contain[kəntéin] 포함하다   inappropriate[ìnəpróupriət] 부적절한   offensive[əfénsiv] 불쾌감을 주는   tension[ténʃən] 갈등, 긴장
[모범 답안] genuine[dʒénjuin] 진정한   legitimate[lidʒítəmət] 정당한   means[miːnz] 수단   vandalism[vǽndəlìzm] 기물 파손
remove[rimúːv] 지우다, 제거하다   threat[θret] 위협   authentic[əːθéntik] 진정한

Paraphrase된 표현
[1]valid form of artistic expression → [1]legitimate means of artistic expression
[2]problem for property owners → [2]threat to public and private property
[3]offensive → [3]not pleasant

고득점 필수 표현　　…라기보다는 ~이다
　　　　　　　　　　　more of ~ than ...

거리 예술은 진정한 예술 행위**라기보다는** 공공 및 사유 재산에 대한 위협**입니다**.
✿ Street art is **more of** a threat to public and private property **than** it is an authentic art form.

• 다양한 박물관들이 즐비한 그 도시는 비즈니스 중심지라기**보다는** 문화의 중심지**입니다**.
  The city, with its diverse array of museums, is **more of** a cultural hub **than** a business center.

• 제 선생님은 학생들을 발견 기반 학습을 통해 지도했기 때문에, 강연자라기**보다는** 조력자**였습니다**.
  As my teacher guided students through discovery-based learning, she was **more of** a facilitator **than** a lecturer.

SELF-EVALUATION LIST TEST 03

앞서 학습한 내용을 바탕으로 자신의 답안에 대해 다음 사항을 확인 후, 실력 향상을 위해 개선해야 할 점을 적어보세요.

통합형

1 강의에서 제시된 세 가지 반론을 요약문에 모두 포함하였다.	☐ Yes	☐ No
2 강의에서 제시된 각 반론을 읽기 지문의 대응되는 근거와 관련지어 제시하였다.	☐ Yes	☐ No
3 읽기 지문에 등장한 문장을 그대로 다시 사용하지 않았다.	☐ Yes	☐ No
4 적절한 어휘 및 표현을 사용하였다.	☐ Yes	☐ No
5 동일한 어휘 또는 표현을 반복적으로 사용하지 않았다.	☐ Yes	☐ No
6 문법 및 철자의 오류를 보이지 않는다.	☐ Yes	☐ No

토론형

1 나의 의견을 분명히 제시하였다.	☐ Yes	☐ No
2 나의 의견을 뒷받침하는 이유와, 이유에 대한 설득력 있고 구체적인 예를 제시하였다.	☐ Yes	☐ No
3 토론 주제를 벗어난 내용을 포함하지 않았다.	☐ Yes	☐ No
4 문제에 등장한 교수와 학생들의 문장을 그대로 사용하지 않았다.	☐ Yes	☐ No
5 다양한 어휘/표현/문장 구조를 사용하였다.	☐ Yes	☐ No
6 문법 및 철자의 오류를 보이지 않는다.	☐ Yes	☐ No

라이팅 실력 향상을 위해 개선해야 할 점

HACKERS TOEFL ACTUAL TEST WRITING

TEST 04

INTEGRATED TASK
모범 답안 · 지문 · 해석

ACADEMIC DISCUSSION TASK
모범 답안 · 해석

SELF-EVALUATION LIST

INTEGRATED TASK
혼잡통행료

■ 읽기 노트 및 듣기 노트

읽기 노트

주제 —— congest. pricing: [1]benefits 혼잡통행료 징수의 이점들

근거 1 —— 1. [2]makes driving safer 운전을 더 안전하게 만듦

세부사항 —— - ↓ traffic → ↓ accidents 교통량 감소로 사고 감소
- accidents ↓ 10% in Stock. 스톡홀름에서 사고가 10퍼센트 줄어듦

근거 2 —— 2. public transp.: ↑ conveni. 대중교통이 더 편리해짐

세부사항 —— - ↓ cars → buses on schedule 자동차 감소로 버스가 스케줄대로 운행
- ex) bus delay in London: ↓ 50%
  예) 런던의 버스 지연이 50퍼센트 줄어듦

근거 3 —— 3. posit. impact on biz. 사업체에 긍정적인 영향

세부사항 —— - congest. → financial burden 혼잡은 재정적 부담을 야기함
- biz. in NY lose $13 billion/yr 뉴욕시 사업체들은 연 130억 달러를 손해 봄

듣기 노트

도입 —— X adv. as believe 믿는 만큼 이롭지 않음

반론 1 —— 1. roads safer: opp. 도로가 더 안전하다는 것과 반대임

세부사항 —— - accidents: ↑ severe at ↑ speeds 빠른 속도에서는 사고가 더 심각함
- 30% ↑ speed double serious injury/death
  속도의 30퍼센트 증가는 심각한 부상이나 사망을 두 배로 높임

반론 2 —— 2. public transp.: ↓ conveni. 대중교통이 덜 편리해짐

세부사항 —— - ↑ ppl. use → exceeded 더 많은 사람들이 이용해서 한도를 넘음
- discomfort & diffic. to catch 불편하고 잡기 어려워짐

반론 3 —— 3. finan. benefits for biz.: X match 사업체의 재정적 이익은 맞지 않음

세부사항 —— - ↓ revenue b/c deter shoppers 쇼핑객들을 막아 수입 감소
- retailers blame charge for lag. sales
  소매업자들은 매출 침체를 보자 탓으노 돌님

모범 요약문

서론

듣기 도입
읽기 주제

본론 1

듣기 반론 1
세부사항
읽기 근거 1

본론 2

듣기 반론 2
세부사항
읽기 근거 2

본론 3

듣기 반론 3
세부사항
읽기 근거 3

(듣기 도입) **The lecturer argues that** congestion pricing is not as advantageous as some believe it to be. (읽기 주제) **This contradicts the reading passage's claim that** it is [1]highly beneficial.

(듣기 반론 1) **First,** the lecturer asserts that roads are not made safer by congestion pricing. (세부사항) The accidents that occur are more severe because the cars involved are traveling at higher speeds. In fact, a 30 percent increase in speed doubles the risk of serious injury or death. (읽기 근거 1) **This casts doubt on the reading passage's claim that** [2]driving is less dangerous when congestion pricing is implemented.

(듣기 반론 2) **Next,** the lecturer contends that congestion pricing results in public transportation becoming less convenient. (세부사항) As more people use the public transit network, its capacity is exceeded. This causes discomfort and makes it difficult for people to catch a bus. (읽기 근거 2) **This counters the reading passage's claim that** congestion pricing increases the convenience of using public transportation.

(듣기 반론 3) **Finally,** the lecturer maintains that the idea that congestion pricing benefits businesses does not match with reality. (세부사항) Businesses see a drop in revenue because suburban shoppers are deterred from driving into the city. Retailers in the city center blame the congestion charges for lagging sales. (읽기 근거 3) **This refutes the reading passage's claim that** it has a good effect on local businesses.

듣기 도입 강의자는 혼잡통행료 징수가 일부 사람들이 믿는 만큼 이롭지 않다고 주장한다. 읽기 주제 이는 그것이 매우 유익하다는 읽기 지문의 주장을 반박한다.

듣기 반론 1 첫째로, 강의자는 혼잡통행료 징수에 의해 도로가 더 안전해지지 않는다고 주장한다. 세부사항 사고에 수반된 차량들이 더 빠른 속도로 이동하기 때문에 발생하는 사고들은 더 심각하다. 사실, 속도의 30퍼센트 증가는 심각한 부상이나 사망의 위험을 두 배로 높인다. 읽기 근거 1 이는 혼잡통행료 징수가 시행될 때 운전이 덜 위험하다는 읽기 지문의 주장에 의구심을 제기한다.

듣기 반론 2 다음으로, 강의자는 혼잡통행료 징수가 대중교통이 덜 편리해지는 결과를 낳는다고 주장한다. 세부사항 더 많은 사람들이 대중교통망을 이용함에 따라, 그것의 수용량은 한도를 넘게 된다. 이는 불편을 야기하고 사람들이 버스를 잡는 것을 어렵게 만든다. 읽기 근거 2 이는 혼잡통행료 징수가 대중교통 이용의 편리함을 증대시킨다는 읽기 지문의 주장에 반대한다.

듣기 반론 3 마지막으로, 강의자는 혼잡통행료 징수가 사업체에 이롭다는 의견은 현실과 맞지 않다고 주장한다. 세부사항 교외지역의 쇼핑객들이 도시로 운전해 오는 것을 막기 때문에 사업체들은 수입의 하락을 겪는다. 도심의 소매업자들은 침체되는 매출을 혼잡 요금의 탓으로 돌린다. 읽기 근거 3 이는 그것이 지역 사업체에 좋은 영향을 미친다는 읽기 지문의 주장을 반박한다.

어휘 및 표현
convenience[kənvíːnjəns] 편리함

Paraphrase된 표현
[1]benefits → [1]highly beneficial
[2]makes driving safer → [2']driving is less dangerous

읽기 지문 및 강의 스크립트

읽기 지문

주제 혼잡통행료 징수의 이점들	Congestion pricing—a system of charges imposed on vehicles entering or leaving certain areas of a city at peak times—has generated a great deal of controversy among the residents of the urban areas in which it has been implemented. Nevertheless, it offers significant benefits.	혼잡통행료 징수는 가장 붐비는 시간대에 도시의 특정 지역에 들어오거나 나가는 차량에 요금이 부과되는 시스템으로, 그것이 시행되고 있는 도시 지역의 거주자들 사이에서 많은 논란을 일으켜 왔다. 그럼에도 불구하고, 그것은 상당한 이점들을 제공한다.
근거 1 운전을 더 안전하게 만듦 **세부사항** 교통량 감소로 사고 감소 / 스톡홀름에서 사고가 10퍼센트 줄어듦	First, congestion pricing makes driving much safer. The reason is that reduction in the volume of traffic leads to a decrease in the number of accidents. According to a study conducted by the Royal Institute of Technology, personal injury accidents declined by up to 10 percent during a seven-month trial period of congestion pricing in Stockholm. This is directly attributable to the sharp drop in traffic that occurred while the trial program was in effect.	첫째로, 혼잡통행료 징수는 운전을 훨씬 더 안전하게 만든다. 그 이유는 교통량의 감소가 사고 수의 감소로 이어지기 때문이다. 왕립 공과대학에 의해 수행된 한 연구에 따르면, 스톡홀름에서 혼잡통행료 징수를 7개월간 시험 운영하는 동안 상해 사고는 10퍼센트까지 줄어들었다. 이는 그 시험 운영 프로그램이 시행되는 동안 발생했던 교통량의 급락이 직접적인 원인이다.
근거 2 대중교통이 더 편리해짐 **세부사항** 자동차 감소로 버스가 스케줄대로 운행 / 런던의 버스 지연이 50퍼센트 줄어듦	Another advantage of this system is that it results in a city's public transportation network becoming more convenient to use. With a lower number of cars and trucks on the road, buses are able to stay on schedule, which means that people experience fewer delays when using this form of public transit. For example, bus delays in London dropped by over 50 percent once congestion pricing was put in place. As a result, people had shorter wait times at bus stops and were able to reach their destinations more quickly.	이 시스템의 또 다른 장점은 도시의 대중교통망이 이용하기 더 편리해지는 결과를 낳는다는 것이다. 도로에 더 적은 수의 자동차와 트럭이 다니기 때문에, 버스는 시간표로 운행될 수 있고, 이는 사람들이 이러한 형태의 대중교통을 이용할 때 지연을 덜 겪는다는 것을 의미한다. 예를 들어, 런던에서의 버스 지연은 혼잡통행료 징수가 실행되자 50퍼센트 이상 감소했다. 결과적으로, 사람들은 버스 정류장에서 더 짧은 대기 시간을 가졌고 그들의 목적지에 더 빨리 도착할 수 있었다.
근거 3 사업체에 긍정적인 영향 **세부사항** 혼잡은 재정적 부담을 야기함 / 뉴욕시 사업체들은 연 130억 달러를 손해 봄	Furthermore, congestion pricing has a positive impact on businesses within a city. This is because traffic congestion causes excessive fuel consumption and delays in the delivery of goods, all of which are significant financial burdens for companies. In fact, Partnership for New York City, an economic advisory group, maintains that local businesses in New York lose a combined total of $13 billion each year due to the extra costs of operating in a city with high traffic congestion.	게다가, 혼잡통행료 징수는 도시 내 사업체에 긍정적인 영향을 미친다. 이는 교통 혼잡이 과도한 연료 소비와 제품 배달의 지연을 야기하는데, 이 모든 것들이 기업에 상당한 재정적 부담이 되기 때문이다. 사실, 뉴욕시 조합이라는 한 경제 고문단은 뉴욕시의 지역 사업체들이 심한 교통 혼잡을 동반한 도시에서의 추가적인 운영비로 인해 매년 합산 130억 달러를 손해 본다고 주장한다.

VOCABULARY LIST

impose [impóuz] 부과하다   controversy [kántrəvə̀rsi] 논란   implement [ímpləmènt] 시행하다   volume of traffic 교통량
personal injury accident 상해 사고   attributable to ~ ~가 원인인   be in effect 시행되다, 효력이 있다   on schedule 시간표대로, 예정대로
be put in place 실행되다   excessive [iksésiv] 과도한   advisory [ædváizəri] 고문의, 자문의

도입 혼잡통행료 징수는 일부 사람들이 믿는 만큼 이롭지 않음	The reading passage discusses the concept of congestion pricing. Proponents are quick to point out the supposed advantages of this system, but, well . . . Let's just say that congestion pricing isn't as advantageous as some believe it to be.	읽기 지문은 혼잡통행료 징수의 개념에 대해 논의합니다. 지지자들은 이 시스템의 소위 장점이라는 것들을 섣불리 지목하죠. 하지만, 글쎄요... 간단히 말하자면 혼잡통행료 징수는 일부 사람들이 그럴 것이라 믿는 만큼 이롭지는 않아요.
반론 1 도로가 더 안전하다는 것과 반대임 **세부사항** 빠른 속도에서는 사고가 더 심각함 → 속도의 30퍼센트 증가는 심각한 부상이나 사망을 두 배로 높임	Take the idea that it makes the roads safer for drivers. The exact opposite is actually true. While there may be a reduction in the, um, overall number of accidents, those that do occur are usually more severe. The lack of traffic makes it possible for vehicles to travel at much higher speeds. The relationship between vehicle speed and, uh, accident severity is highlighted in a report released by the Australian government in 2013. It states that a 30 percent increase in speed more than doubles the risk of serious injury or death when a collision occurs.	그것이 도로를 운전자들에게 더 안전하게 만든다는 의견을 보세요. 실제로는 정확히 그 반대가 사실입니다. 전체적인 사고 수는 감소하는 반면, 음, 발생하는 사고들은 대개 더 심각해요. 적은 교통량은 차량들이 훨씬 더 빠른 속도로 이동하는 것을 가능하게 하죠. 차량 속도와, 어, 사고의 심각성 간의 관계는 2013년에 호주 정부에 의해 발표된 한 보고서에서 강조되었어요. 그것은 속도의 30퍼센트 증가가 충돌 발생 시 심각한 부상이나 사망의 위험을 두 배 이상으로 높인다고 기술합니다.
반론 2 대중교통이 덜 편리해짐 **세부사항** 더 많은 사람들이 이용해서 수용량 한도를 넘음 → 불편하고 잡기 어려워짐	Now, another consideration is that congestion pricing actually makes public transportation less convenient for users in the long term. Things might be better at first, but as more and more people make use of the public transit network, its, uh, capacity is eventually exceeded. This leads to overcrowded conditions that not only cause riders discomfort, but also make it more difficult to even catch a bus. People often have to wait for several buses to pass by before one stops with enough room for new passengers.	자, 또 다른 고려사항은 혼잡통행료 징수가 사실 장기적으로는 이용자들에게 대중교통을 덜 편리하게 만든다는 거예요. 처음에는 상황이 더 나을 수도 있지만, 점점 더 많은 사람들이 대중교통망을 이용하면서, 그것의, 어, 수용량은 결국 한도를 넘게 되죠. 이것은 승객들에게 불편을 야기할 뿐 아니라 버스를 잡는 것조차 더 어렵게 만드는 초만원 상태를 초래합니다. 사람들은 새로운 승객들을 위한 충분한 공간이 있는 버스 한 대가 서기 전까지 종종 몇 대의 버스가 지나가는 것을 기다려야 해요.
반론 3 사업체의 재정적 이익은 맞지 않음 **세부사항** 쇼핑객들을 막아 수입 감소 / 소매업자들은 매출 침체를 요금 탓으로 돌림	Finally, consider the claim that congestion pricing provides financial benefits for businesses. This just doesn't match with the reality of the situation. Whenever this type of scheme is implemented, retail businesses experience a significant decline in revenue because the fees deter suburban shoppers from, uh, driving into the city. A 2003 survey by the London Chamber of Commerce revealed many retailers in the city center blame the congestion charges for lagging sales. So, um, clearly, congestion charging is not good for local businesses.	마지막으로, 혼잡통행료 징수가 사업체에 재정적 이익을 제공한다는 주장을 생각해 보세요. 이건 실상과 전혀 맞지 않아요. 이런 종류의 제도가 시행될 때마다, 요금은 교외 지역의 쇼핑객들이, 어, 도시로 운전해 오는 것을 막기 때문에 소매 사업체들은 상당한 수입의 감소를 겪습니다. 런던 상공 회의소에 의한 2003년의 한 설문조사는 도시 중심부의 많은 소매업자들이 침체되는 매출을 혼잡 요금의 탓으로 돌린다는 것을 밝혔죠. 그러니까, 음, 명백하게, 혼잡 요금 징수는 지역 사업체에 좋지 않습니다.

VOCABULARY LIST

proponent [prəpóunənt] 지지자　**reduction** [ridʌ́kʃən] 감소　**release** [rilíːs] 발표하다　**consideration** [kənsìdəréiʃən] 고려사항
capacity [kəpǽsəti] 수용량　**exceed** [iksíːd] (한도를) 넘다, 초과하다　**overcrowded** [òuvərkráudid] 초만원의　**scheme** [skiːm] 제도, 계획
revenue [révənjùː] 수입　**deter** [ditə́ːr] 막다　**retailer** [ríːteilər] 소매업자　**lag** [læg] (경기 등이) 침체하다

ACADEMIC DISCUSSION TASK
식당의 이상적인 위치를 선정하는 데 고려해야 할 요소

QUESTION

Meyer 박사

Over the next few weeks, we will be discussing several business management theories and concepts relevant to 'selecting the ideal location for a restaurant. If you are an owner, you must make informed decisions and increase your chances of success in the highly competitive restaurant industry. **Apart from rent, what do you think is the most important thing to consider when choosing a location for a restaurant?** Why?

앞으로 몇 주 동안, 우리는 식당의 이상적인 위치를 선정하는 것과 관련 있는 몇 가지 경영학 이론과 개념에 대해 논의할 것입니다. 여러분이 주인이라면, 정보에 입각한 결정을 내리고 경쟁이 매우 치열한 요식업계에서 성공할 확률을 높여야 합니다. 임대료 외에, 여러분은 식당의 위치를 선정할 때 고려해야 할 가장 중요한 요소는 무엇이라고 생각합니까? 그 이유는 무엇인가요?

Sonia

It has to be accessibility. The restaurant should be located in a place that is easy to find and get to. That means it should be situated in a busy area that is convenient for public transportation. Ideally, it would be on a main street so that lots of people can access it without trouble.

접근성이어야 합니다. 식당은 찾기 쉽고 가기 쉬운 곳에 위치해야 합니다. 그것은 대중교통이 편리한 분주한 지역에 위치해야 한다는 뜻입니다. 이상적으로, 그것은 많은 사람들이 문제없이 접근할 수 있도록 중심가에 위치할 것입니다.

Mark

I would think about who my main customers would be. Then I would find a place where they frequently visit. If I'm opening a stylish Italian restaurant for young professionals, I wouldn't want to open it in a school district. I would look for places downtown or in a commercial district.

저는 저의 주요 고객들이 누구일지 생각할 것입니다. 그런 다음 저는 그들이 자주 방문하는 장소를 찾을 것입니다. 만약 제가 젊은 직장인들을 위한 근사한 이탈리안 식당을 차린다면, 학교가 있는 구역에 그것을 차리고 싶지 않을 것입니다. 저는 시내나 상업 지구의 장소들을 알아볼 것입니다.

아웃라인

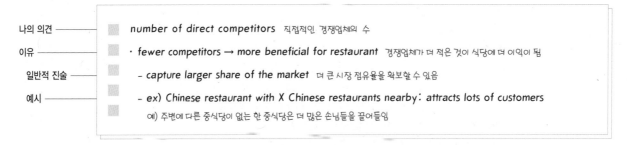

나의 의견		*number of direct competitors* 직접적인 경쟁업체의 수
이유		· *fewer competitors → more beneficial for restaurant* 경쟁업체가 더 적은 것이 식당에 더 이익이 됨
일반적 진술		- *capture larger share of the market* 더 큰 시장 점유율을 확보할 수 있음
예시		- *ex) Chinese restaurant with X Chinese restaurants nearby: attracts lots of customers* 예) 주변에 다른 중식당이 없는 한 중식당은 더 많은 손님들을 끌어들임

모범 답안

(도입) **I see why** Sonia **and** Mark **think that** accessibility and identifying the main customers are the most important factors to select an ideal restaurant location. (나의 의견) **However, in my opinion,** the number of direct competitors [2]in the vicinity should matter the most. (이유) **The primary reason is that** [●]the fewer competitors you have, the more beneficial it will be for your restaurant. (일반적 진술) It will allow you to capture a larger share of the market and potentially enjoy higher profits. (예시) **For instance,** one Chinese restaurant I went to recently was in an area where there are no other Chinese restaurants [2]nearby. Due to the limited options available, people were always lined up to eat there. As a result, it is recognized by consumers as a unique dining destination in that area. (맺음말) **Therefore, I believe that** if you take into account the competition in an area, you will be able to [1]choose a great spot for your new restaurant.

도입 저는 왜 Sonia와 Mark가 접근성과 주요 고객들을 파악하는 것이 이상적인 식당 위치를 선정하기 위해 가장 중요한 요인이라고 생각하는지 이해합니다. 나의 의견 하지만, 제 생각에는 근처에 있는 직접적인 경쟁업체의 수가 가장 중요합니다. 이유 주된 이유는 [●]경쟁업체가 적으면 적을수록, 식당에 더 이익이 될 것이라는 것입니다. 일반적 진술 그것은 당신이 더 큰 시장 점유율을 확보하고 잠재적으로 더 높은 수익을 누리게 할 것입니다. 예시 예를 들어, 제가 최근에 갔던 한 중식당은 주변에 다른 중식당이 없는 지역에 있었습니다. 이용 가능한 선택권의 제한으로 인해, 사람들은 항상 그곳에서 식사하기 위해 줄을 섰습니다. 그 결과, 그곳은 소비자들에게 그 지역의 아주 특별한 식사 장소로 인식되고 있습니다. 맺음말 그러므로, 저는 지역의 경쟁을 고려한다면, 새로운 식당을 위한 좋은 장소를 선정할 수 있을 것이라고 생각합니다.

어휘 및 표현

[문제] select [silékt] 선정하다 ideal [aidíːəl] 이상적인 informed [infɔ́ːrmd] 정보에 입각한 competitive [kəmpétətiv] 경쟁이 치열한 accessibility [æksèsəbíləti] 접근성 convenient [kənvíːnjənt] 편리한 district [dístrikt] 구역, 지구 [모범 답안] vicinity [visínəti] 근처, 부근 recognize [rékəgnàiz] 인식하다, 인정하다 unique [juːníːk] 아주 특별한 take into account 고려하다

Paraphrase된 표현

[1]selecting the ideal location for a restaurant → [1]choose a great spot for your new restaurant
[2]in the vicinity → [2]nearby

<table>
<tr><td>고득점 필수 표현</td><td>~하면 할수록, 더욱 …하다
the 비교급 ~, the 비교급 …</td></tr>
</table>

경쟁업체가 **적으면 적을수록**, 식당에 더 이익이 될 것입니다.
[●]**The fewer** competitors you have, **the more beneficial** it will be for your restaurant.

• 제가 역사를 **공부하면 할수록**, 제가 우리나라의 과거에 대해 배우는 것은 **더욱 많아졌습니다**.
  The more I studied history, **the more** I learned about my country's past.

• 제가 농구를 **연습하면 할수록**, 저는 그 운동에 **더욱 능숙해졌습니다**.
  The more I practiced playing basketball, **the more skilled** I became at the sport.

• 제가 **여행하면 할수록**, 저는 다른 문화들에 대해 아는 것이 **더욱 많아졌습니다**.
  The more I traveled, **the more knowledgeable** I became about other cultures.

SELF-EVALUATION LIST TEST 04

앞서 학습한 내용을 바탕으로 자신의 답안에 대해 다음 사항을 확인 후, 실력 향상을 위해 개선해야 할 점을 적어보세요.

통합형

1	강의에서 제시된 세 가지 반론을 요약문에 모두 포함하였다.	☐ Yes	☐ No
2	강의에서 제시된 각 반론을 읽기 지문의 대응되는 근거와 관련지어 제시하였다.	☐ Yes	☐ No
3	읽기 지문에 등장한 문장을 그대로 다시 사용하지 않았다.	☐ Yes	☐ No
4	적절한 어휘 및 표현을 사용하였다.	☐ Yes	☐ No
5	동일한 어휘 또는 표현을 반복적으로 사용하지 않았다.	☐ Yes	☐ No
6	문법 및 철자의 오류를 보이지 않는다.	☐ Yes	☐ No

토론형

1	나의 의견을 분명히 제시하였다.	☐ Yes	☐ No
2	나의 의견을 뒷받침하는 이유와, 이유에 대한 설득력 있고 구체적인 예를 제시하였다.	☐ Yes	☐ No
3	토론 주제를 벗어난 내용을 포함하지 않았다.	☐ Yes	☐ No
4	문제에 등장한 교수와 학생들의 문장을 그대로 사용하지 않았다.	☐ Yes	☐ No
5	다양한 어휘/표현/문장 구조를 사용하였다.	☐ Yes	☐ No
6	문법 및 철자의 오류를 보이지 않는다.	☐ Yes	☐ No

라이팅 실력 향상을 위해 개선해야 할 점

TEST 05

INTEGRATED TASK
모범 답안 · 지문 · 해석

ACADEMIC DISCUSSION TASK
모범 답안 · 해석

SELF-EVALUATION LIST

INTEGRATED TASK
도깨비불

읽기 노트 및 듣기 노트

읽기 노트

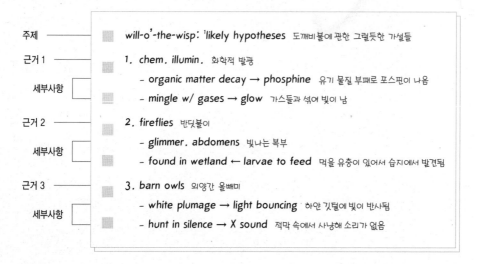

주제 — will-o'-the-wisp: [1]likely hypotheses 도깨비불에 관한 그럴듯한 가설들

근거 1 — 1. chem. illumin. 화학적 발광

세부사항 — - organic matter decay → phosphine 유기 물질 부패로 포스핀이 나옴
- mingle w/ gases → glow 가스들과 섞여 빛이 남

근거 2 — 2. fireflies 반딧불이

세부사항 — - glimmer. abdomens 빛나는 복부
- found in wetland ← larvae to feed 먹을 유충이 있어서 습지에서 발견됨

근거 3 — 3. barn owls 외양간 올빼미

세부사항 — - white plumage → light bouncing 하얀 깃털에 빛이 반사됨
- hunt in silence → X sound 적막 속에서 사냥해 소리가 없음

듣기 노트

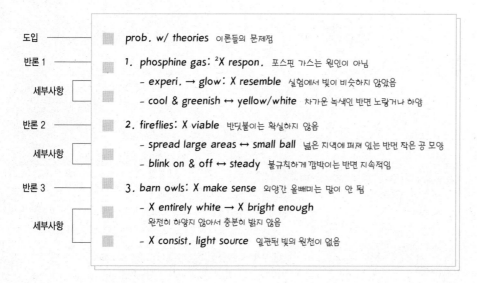

도입 — prob. w/ theories 이론들의 문제점

반론 1 — 1. phosphine gas: [2]X respon. 포스핀 가스는 원인이 아님

세부사항 — - experi. → glow: X resemble 실험에서 빛이 비슷하지 않았음
- cool & greenish ↔ yellow/white 차가운 녹색인 반면 노랗거나 하얌

반론 2 — 2. fireflies: X viable 반딧불이는 확실하지 않음

세부사항 — - spread large areas ↔ small ball 넓은 지역에 퍼져 있는 반면 작은 공 모양
- blink on & off ↔ steady 불규칙하게 깜박이는 반면 지속적임

반론 3 — 3. barn owls: X make sense 외양간 올빼미는 말이 안 됨

세부사항 — - X entirely white → X bright enough
완전히 하얗지 않아서 충분히 밝지 않음
- X consist. light source 일관된 빛의 원천이 없음

서론
듣기 도입
읽기 주제

듣기 도입 **The lecturer argues that** there are problems with the theories about the will-o'-the-wisp. 읽기 주제 **This contradicts the reading passage's claim that** there are [1]plausible explanations behind the phenomenon.

본론 1
듣기 반론 1
세부사항
읽기 근거 1

듣기 반론1 **First,** the lecturer points out that the will-o'-the-wisp [2]cannot be caused by phosphine gas. 세부사항 Experiments demonstrated that the glow produced does not resemble the will-o'-the-wisp. It is a cool greenish light, which is unlike the yellow or white light of the will-o'-the-wisp. 읽기 근거1 **This casts doubt on the reading passage's claim that** the will-o'-the-wisp is a form of chemical light.

본론 2
듣기 반론 2
세부사항
읽기 근거 2

듣기 반론2 **Next,** the lecturer asserts that fireflies are not a viable explanation either. 세부사항 The insects tend to spread across large areas, whereas a will-o'-the-wisp appears as a small ball of light. Also, they blink on and off, but a will-o'-the-wisp emits a steady glow. 읽기 근거2 **This counters the reading passage's claim that** fireflies are the light source.

본론 3
듣기 반론 3
세부사항
읽기 근거 3

듣기 반론3 **Finally,** the lecturer explains that the theory about barn owls doesn't make sense. 세부사항 These owls are not entirely white and, therefore, the reflected light would not be bright enough. Also, there is no consistent light source that would cause their feathers to shine steadily in the dark. 읽기 근거3 **This refutes the reading passage's claim that** the owls create the illusion of the will-o'-the-wisp.

듣기 도입 강의자는 도깨비불에 관한 이론들에 문제점이 있다고 주장한다. 읽기 주제 이는 그 현상의 이면에 그럴듯한 설명들이 있다는 읽기 지문의 주장을 반박한다.

듣기 반론 1 첫째로, 강의자는 도깨비불이 포스핀 가스에 의해 야기될 수 없다고 주장한다. 세부사항 실험들은 만들어진 빛이 도깨비불과 비슷하지 않다는 것을 증명했다. 그것은 차가운 녹색 빛인데, 이는 도깨비불의 노랗거나 하얀 빛과는 다르다. 읽기 근거 1 이는 도깨비불이 화학적 빛의 한 형태라는 읽기 지문의 주장에 의구심을 제기한다.

듣기 반론 2 다음으로, 강의자는 반딧불이 또한 확실한 설명이 아니라고 주장한다. 세부사항 그 곤충들은 넓은 지역에 퍼져 있는 경향이 있는 반면, 도깨비불은 작은 공 모양의 불빛으로 보인다. 또한, 그것들은 불규칙하게 깜빡이지만, 도깨비불은 지속적인 빛을 낸다. 읽기 근거 2 이는 반딧불이가 빛의 원천이라는 읽기 지문의 주장에 반대한다.

듣기 반론 3 마지막으로, 강의자는 외양간 올빼미에 대한 이론이 말이 되지 않는다고 주장한다. 세부사항 이 올빼미들은 완전히 하얗지 않고, 따라서 반사된 빛은 충분히 밝지 않을 것이다. 또한, 그것들의 깃털을 어둠 속에서 끊임없이 빛나게 할 일관된 빛의 원천이 없다. 읽기 근거 3 이는 그 올빼미들이 도깨비불에 대한 착각을 일으킨다는 읽기 지문의 주장을 반박한다.

어휘 및 표현
illusion[ilúːʒən] 착각, 환상

Paraphrase된 표현
[1]likely hypotheses → [1]plausible explanations
[2]X respon. → [2]cannot be caused by

읽기 지문 및 강의 스크립트

읽기 지문

주제 도깨비불에 관한 그럴 듯한 가설들	The phenomenon known as "will-o'-the-wisp," in which eerie glowing lights appear to hover over marshes, bogs, and other wetlands, eluded scientific explanation for years. Some even think that it is caused by supernatural activity. Although the will-o'-the-wisp has a certain mystical quality, scientists have advanced several likely hypotheses to explain its existence.	기이하게 빛나는 빛이 늪지, 수렁, 다른 습지들에서 맴도는 '도깨비불'로 알려진 현상은 수년 동안 과학적인 설명으로 이해되지 않았다. 일부 사람들은 심지어 그것이 초자연적인 현상에 의해 일어나는 것이라고 생각한다. 비록 도깨비불이 어느 정도 신비한 속성을 지니고 있기는 하지만, 과학자들은 그것의 존재를 설명하기 위해 몇 가지 그럴듯한 가설들을 제시해왔다.
근거 1 화학적 발광 세부사항 유기 물질 부패로 포스 핀이 나옴 → 가스들과 섞여 빛이 남	One possible explanation is that the lights are a form of chemical illumination. When organic matter decays in swampy areas, it emits a gas called phosphine. As that gas rises from the rotting materials on the ground and mingles with other gases in the air, a chemical reaction is initiated that results in a faint glow being produced. This would account for the fact that will-o'-the-wisps are almost always seen hovering over wetlands.	하나의 가능성 있는 설명은 그 빛이 화학적 발광의 한 형태라는 것이다. 유기 물질이 늪 지역에서 부패하면, 포스핀이라 불리는 가스를 방출한다. 그 가스가 땅에서 썩어가는 물질로부터 올라와 대기 중의 다른 가스들과 섞이면서, 희미한 빛이 만들어지도록 하는 화학적 반응이 시작된다. 이는 도깨비불이 거의 항상 습지에서 맴도는 모습으로 발견된다는 사실을 설명할 수 있다.
근거 2 반딧불이 세부사항 빛나는 복부 / 먹을 유 충이 있어서 습지에서 발견됨	Second, flying insects might be the source of the mysterious light. Fireflies have glimmering abdomens that radiate brightly in the dark. In addition, they are frequently found in marshy wetlands, since those areas have larvae for the fireflies to feed on. Thus, it is highly possible that swarms of fireflies hovering over swamps at night have been mistakenly identified as the will-o'-the-wisp.	둘째로, 날아다니는 곤충들이 그 신비한 빛의 원천일 수 있다. 반딧불이는 어둠 속에서 빛을 환하게 내뿜는 빛나는 복부를 가지고 있다. 게다가, 반딧불이들은 늪지대에서 자주 발견되는데, 그 지역에 반딧불이가 먹고 사는 유충이 있기 때문이다. 따라서, 밤에 늪지대에서 맴도는 반딧불이 무리가 도깨비불로 잘못 식별되었을 가능성이 높다.
근거 3 외양간 올빼미 세부사항 하얀 깃털에 빛이 반사 됨 / 적막 속에서 사냥 해 소리가 없음	Lastly, barn owls may be to blame for the anomalous lights. As nocturnal animals, they are active at night, and their white plumage is reflective even in dim conditions. Therefore, it is conceivable that light bouncing off the barn owls' feathers could account for the mysterious glow. There is one more piece of evidence that supports this theory, which is that barn owls hunt in near total silence. This explains why sounds were never reported to accompany sightings of the will-o'-the-wisp.	마지막으로, 외양간 올빼미가 그 변칙적인 빛의 원인으로 여겨질 수 있다. 야행성 동물로서, 외양간 올빼미는 밤에 활동하고, 그들의 하얀 깃털은 어두운 환경에서도 반사된다. 그러므로, 외양간 올빼미의 깃털에서 반사된 빛이 그 신비한 빛을 설명할 수 있다고 생각할 수 있다. 이 이론을 뒷받침하는 증거가 하나 더 있는데, 이는 외양간 올빼미가 거의 완전한 적막 속에서 사냥한다는 것이다. 이는 왜 도깨비불의 목격에 소리가 함께 보고된 적이 없는지를 설명한다.

VOCABULARY LIST

will-o'-the-wisp [wìləðəwísp] 도깨비불 **eerie** [íəri] 기이한, 으스스한 **hover** [hʌ́vər] 맴돌다 **marsh** [mɑːrʃ] 늪지 **bog** [bɔːg] 수렁
illumination [ilùːmənéiʃən] 발광 **swampy** [swámpi] 늪의, 늪이 많은 **abdomen** [ǽbdəmən] 복부, 배 **larva** [láːrviə] 유충
anomalous [ənáːmələs] 변칙적인 **plumage** [plúːmidʒ] 깃털 **dim** [dim] 어두운 **conceivable** [kənsíːvəbl] 생각할 수 있는 **sighting** [sáitiŋ] 목격

도입 이론들의 문제점	Now, many ideas have been, uh, put forward to explain the mystery of the will-o'-the-wisp. In all honesty, however, the theories that have been proposed aren't that convincing. Let me explain some of the problems with them.	자, 많은 의견들이, 어, 도깨비불의 신비를 설명하기 위해 제안되었습니다. 하지만, 솔직히 말하자면 제안된 그 이론들은 그다지 설득력 있지 않아요. 그것들의 몇 가지 문제점을 설명해보죠.
반론 1 ━━━━ 포스핀 가스는 원인이 아님 세부사항 실험에서 빛이 비슷하 지 않았음 → 차가운 녹색인 반면 도깨비불 은 노랗거나 하얌	For starters, phosphine gas can't be responsible for the lights. Experiments have been carried out to, uh, test this hypothesis. And the result was that although the chemical reaction produces a faint glow, it doesn't resemble the will-o'-the-wisp. The light produced by phosphine gas is cool and greenish, whereas the will-o'-the-wisp is a warm yellow or white light . . . you know, like a lantern or candle.	우선, 포스핀 가스는 그 빛의 원인일 수 없습니다. 이 가설을 시험하기 위해, 어, 실험들이 실시되었어요. 그리고 그 결과는 비록 그 화학 반응이 희미한 빛을 만들어내기는 하지만, 도깨비불과는 비슷하지 않다는 것이었습니다. 포스핀 가스에 의해 만들어진 빛은 차가운 녹색의 빛을 띠는 반면, 도깨비불은 노랗거나 하얀 빛을 띠어요... 그러니까, 손전등이나 촛불처럼요.
반론 2 ━━━━ 반딧불이는 확실하지 않음 세부사항 넓은 지역에 퍼져 있는 반면 도깨비불은 작은 공 모양 / 불규칙하게 깜빡이는 반면 도깨비 불은 지속적임	As for fireflies, they're not a viable explanation for will-o'-the-wisps either. I mean, yes, fireflies do glow, but they spread across large areas. The will-o'-the-wisp is always described as small balls of light, not something that is all spread out. Another thing about fireflies is that they blink on and off. And in swarms, this blinking is synchronized. This is another fact that doesn't match the will-o'-the-wisp, which emits a steady, eerie glow without flashing or blinking.	반딧불이에 대해서는, 그것들 또한 도깨비불에 대한 확실한 설명이 아닙니다. 그러니까, 그래요, 반딧불이가 빛나기는 하지만, 그것들은 넓은 지역에 퍼져 있어요. 도깨비불은 완전히 퍼져 있는 무언가가 아닌, 항상 작은 공 모양의 불빛으로 묘사되는데 말이죠. 반딧불이에 대한 또 다른 사실은 그것들이 불규칙하게 깜박인다는 겁니다. 그리고 떼를 지었을 때는: 이 깜박임이 동시에 일어나요. 이는 도깨비불과 일치하지 않는 또 하나의 사실인데, 도깨비불은 번쩍임이나 깜박거림 없이 지속적인 기이한 빛을 내요.
반론 3 ━━━━ 외양간 올빼미는 말이 안 됨 세부사항 완전히 하얗지 않아서 충분히 밝지 않음 / 일 관된 빛의 원천이 없음	That brings us, finally, to the theory about barn owls . . . and it simply doesn't make sense. Why, you ask? Because barn owls aren't entirely white, so they wouldn't create bright enough reflections. What's more, there wouldn't be any consistent light sources around them, which would be needed to create the will-o'-the-wisp's sustained glow. That is, a stray flash of light off an owl's feathers looks nothing like the will-o'-the-wisp. It is always described as a lasting radiance that, uh, floats in the air. So it's clear that the flying owls can't be the cause.	이제, 마침내, 외양간 올빼미에 관한 이론으로 이어지는데... 그것은 전혀 말이 되지 않습니다. 왜냐고요? 외양간 올빼미는 완전히 하얗지는 않아서, 충분히 밝은 반사를 만들어낼 수 없기 때문이죠. 게다가, 그것들 주변에는 도깨비불의 지속된 빛을 만들어내기 위해 필요한 일관된 빛의 원천이 없어요. 즉, 올빼미 깃털에 반사되어 간혹 나타나는 빛은 전혀 도깨비불처럼 보이지 않는다는 겁니다. 그것은 항상, 어, 공중에 떠다니는 지속적인 빛으로 묘사돼요. 그러니까 날아다니는 올빼미가 원인이 될 수 없다는 것은 분명합니다.

VOCABULARY LIST

put forward 제안하다 in all honesty 솔직히 말하자면 viable[váiəbl] 확실한, 실행 가능한 blink[bliŋk] 깜박이다 on and off 불규칙하게
swarm[swɔːrm] 떼, 무리 synchronize[síŋkrənáiz] 동시에 일어나다 steady[stédi] 지속적인 consistent[kənsístənt] 일관된, 일치하는
sustained[səstéind] 지속된, 한결같은 stray[strei] 간혹 나타나는, 흩어진 radiance[réidiəns] 빛 float[flout] 떠다니다

ACADEMIC DISCUSSION TASK
무엇을 구매할지 선택하는 데 가장 큰 영향을 미치는 요소

QUESTION

Douglas 교수

In the past, people were often persuaded to make purchases after watching advertisements. But now, people do not watch TV as much as they used to. Most people rely on online research and collect information from various sources when considering a major expenditure. The rise in online research indicates that consumers have more control over their choices. **Other than online reviews, what do you think [1]has the greatest impact on your [2]choice of what to buy?**

과거에, 사람들은 종종 광고를 본 후에 구매하도록 설득되었습니다. 하지만 오늘날, 사람들은 예전만큼 TV를 많이 보지 않습니다. 대부분의 사람들은 주요 지출을 고려할 때 온라인 조사에 의존하고 다양한 출처에서 정보를 수집합니다. 온라인 조사의 증가는 소비자들이 그들의 선택에 대해 더 많은 통제권을 가진다는 것을 나타냅니다. 온라인 후기 외에, 여러분이 무엇을 구매할지 선택하는 데 가장 큰 영향을 미치는 요소는 무엇이라고 생각합니까?

Minji L.

Personally, digital magazines are important to me when purchasing a product. Nowadays, there are so many online ads and shopping sites that shopping online can be quite overwhelming. So I prefer to browse digital magazines about fashion and lifestyle. When I see something I like, I find the best price for it online and order it.

개인적으로, 제품을 구매할 때 저에게는 디지털 잡지가 중요합니다. 요즘, 온라인 광고와 쇼핑 사이트가 너무 많아서 온라인 쇼핑이 다소 압도적으로 느껴질 수 있습니다. 따라서 저는 패션과 생활 양식에 관한 디지털 잡지를 찾아보는 것을 선호합니다. 마음에 드는 물건을 발견하면, 저는 온라인에서 그것의 가장 좋은 가격을 찾아서 주문합니다.

Terence C.

When it comes to purchases, brand reputation is a major factor for me. Whether it is clothing, shoes, or electronic devices, I tend to purchase products from reputable companies, even if they cost more than other brands. After all, many trusted brands have stayed in business for so long because they produce quality products.

구매에 있어서, 브랜드 평판이 저에게는 주요한 요소입니다. 의류든, 신발이든, 또는 전자 기기든, 저는 다른 브랜드보다 가격이 비싸더라도 명성 있는 기업의 제품들을 구매하는 경향이 있습니다. 결국, 신뢰받는 많은 브랜드들은 그들이 양질의 제품들을 생산하기 때문에 그렇게 오랫동안 사업을 유지해 온 것입니다.

■ 아웃라인

나의 의견 — recommendations from friends & family members 친구 및 가족 구성원들의 추천

이유 — · trust their opinions more than marketing messages 마케팅 메시지보다 그들의 의견을 신뢰함

일반적 진술 — - friends & family know me well → know which products work best for me
친구와 가족은 나를 잘 알기 때문에 어떤 제품이 나에게 가장 적합할지 앎

예시 — - ex) friend recommended running shoes → bought a pair → wear all the time
예) 친구가 추천한 운동화를 한 켤레 구입했고, 항상 착용함

모범 답안

(도입)**I understand why** digital magazines **and** brand reputation **are important to** Minji **and** Terence **when it comes to** making purchases. (나의 의견) **However, for me personally,** recommendations from friends and family members [1]**play a major role in my** [2]**purchase decisions.** (이유)**This is mainly because** I trust the opinions of my loved ones more than the marketing messages of companies. (일반적 진술) My friends and family members know me well, so they would also know which products would work best for me. (예시)**From my experience,** my friend recently bought a new pair of running shoes. ✿Not only did she know that I had been searching for a comfortable pair for my daily jog, but she also understood my preferences. So when she found a pair that perfectly suited my needs, she immediately recommended it to me. I trusted her opinion because we had similar fitness routines and preferences in athletic gear. I bought a pair the next day and I wear those shoes all the time.

도입 저는 Minji와 Terence에게 구매하는 것에 있어서 왜 디지털 잡지와 브랜드 평판이 중요한지 이해합니다. 나의 의견 하지만, 저는 개인적으로, 친구들과 가족 구성원들의 추천이 제 구매 결정에 중요한 역할을 합니다. 이유 이는 주로 저는 기업들의 마케팅 메시지보다 사랑하는 사람들의 의견을 더 신뢰하기 때문입니다. 일반적 진술 제 친구들과 가족 구성원은 저를 잘 알기 때문에, 어떤 제품이 저에게 가장 적합할지도 알 것입니다. 예시 제 경험에 따르면, 제 친구가 최근에 새 운동화 한 켤레를 구입했습니다. ✿그녀는 제가 매일 조깅을 위한 편한 운동화를 찾고 있었다는 것을 알고 있었을 뿐만 아니라, 또한 제 취향을 잘 이해했습니다. 그래서 그녀는 제 요구에 완벽하게 들어맞는 신발을 발견했을 때, 그것을 저에게 바로 추천해 주었습니다. 우리는 비슷한 운동 루틴과 운동 장비에 대한 비슷한 취향을 가졌기 때문에 저는 그녀의 의견을 신뢰했습니다. 저는 다음 날 한 켤레를 샀고 항상 그 신발을 착용합니다.

어휘 및 표현

[문제] purchase [pə́ːrtʃəs] 구매; 구매하다　expenditure [ikspénditʃər] 지출　overwhelming [òuvərwélmiŋ] 압도적으로 느껴지는　browse [brauz] 찾아보다
[모범 답안] preference [préfərəns] 취향, 선호도　suit [suːt] 맞다, 적합하다　athletic [æθlétik] 운동의　gear [giər] 장비

Paraphrase된 표현
[1]has the greatest impact → [1]play a major role
[2]choice of what to buy → [2]purchase decisions

고득점 필수 표현	～ 뿐만 아니라, 또한 **Not only [도치구문], but also**

그녀는 제가 매일 조깅을 위한 편한 운동화를 찾고 있었다는 것을 알고 있었을 뿐만 아니라, 또한 제 취향을 잘 이해했습니다.
✿**Not only did she know that I had been searching for a comfortable pair for my daily jog, but** she **also** understood my preferences.

• 책을 읽는 것은 당신의 지식을 늘릴 뿐만 아니라, 또한 당신이 실제 삶에서 결코 경험하지 못할 새로운 세상을 열어줍니다.
Not only does reading books increase your knowledge, but it **also** opens up new worlds you may never experience in real life.

• 협력은 사람들 간의 관계를 개선할 뿐만 아니라, 또한 문제를 훨씬 더 빨리 해결할 것입니다.
Not only will cooperation improve relations between people, but it will **also** resolve problems much more quickly.

SELF-EVALUATION LIST TEST 05

앞서 학습한 내용을 바탕으로 자신의 답안에 대해 다음 사항을 확인 후, 실력 향상을 위해 개선해야 할 점을 적어보세요.

통합형

1 강의에서 제시된 세 가지 반론을 요약문에 모두 포함하였다.   ☐ Yes   ☐ No

2 강의에서 제시된 각 반론을 읽기 지문의 대응되는 근거와 관련지어 제시하였다.   ☐ Yes   ☐ No

3 읽기 지문에 등장한 문장을 그대로 다시 사용하지 않았다.   ☐ Yes   ☐ No

4 적절한 어휘 및 표현을 사용하였다.   ☐ Yes   ☐ No

5 동일한 어휘 또는 표현을 반복적으로 사용하지 않았다.   ☐ Yes   ☐ No

6 문법 및 철자의 오류를 보이지 않는다.   ☐ Yes   ☐ No

토론형

1 나의 의견을 분명히 제시하였다.   ☐ Yes   ☐ No

2 나의 의견을 뒷받침하는 이유와, 이유에 대한 설득력 있고 구체적인 예를 제시하였다.   ☐ Yes   ☐ No

3 토론 주제를 벗어난 내용을 포함하지 않았다.   ☐ Yes   ☐ No

4 문제에 등장한 교수와 학생들의 문장을 그대로 사용하지 않았다.   ☐ Yes   ☐ No

5 다양한 어휘/표현/문장 구조를 사용하였다.   ☐ Yes   ☐ No

6 문법 및 철자의 오류를 보이지 않는다.   ☐ Yes   ☐ No

라이팅 실력 향상을 위해 개선해야 할 점

HACKERS TOEFL ACTUAL TEST WRITING

TEST 06

INTEGRATED TASK
모범 답안 · 지문 · 해석

ACADEMIC DISCUSSION TASK
모범 답안 · 해석

SELF-EVALUATION LIST

INTEGRATED TASK
유인 화성 탐사

📖 읽기 노트 및 듣기 노트

읽기 노트

주제 ———	manned mission to Mars: [1]insurmount. 유인 화성 탐사는 극복 불가능함
근거 1 ———	1. dust 먼지
세부사항	- attach & interfere w/ machinery 장비에 달라붙어 지장을 줌
	- danger. to health 건강에 위험함
근거 2 ———	2. psych. impact 심리적 영향
세부사항	- isolated → anxiety & depress. 고립되어 불안하고 우울함
	- evacuation: X possib. 탈출 불가능함
근거 3 ———	3. [2]financial burden 재정적 부담
세부사항	- support. life: take resources 생명을 유지하는 데 자원이 듦
	- X immedi. benefit 즉각적인 이익 없음

듣기 노트

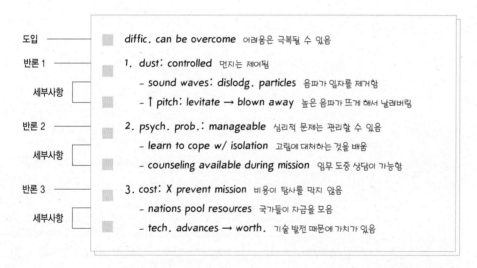

도입 ———	diffic. can be overcome 어려움은 극복될 수 있음
반론 1 ———	1. dust: controlled 먼지는 제어됨
세부사항	- sound waves: dislodg. particles 음파가 입자를 제거함
	- ↑ pitch: levitate → blown away 높은 음파가 뜨게 해서 날려버림
반론 2 ———	2. psych. prob.: manageable 심리적 문제는 관리할 수 있음
세부사항	- learn to cope w/ isolation 고립에 대처하는 것을 배움
	- counseling available during mission 임무 도중 상담이 가능함
반론 3 ———	3. cost: X prevent mission 비용이 탐사를 막지 않음
세부사항	- nations pool resources 국가들이 자금을 모음
	- tech. advances → worth. 기술 발전 때문에 가치가 있음

모범 요약문

서론
듣기 도입
읽기 주제

(듣기 도입) **The lecturer argues that** the difficulties associated with a manned mission to Mars can be overcome. (읽기 주제) **This contradicts the reading passage's claim that** the problems related to this mission are [1]unsolvable.

본론 1
듣기 반론 1
세부사항
읽기 근거 1

(듣기 반론 1) **First,** the lecturer points out that the dust on Mars can be controlled using sound technology. (세부사항) Sound waves are able to dislodge dust particles that would hinder machinery. At high pitches, the sound waves levitate dust so that it can be blown away by air. (읽기 근거 1) **This casts doubt on the reading passage's claim that** the dust would cause many problems for the crew and their equipment.

본론 2
듣기 반론 2
세부사항
읽기 근거 2

(듣기 반론 2) **Next,** the lecturer contends that the psychological problems that are likely to occur on such a lengthy voyage are manageable. (세부사항) The astronauts learn how to cope with the isolation from friends and family. Also, a counseling program will be available during the mission. (읽기 근거 2) **This counters the reading passage's claim that** the extended isolation would have too great a psychological influence on the crew members.

본론 3
듣기 반론 3
세부사항
읽기 근거 3

(듣기 반론 3) **Finally,** the lecturer maintains that the cost of a Mars mission will not prevent it from occurring. (세부사항) If several nations pooled their resources, they could afford to fund the mission. In addition, the resulting technological advances would make the investment worthwhile. (읽기 근거 3) **This refutes the reading passage's claim that** the [2]financial commitment would deter nations from devoting their resources to a Mars mission.

듣기 도입 강의자는 유인 화성 탐사와 관련된 어려움은 극복될 수 있다고 주장한다. 읽기 주제 이는 이 탐사와 관련된 문제들이 해결 불가능하다는 읽기 지문의 주장을 반박한다.

듣기 반론 1 첫째로, 강의자는 화성의 먼지가 음파 기술을 이용해 제어될 수 있다고 지적한다. 세부사항 음파가 장비를 방해할 먼지 입자들을 제거할 수 있다. 음파는 높은 상태에서 먼지를 공기로 날려버릴 수 있도록 그것을 뜨게 한다. 읽기 근거 1 이는 먼지가 선원들과 그들의 장비에 많은 문제를 야기할 것이라는 읽기 지문의 주장에 의구심을 제기한다.

듣기 반론 2 다음으로, 강의자는 그토록 긴 여정 동안 발생할 수 있는 심리적 문제들은 관리할 수 있다고 주장한다. 세부사항 우주비행사들은 친구와 가족으로부터의 고립에 대처하는 방법을 배운다. 또한, 임무 도중에도 상담 프로그램이 이용 가능할 것이다. 읽기 근거 2 이는 장기간의 고립이 선원들에게 너무나도 큰 심리적 영향을 미칠 것이라는 읽기 지문의 주장에 반대한다.

듣기 반론 3 마지막으로, 강의자는 화성 탐사의 비용이 그것이 일어나지 못하도록 막지는 않을 것이라고 주장한다. 세부사항 여러 국가들이 자금을 모은다면, 그들은 그 임무에 자금을 대는 것을 감당할 수 있다. 게다가, 결과적인 기술의 발달은 그 투자를 가치 있게 만들 것이다. 읽기 근거 3 이는 재정적 책임이 국가들이 화성 탐사에 그들의 자금을 쏟지 못하게 막을 것이라는 읽기 지문의 주장을 반박한다.

어휘 및 표현
unsolvable[ʌ̀nsáːlvəbl] 해결 불가능한   commitment[kəmítmənt] 책임, 의무   deter[ditə́ːr] (못하게) 막다, 단념시키다
devote[divóut] 쏟다, 바치다

Paraphrase된 표현
[1]insurmount. → [1]unsolvable
[2]financial burden → [2]financial commitment

읽기 지문

주제 유인 화성 탐사는 극복 불가능함	For decades, there has been talk about having astronauts travel to Mars. Since 2012 and the successful landing of the robotic rover Curiosity to explore the planet, excitement about a human expedition has grown even more. However, a manned mission to Mars poses several insurmountable problems.	수십 년 동안, 우주비행사가 화성을 여행하도록 하는 것에 대한 논의가 이루어져 왔다. 2012년에 이 행성을 탐사하기 위한 큐리오시티 로봇 탐사선의 성공적인 착륙 이후로, 인간의 탐험에 대한 흥분은 더욱 커져 왔다. 하지만, 유인 화성 탐사는 몇 가지 극복할 수 없는 문제들을 지니고 있다.
근거 1 먼지 세부사항 장비에 달라붙어 지장을 줌 / 건강에 위험함	First of all, Mars is covered in dust that poses a serious threat to the spaceship and astronauts. The planet experiences month-long dust storms that blanket the entire surface. The miniscule dust particles, which are a product of Mars' extreme aridity, would attach to the ship's solar panels and the crew's spacesuits, interfering significantly with the machinery. Martian dust is also dangerous to human health, since it contains highly chlorinated salts that can damage the body when breathed in.	우선, 화성은 우주선과 우주비행사에게 심각한 위협을 가하는 먼지로 뒤덮여 있다. 그 행성은 전체 표면을 덮어 한 달간 지속되는 먼지 폭풍을 겪는다. 화성의 극심한 건조함의 산물인 미세한 먼지 입자들은 우주선의 태양 전지판과 선원의 우주복에 달라붙을 수 있는데, 이는 장비에 상당히 지장을 줄 것이다. 화성의 먼지는 또한 들이마셨을 때 몸을 상하게 할 수 있는 높은 농도의 염화나트륨을 포함하기 때문에 사람의 건강에 위험하다.
근거 2 심리적 영향 세부사항 고립되어 불안하고 우울함 / 탈출 불가능함	The psychological impact of the lengthy trip to Mars is an additional obstacle to overcome. Reaching Mars could take up to 300 days, which means the astronauts would be isolated for extended periods of time, without real-time communication with Earth. Such prolonged separation puts them at risk of anxiety and depression, and could negatively impact their ability to carry out their duties. What is more, evacuation will not be possible should any serious psychiatric problems arise during a Mars mission. The logistics and the expense involved in evacuating an astronaut who is experiencing a mental health crisis are simply unfeasible.	화성으로 가는 긴 여행의 심리적 영향은 극복해야 할 또 다른 장애물이다. 화성에 도달하는 것은 300일까지 걸릴 수 있는데, 이는 우주비행사들이 지구와의 실시간 소통 없이 장기간 동안 고립된다는 것을 의미한다. 그러한 장기간의 격리는 그들을 불안감과 우울함의 위험에 놓이게 하고, 그들의 임무 수행능력에 부정적으로 영향을 미칠 수 있다. 게다가, 화성탐사 임무 도중에 심각한 정신 의학적 문제가 일어난다고 해도 탈출이 불가능할 것이다. 정신 건강의 위기를 겪고 있는 우주비행사를 탈출시키는 데 포함되는 실행 계획과 비용은 전혀 실행할 수 없는 것들이다.
근거 3 재정적 부담 세부사항 생명을 유지하는 데 자원이 듦 / 즉각적인 이익 없음	Third, the financial burden of a manned Mars expedition would be quite difficult for a country to bear. Estimates place the cost at as much as $500 billion, and manned missions are about 100 times more costly than sending robotic rovers. This is because supporting human life in space would take resources, and therefore incur costs, that robot-led missions would not. Such a sum is prohibitive, especially considering that a nation has no guarantee of receiving any immediate benefit from funding a voyage to the red planet.	셋째로, 유인 화성 탐사의 재정적 부담은 한 나라가 감당하기에 상당히 어려울 것이다. 견적은 그 비용을 5천억 달러로 간주하고, 유인 탐사는 로봇 탐사기를 보내는 것보다 100배 정도 비용이 더 든다. 이는 우주에서 인간의 생명을 유지하는 데 자원이 들고, 따라서 로봇이 이끄는 탐사에서는 발생하지 않을 비용들을 발생시키기 때문이다. 특히 한 국가가 그 붉은 행성으로 가는 여정에 자금을 대는 것으로부터 어떠한 즉각적인 이익도 보장받을 수 없다는 점을 고려하면, 이러한 금액은 엄청나게 비싼 것이다.

VOCABULARY LIST

rover[róuvər] 탐사선 expedition[èkspədíʃən] 탐험 manned[mænd] 유인의 insurmountable[ìnsərmáuntəbl] 극복할 수 없는
miniscule[mínəskjùːl] 미세한 interfere with ~ ~에 지장을 주다 chlorinated salt 염화나트륨 psychiatric[sàikiǽtrik] 정신 의학적인
logistics[loudʒístiks] 실행 계획 estimate[éstəmət] 견적 incur[inkə́ːr] 발생시키다 prohibitive[prouhíbitiv] 엄청나게 비싼

도입 어려움은 극복될 수 있음	We all know the idea of sending humans to Mars is something that many people are obviously excited about. And I think it will happen within the next few decades . . . because all of the difficulties you read about can definitely be overcome.	우리는 모두 인간을 화성에 보낸다는 발상이 많은 사람들이 분명 열광하고 있는 것임을 알고 있습니다. 그리고 저는 그것이 앞으로 몇십 년 안에 일어날 것이라고 생각하는데... 왜냐하면 여러분이 읽은 모든 어려움은 틀림없이 극복될 수 있기 때문이에요.
반론 1 먼지는 제어됨 세부사항 음파가 입자를 제거함 / 높은 음파가 먼지를 뜨게 해서 날려버림	To begin with, the dust on Mars can be controlled through sound technology. Researchers have discovered that sound waves are capable of, uh, dislodging the tiny dust particles that would otherwise hinder the function of machinery. At a high-enough pitch, sound waves sort of levitate the dust off surfaces. Then, the dust can be blown away with a blast of air. This acoustic dust removal system would effectively take care of the dust issue.	우선, 화성의 먼지는 음파 기술을 통해 제어될 수 있습니다. 연구원들은 음파가, 어, 장비의 기능을 방해할 수 있는 작은 먼지 입자들을 제거할 수 있다는 것을 발견했어요. 음파는 충분히 높은 상태에서 먼지를 표면에서 어느 정도 뜨게 합니다. 그러면, 먼지는 강한 공기 바람으로 날려버릴 수 있죠. 이러한 음파 먼지 제거 시스템은 먼지 문제를 효과적으로 처리할 것입니다.
반론 2 심리적 문제는 관리할 수 있음 세부사항 고립에 대처하는 것을 배움 / 임무 도중 상담 이 가능함	Next, the psychological problems caused by being away from Earth are manageable. The astronauts will receive extensive training in preparation for the mission. This will include learning techniques to cope with prolonged periods of isolation from friends and family. And counseling will be available during the mission as well. There's actually a computer program that was created for this purpose, and it includes a recorded video therapist who dispenses advice and guidance.	다음으로, 지구로부터 떨어져 있어서 생기는 심리적 문제들은 관리할 수 있습니다. 우주비행사들은 탐사에 대비하여 광범위한 훈련을 받아요. 이것은 친구와 가족으로부터 장기간 고립되는 것에 대처하는 기술도 포함하죠. 그리고 임무 도중에 상담 또한 가능합니다. 이런 목적으로 만들어진 컴퓨터 프로그램이 실제로 있고, 그것은 조언과 지도를 제공하는 치료사 녹화 영상을 포함해요.
반론 3 비용이 탐사를 막지 않음 세부사항 국가들이 자금을 모음 / 기술 발전 때문에 투 자 가치가 있음	Lastly, the cost of a mission to Mars isn't going to prevent it from happening. If several nations pooled their resources, they could cover the expense, and, in fact, that's how the International Space Station came about. It was launched in 1998 as a collaboration between 15 countries and has been in operation ever since. Its ongoing success proves that an international partnership is possible. Plus, although these types of missions by their very nature do not yield immediate benefits, they do produce many technological advances that are, in time, of huge advantage to the participating nations. Therefore, a Mars mission would be a worthwhile investment in the long term.	마지막으로, 화성으로의 탐사 비용이 그것이 일어나지 못하도록 막지는 않을 것입니다. 만약 여러 국가들이 자금을 모은다면, 그들은 그 비용을 충당할 수 있고, 그리고, 사실, 이것이 국제 우주 정거장이 생겨난 방식이에요. 그것은 15개 국가 간의 협력으로 1998년에 개시되었고 그 이후 계속해서 운영되고 있습니다. 그것의 지속적인 성공은 국제적 협력이 가능하다는 것을 증명하죠. 게다가, 비록 이런 종류의 탐사들이 그 특성상 즉각적인 이익을 산출해내지는 못하더라도, 그것들은 장차 참여 국가들에게 큰 이익이 되는 많은 기술적 발전을 만들어냅니다. 그러니까, 화성 탐사는 장기적으로 가치 있는 투자일 거예요.

VOCABULARY LIST

dislodge[dislá:dʒ] 제거하다   hinder[híndər] 방해하다   levitate[lévətèit] 뜨게 하다   manageable[mǽnidʒəbl] 관리할 수 있는
cope with ~ ~에 대처하다   dispense[dispéns] 제공하다   guidance[gáidns] 지도   pool[pu:l] 모으다   launch[lɔ:ntʃ] 개시하다
collaboration[kəlæ̀bəréiʃən] 협력   yield[ji:ld] 산출하다   worthwhile[wə́:rθhwàil] 가치 있는

ACADEMIC DISCUSSION TASK
흥미 위주의 뉴스: 허용 vs. 불허

QUESTION

Kim 교수

We've been discussing the trend of news programs placing more emphasis on entertaining their viewers than on keeping them informed. The term *infotainment* has been used to describe this trend, implying that being interesting and fun is of greater importance than being informative. But not everyone agrees that this is a positive development. **In your opinion, is it acceptable for media outlets to focus on entertaining their audiences, or should this practice be avoided? Why?**

우리는 뉴스 프로그램들이 시청자들에게 정보를 제공하는 것보다 그들을 즐겁게 하는 것에 더 중점을 두는 경향을 논의해왔습니다. 이러한 경향을 설명하기 위해 '인포테인먼트'라는 용어가 사용되어 왔는데, 이것은 흥미롭고 재미있는 것이 유용한 정보를 주는 것보다 더 큰 중요성을 지닌다는 것을 의미합니다. 하지만 모든 사람이 이것이 긍정적인 발전이라는 것에 동의하지는 않습니다. 여러분의 생각에는, 언론 매체가 시청자를 즐겁게 하는 것에 중점을 두는 것이 허용될 만합니까, 아니면 이러한 관행을 피해야 합니까? 그 이유는 무엇인가요?

Amanda

I have no objection to the idea of making the news more entertaining. People are much more likely to pay attention to [1]media reports that are presented in a fun and interesting way. This allows the public to be well aware of various international and domestic events that affect them.

저는 뉴스를 더 재미있게 만드는 것에 대한 아이디어에 반대하지 않습니다. 사람들은 재미있고 흥미로운 방식으로 제시되는 언론 보도에 관심을 기울일 가능성이 훨씬 더 큽니다. 이것은 대중들이 그들에게 영향을 미치는 다양한 국제 그리고 국내 사건들에 대해 잘 알도록 해줍니다.

Matthew

From my perspective, news broadcasters should try to avoid the temptation to entertain viewers and instead focus on presenting accurate and unbiased stories. The problem is that the news is often distorted to make it more interesting. A reporter might present unproven yet entertaining theories about a crime as fact to [3]attract more viewers.

제 관점에서, 뉴스 방송국들은 시청자들을 즐겁게 하고자 하는 유혹을 피하려 노력하고 대신에 정확하고 편견 없는 이야기를 제시하는 것에 초점을 맞춰야 합니다. 문제는 더 흥미롭게 만들기 위해 뉴스가 종종 왜곡된다는 것입니다. 한 기자는 더 많은 시청자들을 끌어들이기 위해 입증되지 않았지만 재미있는 범죄 관련 이론을 사실이라고 소개할지도 모릅니다.

■ 아웃라인

나의 의견 — making the news entertaining is problematic 뉴스를 재미있게 만드는 것은 문제가 있음

이유 — · leads media outlets to prioritize sensational news stories
언론 매체가 자극적인 뉴스 기사를 우선시하도록 함

일반적 진술 — important news tends to get overlooked for being less interesting
더 중요한 뉴스가 덜 흥미롭다는 이유로 간과되는 경향이 있음

예시 — - ex) political scandal X receive as much coverage as celebrity breakup
예) 정치 스캔들이 연예인의 결별 소식만큼 많이 보도되지 않음

▎모범 답안

（도입）**I understand why** Amanda **thinks that** [1]interesting news stories are beneficial. （나의 의견） **However, in my opinion,** a focus on making the news entertaining is problematic. （이유）**This is mainly because** it leads [2]media outlets to prioritize sensational news stories. （일반적 진술） As a result, the important ones that deserve more attention tend to get overlooked just for being less interesting. （예시）**For instance,** a recent celebrity breakup [3]aroused a great deal of interest from the public. As a result, ●[2]the press across the country devoted a lot of time and resources to covering the story in an effort to draw more viewers. The problem was that a political scandal was taking place at the same time. This had a much greater impact on people's lives, but it did not receive nearly as much media coverage as the celebrity story. （맺음말） **In this regard, I believe that** media outlets should not give priority to making the news entertaining.

도입 저는 왜 Amanda가 흥미로운 뉴스 기사가 유익하다고 생각하는지 이해합니다. 나의 의견 하지만, 제 생각에는 뉴스를 재미있게 만드는 것에 초점을 맞추는 것은 문제가 있습니다. 이유 이는 주로 이것이 언론 매체들이 자극적인 뉴스 기사를 우선시하도록 하기 때문입니다. 일반적 진술 그 결과, 더 많은 관심을 받아야 마땅한 중요한 것들이 단지 덜 흥미롭다는 이유로 간과되는 경향이 있습니다. 예시 예를 들어, 최근 유명 연예인의 결별 소식은 대중의 큰 관심을 불러일으켰습니다. 그 결과, ●전국의 언론사들은 더 많은 시청자를 끌어들이기 위해 그 이야기를 다루는 데 많은 시간과 자원을 투자했습니다. 문제는 정치 스캔들이 동시에 발생하고 있었다는 점입니다. 이것은 사람들의 삶에 훨씬 더 큰 영향을 미쳤지만, 연예인의 이야기만큼 많은 언론 보도를 받지 못했습니다. 맺음말 이러한 점에서, 저는 언론 매체가 뉴스를 재미있게 만드는 것에 우선순위를 두면 안 된다고 생각합니다.

어휘 및 표현
[문제] infotainment[infətéinmənt] 인포테인먼트(정보 전달에 오락성을 가미한 소프트웨어 혹은 미디어)　imply[implái] 의미하다, 암시하다
informative[infɔ́:rmətiv] 유용한 정보를 주는, 유익한　domestic[dəméstik] 국내의　present[prizént] 제시하다, 소개하다　accurate[ǽkjurət] 정확한
distorted[distɔ́:rtid] 왜곡된　[모범 답안] problematic[prὰbləmǽtik] 문제가 되는　sensational[senséiʃənl] 자극적인, 선정적인
overlook[ὸuvərlúk] 간과하다　arouse[əráuz] 불러일으키다　coverage[kʌ́vəridʒ] 보도

Paraphrase된 표현
[1]media reports that are presented in a fun and interesting way → [1]interesting news stories
[2]media outlets → [2]the press
[3]attract more viewers → [3]aroused a great deal of interest from the public

---

고득점 필수 표현　～하기 위해
in an effort to 동사원형

전국의 언론사들은 더 많은 시청자를 **끌어들이기 위해** 그 이야기를 다루는 데 많은 시간과 자원을 투자했습니다.
● The press across the country devoted a lot of time and resources to covering the story **in an effort to draw** more viewers.

• 정부는 공중 보건과 안전을 **증진하기 위해** 캠페인을 시작했습니다.
　The government launched a campaign **in an effort to promote** public health and safety.

• 그 기업은 직원 생산성을 **향상시키기 위해** 새로운 정책을 시행했습니다.
　The company implemented new policies **in an effort to improve** employee productivity.

SELF-EVALUATION LIST TEST 06

앞서 학습한 내용을 바탕으로 자신의 답안에 대해 다음 사항을 확인 후, 실력 향상을 위해 개선해야 할 점을 적어보세요.

통합형

1 강의에서 제시된 세 가지 반론을 요약문에 모두 포함하였다. ☐ Yes ☐ No

2 강의에서 제시된 각 반론을 읽기 지문의 대응되는 근거와 관련지어 제시하였다. ☐ Yes ☐ No

3 읽기 지문에 등장한 문장을 그대로 다시 사용하지 않았다. ☐ Yes ☐ No

4 적절한 어휘 및 표현을 사용하였다. ☐ Yes ☐ No

5 동일한 어휘 또는 표현을 반복적으로 사용하지 않았다. ☐ Yes ☐ No

6 문법 및 철자의 오류를 보이지 않는다. ☐ Yes ☐ No

토론형

1 나의 의견을 분명히 제시하였다. ☐ Yes ☐ No

2 나의 의견을 뒷받침하는 이유와, 이유에 대한 설득력 있고 구체적인 예를 제시하였다. ☐ Yes ☐ No

3 토론 주제를 벗어난 내용을 포함하지 않았다. ☐ Yes ☐ No

4 문제에 등장한 교수와 학생들의 문장을 그대로 사용하지 않았다. ☐ Yes ☐ No

5 다양한 어휘/표현/문장 구조를 사용하였다. ☐ Yes ☐ No

6 문법 및 철자의 오류를 보이지 않는다. ☐ Yes ☐ No

라이팅 실력 향상을 위해 개선해야 할 점

HACKERS TOEFL ACTUAL TEST WRITING

TEST 07

INTEGRATED TASK
모범 답안 · 지문 · 해석

ACADEMIC DISCUSSION TASK
모범 답안 · 해석

SELF-EVALUATION LIST

읽기 노트 및 듣기 노트

읽기 노트

주제 ——   *sucralose should be [1]banned b/c health issues*
                     수크랄로스는 건강 문제들 때문에 금지되어야 함

근거 1 ——   *1. [2]↑ risk of diabetes*   당뇨의 위험을 높임

세부사항   – *↑ insulin → cells become resistant*   인슐린 증가로 세포들은 내성이 생김
                – *diet soda develop diabetes*   다이어트 탄산음료가 당뇨에 걸리게 함

근거 2 ——   *2. produce harmful substance when cooking*
                요리 시 해로운 물질을 만들어냄

세부사항   – *↑ temp. → chloropro.*   높은 온도에서 클로로프로판올류가 생김
                – *toxic compounds → cancer*   독성 혼합물이 암을 유발함

근거 3 ——   *3. allergic reaction*   알레르기 반응

세부사항   – *symptoms: dizzy, headache, seizures*   어지러움, 두통, 발작 증상
                – *synthetic substance: body X process*   합성 물질을 몸이 처리하지 못함

듣기 노트

도입 ——   *X hazardous to health*   건강에 해롭지 않음

반론 1 ——   *1. diabetes: unlikely*   당뇨는 가능성 없음

세부사항   – *insulin ↑: diff. substances cause*   인슐린 상승은 다른 물질들도 일으킴
                – *who drink diet soda: obesity is cause*
                다이어트 탄산음료를 마시는 사람은 비만이 원인임

반론 2 ——   *2. X harmful substance when cooked*   조리 시 해로운 물질 없음

세부사항   – *test: X involve real-life ingred.*   실험은 실제 재료를 포함하지 않음
                – *heated ↑ temp. than normal*   보통보다 높은 온도로 가열됨

반론 3 ——   *3. allergic reactions: X evid.*   알레르기 반응의 증거 없음

세부사항   – *hear stories & imagine symptoms*   이야기를 듣고 증상을 상상함
                – *test: X severe reactions*   실험에서 심각한 반응 없었음

서론
듣기 도입
읽기 주제

(듣기 도입) **The lecturer argues that** sucralose is not hazardous to a person's health. (읽기 주제) **This contradicts the reading passage's claim that** the use of this substance should be [1]prohibited because of its health risks.

본론 1
듣기 반론 1
세부사항
읽기 근거 1

(듣기 반론 1) **First,** the lecturer explains that it is unlikely that sucralose causes diabetes. (세부사항) An insulin spike doesn't mean anything because different substances cause similar results. On top of that, people who drink diet soda are often overweight, and obesity is the primary cause of diabetes. (읽기 근거 1) **This casts doubt on the reading passage's claim that** sucralose [2]puts people at increased risk for diabetes.

본론 2
듣기 반론 2
세부사항
읽기 근거 2

(듣기 반론 2) **Next,** the lecturer contends that sucralose doesn't make harmful substances when cooked. (세부사항) The lab test did not involve real-life ingredients, and it was heated to higher temperatures than what is normal during food preparation. (읽기 근거 2) **This counters the reading passage's claim that** cooking sucralose results in toxic materials.

본론 3
듣기 반론 3
세부사항
읽기 근거 3

(듣기 반론 3) **Finally,** the lecturer points out that there is no evidence of intense allergic reactions. (세부사항) Anecdotal data is unreliable because people hear stories and imagine their symptoms. In addition, no tests have indicated severe allergic reactions to sucralose. (읽기 근거 3) **This refutes the reading passage's claim that** sucralose causes serious allergic responses.

듣기 도입 강의자는 수크랄로스가 사람의 건강에 해롭지 않다고 주장한다. 읽기 주제 이는 건강상의 위험 때문에 이 물질의 사용이 금지되어야 한다는 읽기 지문의 주장을 반박한다.

듣기 반론 1 첫째로, 강의자는 수크랄로스가 당뇨를 야기할 가능성은 없다고 설명한다. 세부사항 인슐린의 급격한 상승은 다른 물질들도 비슷한 결과를 초래하기 때문에 아무 의미가 없다. 게다가, 다이어트 탄산음료를 마시는 사람들은 대개 과체중이고, 비만이 당뇨의 주요 원인이다. 읽기 근거 1 이는 수크랄로스가 사람들을 당뇨의 높은 위험에 처하게 한다는 읽기 지문의 주장에 의구심을 제기한다.

듣기 반론 2 다음으로, 강의자는 수크랄로스가 조리될 때 해로운 물질들을 만들어내지 않는다고 주장한다. 세부사항 연구실 실험은 실제 재료를 포함하지 않았고, 그것은 취사 시 보통의 온도보다 더 높은 온도로 가열되었다. 읽기 근거 2 이는 수크랄로스를 조리하는 것이 독성 물질을 낳는다는 읽기 지문의 주장에 반대한다.

듣기 반론 3 마지막으로, 강의자는 심한 알레르기 반응의 증거가 없다고 지적한다. 세부사항 사람들은 이야기를 듣고 자신의 증상을 상상하기 때문에 입증되지 않은 자료는 신뢰할 수 없다. 게다가, 어떤 실험도 수크랄로스에 대한 심각한 알레르기 반응을 나타내지 않았다. 읽기 근거 3 이는 수크랄로스가 심각한 알레르기 반응을 일으킨다는 읽기 지문의 주장을 반박한다.

어휘 및 표현
health risk 건강상의 위험   prohibit[prouhíbit] 금지하다

Paraphrase된 표현
[1]banned b/c health issues → [1]prohibited because of its health risks
[2]↑ risk of diabetes → [2]puts people at increased risk for diabetes

읽기 지문 및 강의 스크립트

읽기 지문

주제 수크랄로스는 건강 문제들 때문에 금지되어야 함	Sucralose is a chemical that has an extremely sweet taste, but contains no calories. As a result, it is promoted as a weight-loss aid and is used as an artificial sweetener in a wide range of products. However, this substance should be banned because of the health issues associated with it.	수크랄로스는 굉장히 단맛을 가지고 있지만, 칼로리는 포함하고 있지 않은 화학물질이다. 그 결과, 그것은 체중 감량 보조제로 홍보되며 다양한 제품들에서 인공 감미료로 사용된다. 하지만, 그것과 관련된 건강 문제들 때문에 이 물질은 금지되어야 한다.
근거 1 당뇨의 위험을 높임 **세부사항** 인슐린 증가로 세포들은 내성이 생김 / 다이어트 탄산음료가 당뇨에 걸리게 함	To begin with, people who consume sucralose have a greater risk of developing diabetes. Sucralose can trigger a 20 percent increase in the production of insulin, the chemical in the body that processes sugar. Exposure to the excess of insulin may cause the cells in the body to become resistant to this chemical, and insulin resistance is the underlying cause of diabetes. Furthermore, studies have shown that people who consume diet soda with sucralose regularly are more likely to develop diabetes than those who drink regular soda.	우선, 수크랄로스를 섭취하는 사람들은 당뇨에 걸릴 위험이 더 크다. 수크랄로스는 당을 처리하는 몸속의 화학물질인 인슐린의 20퍼센트 증가를 야기할 수 있다. 과다한 인슐린으로의 노출은 몸속의 세포들이 이 화학물질에 내성이 생기게 할 수 있고, 인슐린 저항성은 당뇨의 근본적인 원인이다. 게다가, 연구들은 수크랄로스가 들어 있는 다이어트 탄산음료를 정기적으로 섭취하는 사람들이 일반 탄산음료를 마시는 사람들보다 당뇨에 걸릴 가능성이 더 높다는 것을 보여주었다.
근거 2 요리 시 해로운 물질을 만들어냄 **세부사항** 높은 온도에서 클로로프로판올류가 생김 / 독성 혼합물이 암을 유발함	Another significant issue regarding sucralose is that it produces harmful substances when used for cooking. Researchers have found that once sucralose reaches a high enough temperature, it combines with other chemicals to create substances known as chloropropanols. A connection between these toxic compounds and cancer has been proven. Therefore, baked goods or other foods cooked with sucralose have the potential to lead to lasting health problems for the people who consume them.	수크랄로스에 관한 또 다른 중요한 문제는 그것이 요리에 사용되었을 때 해로운 물질들을 만들어낸다는 것이다. 연구자들은 수크랄로스가 충분히 높은 온도에 달했을 때, 그것이 다른 화학물질과 결합하여 클로로프로판올류로 알려진 물질들을 만든다는 것을 발견했다. 이 독성 혼합물과 암 사이의 관계는 증명되었다. 따라서, 수크랄로스와 함께 조리된 구운 음식이나 다른 음식들은 그것을 섭취하는 사람들에게 영구적인 건강 문제를 초래할 가능성을 가지고 있다.
근거 3 알레르기 반응 **세부사항** 어지러움, 두통, 발작 증상 / 합성 물질을 몸이 처리하지 못함	The final drawback of sucralose is that it can set off intense allergic reactions. There have been numerous accounts of people experiencing a variety of symptoms shortly after consuming food or beverages containing sucralose. Some said that they felt dizzy and had headaches, while others reported more severe symptoms such as seizures. These reactions are attributed to the fact that sucralose is a synthetic substance that the body is incapable of processing.	수크랄로스의 마지막 결점은 그것이 심한 알레르기 반응을 일으킬 수 있다는 것이다. 수크랄로스가 함유되어 있는 음식이나 음료를 섭취한 식후에 다양한 증상을 경험한 사람들에 대한 수많은 보고가 있었다. 일부는 어지럽고 두통이 있다고 호소했고, 한편 다른 사람들은 발작과 같은 더 심각한 증상들을 보고했다. 이러한 반응들의 원인은 수크랄로스가 몸이 처리할 수 없는 합성 물질이라는 사실에 있다.

VOCABULARY LIST

aid[eid] 보조제   sweetener[swíːtnər] 감미료   trigger[trígər] 유발하다, 일으키다   underlying[ʌ̀ndərláiiŋ] 근본적인
become resistant to ~ ~에 내성이 생기다   toxic compound 독성 혼합물   set off 일으키다, 촉발하다   account[əkáunt] 보고, 설명
dizzy[dízi] 어지러운   seizure[síːʒər] 발작   synthetic[sinθétik] 합성의   incapable of ~ ~할 수 없는

도입 건강에 해롭지 않음	Sucralose is quite popular these days as an artificial sweetener. And now you've also read some of the horror stories about this substance . . . diabetes, cancer, allergic reactions . . . you name it. But as I'll explain, sucralose is not hazardous to the health of humans.	수크랄로스는 요즘 인공 감미료로 꽤 유명하죠. 그리고 여러분은 지금 이 물질에 대한 일부 공포스러운 이야기들도 읽었습니다... 당뇨, 암, 알레르기 반응... 이 전부를요. 그러나 제가 이제 설명할 것처럼, 수크랄로스는 사람의 건강에 해롭지 않습니다.
반론 1 당뇨는 가능성 없음 **세부사항** 인슐린 상승은 다른 물질들도 일으킴 / 다이어트 탄산음료를 마시는 사람은 비만이 원인임	First, it's highly unlikely that sucralose causes diabetes. The fact that it can cause a spike in insulin production doesn't really mean anything. There are lots of different substances that cause similar results . . . uh, like the starches in rice and potatoes . . . but no one would seriously argue that these cause diabetes. And the fact that people who drink diet soda are more prone to diabetes doesn't point to sucralose being a cause of this disease. Many people who drink diet beverages are overweight, and obesity is the primary cause of diabetes. It is their physical condition that leads to diabetes, not the sucralose.	첫째로, 수크랄로스가 당뇨를 일으킬 가능성은 매우 낮아요. 그것이 인슐린 생산의 급격한 상승을 야기할 수 있다는 사실은 실제로는 아무 의미도 없습니다. 비슷한 결과를 일으키는 다른 물질들이 굉장히 많아요... 어, 쌀과 감자에 있는 녹말과 같은 것들이요... 하지만 그 누구도 이것들이 당뇨를 일으킨다고 심각하게 주장하진 않겠죠. 그리고 다이어트 탄산음료를 마시는 사람들이 당뇨에 걸리기 더 쉽다는 사실은 수크랄로스가 이 질병의 원인이라는 것을 가리키지 않아요. 다이어트 음료를 마시는 많은 사람들은 과체중이며, 비만이 당뇨의 주된 원인입니다. 당뇨를 초래하는 것은 그들의 신체적 상태이지, 수크랄로스가 아니에요.
반론 2 조리 시 해로운 물질 없음 **세부사항** 실험은 실제 재료를 포함하지 않음 / 보통보다 높은 온도로 가열됨	The next claim was about, um, harmful substances being created when sucralose was cooked. Well, they aren't. First of all, the laboratory test didn't involve real-life ingredients. The chemicals that sucralose combined with in the experiment aren't found in the food we eat. Furthermore, the researchers who conducted this test admitted that they heated the sucralose to a higher temperature than is normally used during food preparation.	다음 주장은, 음, 수크랄로스가 조리될 때 해로운 물질들이 만들어진다는 것이었죠. 글쎄요, 그건 아니에요. 우선, 연구실 실험은 실제 재료들을 포함하지 않았어요. 실험에서 수크랄로스와 결합된 화학물질들은 우리가 먹는 음식에서는 발견되지 않습니다. 게다가, 이 실험을 수행한 연구자들은 수크랄로스를 보통 취사 시 사용되는 것보다 높은 온도로 가열했다는 것을 인정했어요.
반론 3 알레르기 반응의 증거 없음 **세부사항** 이야기를 듣고 증상을 상상함 / 실험에서 심각한 반응 없었음	And third, there just isn't any evidence that sucralose causes intense allergic reactions. Sure, people have said that they had these reactions, but all scientists know that this kind of anecdotal data is unreliable. People hear stories in the media and then sort of imagine that they are experiencing similar symptoms. In fact, numerous tests have been conducted to determine whether sucralose is safe for human consumption, and none of them have indicated that this substance causes more severe allergic reactions than any other type of food.	그리고 셋째로, 수크랄로스가 심한 알레르기 반응을 일으킨다는 그 어떤 증거도 없어요. 물론, 사람들이 이러한 반응들이 있었다고 말은 했지만, 모든 과학자들은 이러한 종류의 입증되지 않은 자료는 신뢰할 수 없다는 것을 알아요. 사람들은 매체의 이야기를 듣고 그들이 비슷한 증상을 경험하고 있다고 일종의 상상을 하죠. 사실, 수크랄로스가 인간이 섭취하기에 안전한지를 밝히는 수많은 실험들이 실시되었고, 그들 중 어떤 것도 이 물질이 다른 종류의 음식보다 더 심각한 알레르기 반응을 일으킨다는 것을 나타내지 않았습니다.

VOCABULARY LIST

hazardous[hǽzərdəs] 해로운, 위험한   spike[spaik] 급격한 상승   prone to ~ ~하기 쉬운   obesity[oubíːsəti] 비만   laboratory[lǽbərətɔ̀ːri] 연구실
real-life[ríːəllàif] 실제의   ingredient[ingríːdiənt] 재료   conduct[kəndʌ́kt] 수행하다, 실시하다   food preparation 취사
anecdotal[æ̀nikdóutl] 입증되지 않은, 일화적인   unreliable[ʌ̀nriláiəbl] 신뢰할 수 없는

ACADEMIC DISCUSSION TASK
원격 근무: 사무실 기반 근무에 대한 효과적인 대안임 vs. 아님

QUESTION

Jung 교수

On-site jobs have been the norm for decades, but with technological advancements and changing attitudes towards work-life balance, [1]remote jobs are emerging. Cloud-based software, video conferencing tools, and project management platforms have made it possible for teams to work together effectively from different locations. But there is a lot of debate surrounding the efficiency of remote workers. **Do you think that remote work is an [2]effective alternative to traditional office-based work?** Why or why not?

수십 년 동안 현장 근무가 일반적인 것이었지만, 기술적 발전과 일과 삶의 균형에 대한 변화하는 태도로 인해, 원격 근무가 부상하고 있습니다. 클라우드 기반 소프트웨어, 화상 회의 도구, 그리고 프로젝트 관리 플랫폼은 팀들이 서로 다른 장소에서 효과적으로 협업하는 것을 가능하게 했습니다. 하지만 원격 근무자들의 효율성을 둘러싼 많은 논쟁이 있습니다. 여러분은 원격 근무가 전통적인 사무실 기반 근무에 대한 효과적인 대안이라고 생각합니까? 왜 그런가요, 혹은 왜 그렇지 않은가요?

Cindy H.

Remote work is less efficient than working in an office. A recent study supports the idea that it is not conducive to productivity. It decreases real-time communication, including chats with colleagues and supervisors, so everything progresses slowly. I'm late for my sociology lecture, so I have to go. But I will post a link to the study later.

원격 근무는 사무실에서 근무하는 것보다 덜 효율적입니다. 최근의 한 연구는 그것이 생산성에 도움이 되지 않는다는 의견을 뒷받침합니다. 그것은 동료 및 상사와의 대화를 포함한 실시간 의사소통을 감소시키므로, 모든 것이 느리게 진행됩니다. 제가 사회학 강의에 늦어서 가야 합니다. 하지만 나중에 그 연구에 대한 링크를 게시하겠습니다.

Stella Y.

I get Cindy's point, but I think remote work makes more sense in certain situations. For instance, an app developer needs time to [3]work on the project independently. In addition, remote work alleviates the burden of commuting for employees, providing them with more flexibility and reducing the time and stress associated with daily travel.

저는 Cindy의 요점을 이해하지만, 특정 상황에서는 원격 근무가 더 합리적이라고 생각합니다. 예를 들어, 앱 개발자는 프로젝트를 독립적으로 작업할 시간이 필요합니다. 게다가, 원격 근무는 통근하는 것에 대한 직원들의 부담을 완화해서, 그들에게 더 많은 유연성을 제공하고 매일 이동하는 것과 관련된 시간과 스트레스를 줄여줍니다.

■ 아웃라인

나의 의견 ——— X effective, impedes collaboration 덜 효과적임, 협업에 방해가 됨

이유 ——— · employees communicate through digital tools 직원들은 디지털 도구를 통해 의사소통함

일반적 진술 ——— - no face-to-face interactions → misinterpretation 대면 상호작용을 하지 않아서 오해가 발생할 수 있음

예시 ——— - ex) sister thought email from coworker was rude → turned out it was written in a rush
예) 여동생은 동료의 이메일이 무례하다고 생각했는데, 그것은 급하게 작성된 것으로 밝혀짐

모범 답안

(도입)**I understand why** Stella **thinks that** remote work can be appropriate in certain situations, especially for roles that mostly entail [3]independent tasks. (나의 의견)**However, in my opinion,** ●remote work is less effective because it [4]impedes collaboration when compared to in-office work. (이유)**The main reason is that** [1]work-from-home jobs require employees to communicate through digital tools like email and messaging apps. (일반적 진술) Such forms of communication are prone to misinterpretation because they do not involve face-to-face interactions. (예시)**For example,** my sister received an email from a coworker about a project schedule. She found the tone of the email to be rude and felt offended. But it turned out that her coworker had just written the email in a rush and hadn't really thought about the wording. This misunderstanding could have caused serious issues in their work relationship. (맺음말)**Overall, I believe that** remote work is not an [2]efficient replacement for traditional office-based roles because it can [4]interfere with communication.

도입 저는 왜 Stella가 원격 근무가 특정 상황에, 특히 독립적인 작업을 주로 수반하는 역할들에 적합할 수 있다고 생각하는지 이해합니다. **나의 의견** 하지만, 제 생각에는 ●원격 근무는 사무실 근무와 비교할 때 협업을 방해하기 때문에 덜 효과적입니다. **이유** 주된 이유는 원격 업무는 직원들이 이메일 및 메시징 앱과 같은 디지털 도구들을 통해 의사소통할 것을 요구한다는 것입니다. **일반적 진술** 그러한 형태의 소통은 대면 상호작용을 수반하지 않기 때문에 오해가 발생하기 쉽습니다. **예시** 예를 들어, 제 여동생은 동료로부터 프로젝트 일정에 관한 이메일을 받았습니다. 그녀는 이메일의 어조가 무례하다고 생각했고 불쾌감을 느꼈습니다. 하지만 그녀의 동료는 그저 급하게 이메일을 작성하였고 단어 선택에 대해 제대로 고민하지 않았었다는 것이 밝혀졌습니다. 이 오해는 그들의 업무 관계에 심각한 문제를 일으킬 수도 있었습니다. **맺음말** 전반적으로, 저는 원격 근무가 의사소통을 방해할 수 있기 때문에 전통적인 사무실 기반 근무에 대한 효율적인 대체제가 아니라고 생각합니다.

어휘 및 표현

[문제] norm[nɔːrm] 일반적인 것, 표준 remote[rimóut] 원격의 management[mǽnidʒmənt] 관리 conducive[kəndjúːsiv] 도움이 되는 productivity[prὰdəktívəti] 생산성 colleague[káliːg] 동료 supervisor[súːpərvàizər] 상사 independently[ìndipéndəntli] 독립적으로 alleviate[əlíːvièit] 완화하다 burden[bə́ːrdn] 부담 commute[kəmjúːt] 통근하다 flexibility[flèksəbíləti] 유연성 [모범 답안] entail[intéil] 수반하다 impede[impíːd] 방해하다 collaboration[kəlæ̀bəréiʃən] 협업, 협력 face-to-face 대면의 interfere with ~을 방해하다

Paraphrase된 표현

[1]remote jobs → [1]work-from-home jobs
[2]effective alternative → [2]efficient replacement
[3]work on the project independently → [3]independent tasks
[4]impedes → [4]interfere with

~와 비교할 때
when compared to ~

원격 근무는 사무실 근무**와 비교할 때** 협업을 방해하기 때문에 덜 효과적입니다.
● Remote work is less effective because it impedes collaboration **when compared to** in-office work.

• 전공에 중점을 두는 교육 프로그램은 광범위한 과목들을 포함하는 교육 프로그램**과 비교할 때** 학생들이 수업에 더 참석하도록 장려합니다.
An educational program that puts an emphasis on specialties encourages students to attend classes more **when compared to** one that includes wide-ranging subjects.

• 태양 에너지는 석유 및 천연가스와 같은 전통적인 에너지원**과 비교할 때** 엄청나게 비쌉니다.
Solar power is incredibly expensive **when compared to** traditional energy sources such as oil and natural gas.

앞서 학습한 내용을 바탕으로 자신의 답안에 대해 다음 사항을 확인 후, 실력 향상을 위해 개선해야 할 점을 적어보세요.

통합형

1 강의에서 제시된 세 가지 반론을 요약문에 모두 포함하였다.　　　　☐ Yes　☐ No

2 강의에서 제시된 각 반론을 읽기 지문의 대응되는 근거와 관련지어 제시하였다.　☐ Yes　☐ No

3 읽기 지문에 등장한 문장을 그대로 다시 사용하지 않았다.　　　　☐ Yes　☐ No

4 적절한 어휘 및 표현을 사용하였다.　　　　☐ Yes　☐ No

5 동일한 어휘 또는 표현을 반복적으로 사용하지 않았다.　　　　☐ Yes　☐ No

6 문법 및 철자의 오류를 보이지 않는다.　　　　☐ Yes　☐ No

토론형

1 나의 의견을 분명히 제시하였다.　　　　☐ Yes　☐ No

2 나의 의견을 뒷받침하는 이유와, 이유에 대한 설득력 있고 구체적인 예를 제시하였다.　☐ Yes　☐ No

3 토론 주제를 벗어난 내용을 포함하지 않았다.　　　　☐ Yes　☐ No

4 문제에 등장한 교수와 학생들의 문장을 그대로 사용하지 않았다.　☐ Yes　☐ No

5 다양한 어휘/표현/문장 구조를 사용하였다.　　　　☐ Yes　☐ No

6 문법 및 철자의 오류를 보이지 않는다.　　　　☐ Yes　☐ No

라이팅 실력 향상을 위해 개선해야 할 점

HACKERS TOEFL ACTUAL TEST WRITING

TEST 08

INTEGRATED TASK
모범 답안 · 지문 · 해석

ACADEMIC DISCUSSION TASK
모범 답안 · 해석

SELF-EVALUATION LIST

INTEGRATED TASK
석탄의 친환경적 사용

■ 읽기 노트 및 듣기 노트

읽기 노트

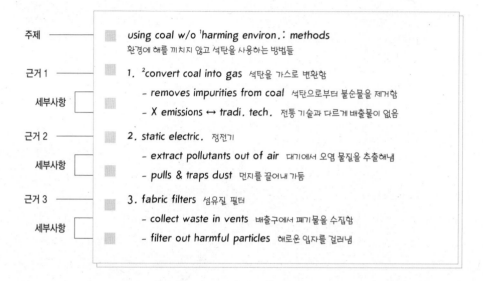

주제 — using coal w/o [1]harming environ.: methods
환경에 해를 끼치지 않고 석탄을 사용하는 방법들

근거 1 — 1. [2]convert coal into gas 석탄을 가스로 변환함

세부사항 — - removes impurities from coal 석탄으로부터 불순물을 제거함

- X emissions ↔ tradi. tech. 전통 기술과 다르게 배출물이 없음

근거 2 — 2. static electric. 정전기

세부사항 — - extract pollutants out of air 대기에서 오염 물질을 추출해냄

- pulls & traps dust 먼지를 끌어내 가둠

근거 3 — 3. fabric filters 섬유질 필터

세부사항 — - collect waste in vents 배출구에서 폐기물을 수집함

- filter out harmful particles 해로운 입자를 걸러냄

듣기 노트

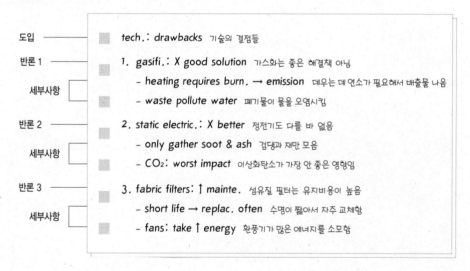

도입 — tech.: drawbacks 기술의 결점들

반론 1 — 1. gasifi.: X good solution 가스화는 좋은 해결책 아님

세부사항 — - heating requires burn. → emission 데우는 데 연소가 필요해서 배출물 나옴

- waste pollute water 폐기물이 물을 오염시킴

반론 2 — 2. static electric.: X better 정전기도 다를 바 없음

세부사항 — - only gather soot & ash 검댕과 재만 모음

- CO_2: worst impact 이산화탄소가 가장 안 좋은 영향임

반론 3 — 3. fabric filters: ↑ mainte. 섬유질 필터는 유지비용이 높음

세부사항 — - short life → replac. often 수명이 짧아서 자주 교체함

- fans: take ↑ energy 환풍기가 많은 에너지를 소모함

서론
듣기 도입
읽기 주제

(듣기 도입) **The lecturer argues that** the technologies mentioned in the reading have significant drawbacks. (읽기 주제) **This contradicts the reading passage's claim that** it is possible to use coal without [1]damaging the environment.

본론 1
듣기 반론 1
세부사항
읽기 근거 1

(듣기 반론 1) **First,** the lecturer claims that gasification is not a good solution. (세부사항) Heating the coal requires the burning of fossil fuels, which leads to harmful emissions. In addition, the waste pollutes water supplies. (읽기 근거 1) **This casts doubt on the reading passage's claim that** [2]transforming coal into gas is a promising way to minimize the harm of coal.

본론 2
듣기 반론 2
세부사항
읽기 근거 2

(듣기 반론 2) **Next,** the lecturer contends that the use of static electricity is no better. (세부사항) The collection plates only gather up waste particles, such as soot and ash, but not carbon dioxide. Carbon dioxide has the worst environmental impact, and this method completely overlooks it. (읽기 근거 2) **This counters the reading passage's claim that** using static electricity prevents the waste from contaminating the air.

본론 3
듣기 반론 3
세부사항
읽기 근거 3

(듣기 반론 3) **Finally,** the lecturer maintains that fabric filters have a high maintenance cost, so they are not a realistic solution. (세부사항) One problem is that they have a short life span, so they must be replaced often. Another is that they rely on large fans, and operating these fans takes a lot of energy. (읽기 근거 3) **This refutes the reading passage's claim that** fabric filters can efficiently reduce coal's environmental impact.

듣기 도입 강의자는 읽기 지문에서 언급된 기술이 상당한 결점들을 가지고 있다고 주장한다. 읽기 주제 이는 환경에 피해를 주지 않고 석탄을 이용하는 것이 가능하다는 읽기 지문의 주장을 반박한다.

듣기 반론 1 첫째로, 강의자는 가스화가 좋은 해결책이 아니라고 주장한다. 세부사항 석탄을 데우는 것은 화석 연료의 연소를 필요로 하는데, 이는 해로운 배출물을 낳는다. 게다가, 폐기물은 상수도를 오염시킨다. 읽기 근거 1 이는 석탄을 가스로 변환하는 것이 석탄의 피해를 최소화하는 기대되는 방법이라는 읽기 지문의 주장에 의구심을 제기한다.

듣기 반론 2 다음으로, 강의자는 정전기의 이용도 다를 바가 없다고 주장한다. 세부사항 수집용 금속판은 이산화탄소가 아닌, 검댕과 재와 같은 폐기물 입자들만 모은다. 이산화탄소가 가장 안 좋은 환경적 영향을 가지는데, 이 방법은 그것을 완전히 간과한다. 읽기 근거 2 이는 정전기를 이용하는 것이 폐기물이 대기를 오염시키지 못하게 막는다는 읽기 지문의 주장에 반대한다.

듣기 반론 3 마지막으로, 강의자는 섬유질 필터가 높은 유지비용을 가지기 때문에 현실적인 해결책이 아니라고 주장한다. 세부사항 한 가지 문제점은 필터가 짧은 수명을 가지기 때문에 자주 교체되어야 한다는 것이다. 또 다른 점은 그것이 커다란 환풍기에 의존하고, 이 환풍기를 작동시키는 데 많은 에너지가 소모된다는 것이다. 읽기 근거 3 이는 섬유질 필터가 석탄의 환경적 영향을 효과적으로 줄일 수 있다는 읽기 지문의 주장을 반박한다.

어휘 및 표현
overlook[òuvərlúk] 간과하다   contaminate[kəntǽmənèit] 오염시키다

Paraphrase된 표현
[1]harming environ. → [1]damaging the environment
[2]convert coal into gas → [2]transforming coal into gas

■ 읽기 지문 및 강의 스크립트

읽기 지문

주제 환경에 해를 끼치지 않고 석탄을 사용하는 방법들	Coal is an important but environmentally detrimental energy source. On the one hand, it is responsible for half of the electricity production in the US. On the other hand, it is a significant cause of air pollution. Efforts are being made to reduce its impact. In fact, several methods are now being pursued that make using coal without harming the environment a realistic goal.	석탄은 중요하지만 환경적으로 해로운 에너지원이다. 한편으로는, 그것은 미국의 전기 생산의 절반을 책임진다. 다른 한편으로는, 그것은 대기 오염의 중대한 원인이다. 그것의 영향을 줄이기 위한 노력들이 행해지고 있다. 사실, 환경에 해를 끼치지 않고 석탄을 사용하는 것을 현실적인 목표로 만드는 몇 가지 방법들이 현재 추진되고 있다.
근거 1 석탄을 가스로 변환함 **세부사항** 석탄으로부터 불순물을 제거함 → 전통 기술과 다르게 배출물이 없음	Converting coal into a gas is a promising development. Gasification transforms the coal into a kind of gas called syngas. One major benefit of this process is that it removes virtually all of the impurities from the coal. As a result, syngas generates almost no emissions when burned. This stands in sharp contrast to traditional coal technology, which significantly pollutes the air.	석탄을 가스로 변환하는 것은 기대되는 개발이다. 가스화는 석탄을 합성 가스라 불리는 일종의 가스로 변형시킨다. 이 과정의 한 가지 중요한 이점은 그것이 사실상 석탄으로부터 모든 불순물을 제거한다는 것이다. 그 결과, 합성 가스는 연소 시 배출물을 거의 발생시키지 않는다. 이는 대기를 상당히 오염시키는 전통적인 석탄 기술과는 뚜렷한 대조를 보인다.
근거 2 정전기 **세부사항** 대기에서 오염 물질을 추출해냄 / 먼지를 끌어내 가둠	An alternative method is to use a form of static electricity. It can extract the pollutants produced by coal out of the air. The process has an effect similar to that of rubbing a plastic spoon against a wool sweater to attract positively charged grains of salt and pepper to the spoon. Specifically, a charge pulls fine particles of dust from the coal smoke and traps them in a collection plate. This keeps them from polluting the air.	한 가지 대안은 정전기의 형태를 이용하는 것이다. 그것은 석탄에 의해 만들어진 오염 물질을 대기에서 추출해낼 수 있다. 그 과정은 양극을 띠는 소금과 후추 알갱이들을 숟가락으로 끌어당기기 위해 울 스웨터에 플라스틱 숟가락을 문지르는 것과 비슷한 효과를 가진다. 구체적으로, 전하는 석탄 연기로부터 먼지의 미세한 입자들을 끌어내 수집용 금속판에 가둔다. 이는 그것들이 대기를 오염시키는 것을 막는다.
근거 3 섬유질 필터 **세부사항** 배출구에서 폐기물을 수집함 → 해로운 입자를 걸러냄	Finally, fabric filters are one more option for reducing coal's impact. This strategy involves using tightly woven fabric bags that can collect liquid and solid waste. These bags are installed in the vents of coal power stations. Coal emissions get pushed through the fabric bags, which filter out harmful particles before they can be released into the air. The filters remove over 99 percent of emissions, making it a highly effective technique.	마지막으로, 섬유질 필터는 석탄의 영향을 줄이기 위한 또 하나의 선택사항이다. 이 전략은 액체와 고체 폐기물을 수집할 수 있는 촘촘히 짜인 섬유질 주머니를 사용하는 것을 포함한다. 이 주머니는 석탄 발전소의 배출구 내에 설치된다. 석탄 배출물은 그 섬유질 주머니로 밀려서 통과되는데, 이는 해로운 입자가 대기 중으로 배출되기 전에 그것을 걸러낸다. 그 필터는 99퍼센트 이상의 배출물을 제거하는데, 이는 그것을 매우 효과적인 기술로 만든다.

VOCABULARY LIST

detrimental[dètrəméntl] 해로운 convert[kənvə́ːrt] 변환시키다 promising[prάːmisiŋ] 기대되는, 유망한 gasification[gæ̀səfikéiʃən] 가스화
syngas[síngæs] 합성 가스 impurity[impjúərəti] 불순물 static electricity 정전기 pollutant[pəlúːtnt] 오염 물질 rub[rʌb] 문지르다
positively charged 양극의 grain[grein] 알갱이 charge[tʃɑːrdʒ] 전하 weave[wiːv] 짜다, 엮다 vent[vent] 배출구 filter out 걸러내다

도입 기술의 결점들	As you know, steps are being taken to reduce the environmental damage caused by coal burning. And the assigned reading made a seemingly strong case for coal becoming a clean energy source. But the truth is that the technologies mentioned in the article have severe drawbacks.	여러분들도 아시다시피, 석탄 연소에 의해 야기된 환경 피해를 줄이기 위한 조치들이 취해지고 있어요. 그리고 과제로 드린 읽기 자료는 석탄이 청정 에너지원이 되고 있다는 강력해 보이는 논거를 제시했습니다. 하지만 진실은 자료에서 언급된 기술들이 심각한 결점들을 갖고 있다는 거예요.
반론 1 가스화는 좋은 해결책 아님 세부사항 데우는 데 연소가 필요해서 배출물 나옴 / 폐기물이 물을 오염시킴	To dive right in, gasification, which has been touted as environmentally friendly, is actually not a very good solution. I mean, the coal must be heated to be converted into gas. And heating it requires the burning of fossil fuels, which releases harmful emissions. That cancels out the benefits of gasification. It is also claimed that this technique eliminates nearly all of coal's impurities. But removing those impurities requires huge amounts of water, and that's where the waste ends up—polluting our water supplies. Gasification merely exchanges one kind of environmental destruction for another.	바로 들어가자면, 환경친화적이라고 선전되어 온 가스화는 사실 아주 좋은 해결책이 아닙니다. 그러니까, 석탄이 가스로 변환되기 위해서는 반드시 데워져야 합니다. 그리고 그것을 데우는 것은 화석 연료의 연소를 필요로 하는데, 이는 해로운 배출물을 방출합니다. 그것이 가스화의 이점을 상쇄하죠. 또한 이 기술은 석탄의 거의 모든 불순물들을 없앤다고 주장됩니다. 하지만 그런 불순물들을 제거하는 것은 엄청난 양의 물을 필요로 하며, 여기에서 폐기물이 결국 상수도를 오염시킵니다. 가스화는 그저 한 종류의 환경 파괴를 다른 종류로 바꿀 뿐이죠.
반론 2 정전기도 다를 바 없음 세부사항 검댕과 재만 모음 / 이산화탄소가 가장 안 좋은 영향임	Second, using static electricity to clean the air of pollutants is no better. This is because the collection plates only gather up soot and ash particles. They don't reduce carbon emissions, which have the worst environmental impact. You see, carbon dioxide is a greenhouse gas that, um, traps heat in the atmosphere and causes climate change. Even though removing soot and ash is beneficial, these particles are a very minor problem compared to CO_2, which is much more damaging.	둘째로, 오염 물질이 있는 대기를 깨끗하게 하기 위해 정전기를 이용하는 것도 다를 바가 없어요. 이는 수집용 금속판이 오직 검댕과 재 입자들만 모으기 때문입니다. 그것들은 환경에 가장 안 좋은 영향을 주는 탄소 배출물을 줄여주지 않아요. 있잖아요, 이산화탄소는 온실가스의 하나로, 음, 대기에 열을 가두어 기후 변화를 야기합니다. 비록 검댕과 재를 제거하는 것이 이로운 일이라 해도, 이러한 입자들은 훨씬 더 해로운 이산화탄소에 비해 극히 미미한 문제예요.
반론 3 섬유질 필터는 유지비용이 높음 세부사항 수명이 짧아서 자주 교체함 / 환풍기가 많은 에너지를 소모함	So, let's move on to the fabric filters that separate out particles of coal waste. They require too much maintenance to be a realistic long-term solution. The filter bags have an incredibly short life of 18 to 36 months. Replacing them that often is not cost-effective. And that's not their only weakness. Large fans are used to direct the dust-laden gases through the filter bags. Operating these fans takes a lot of energy and lowers the overall efficiency.	그럼, 석탄 폐기물의 입자를 분리하는 섬유질 필터로 넘어가죠. 그것은 현실적인 장기 해결책이 되기에는 너무 많은 유지비용이 필요합니다. 필터 주머니는 18개월에서 36개월이라는 엄청나게 짧은 수명을 가져요. 그것을 그토록 자주 교체하는 것은 비용 면에서 효율적이지 않죠. 그리고 그것만이 그것의 유일한 약점이 아니에요. 먼지투성이의 가스를 필터 주머니로 보내 통과시키기 위해서는 커다란 환풍기가 사용됩니다. 이 환풍기를 작동시키는 것은 많은 에너지를 소모하고 전체적인 효율성을 떨어뜨려요.

VOCABULARY LIST

step[step] 조치, 수단 **tout**[taut] 선전하다, 권하다 **cancel out** 상쇄하다 **eliminate**[ilímənèit] 없애다 **end up ~ing** 결국 ~하다 **soot**[sut] 검댕
ash[æʃ] 재 **trap**[træp] 가두다 **damaging**[dǽmidʒiŋ] 해로운 **separate out ~** ~을 분리하다 **maintenance**[méintənəns] 유지비용
replace[ripléis] 교체하다 **direct**[dirékt] ~을 보내다 **dust-laden**[dʌ́stlèidn] 먼지투성이의 **operate**[ɑ́:pərèit] 작동시키다

ACADEMIC DISCUSSION TASK
문화적 전통: 있는 그대로 보존되어야 함 vs. 시대에 맞게 변화되어야 함

QUESTION

Fillmore 박사

Traditions are passed down from one generation to the next. They preserve our history and help us to connect with our heritage. However, as the years go by, our thoughts and beliefs change. This might make some older traditions feel outdated and improper in the modern world. So, let me ask you this: **Should cultural traditions [1]be preserved exactly as they are, or should they [2]be adapted to the changing times?**

전통은 한 세대에서 다음 세대로 전해집니다. 그것들은 우리의 역사를 보존하고 우리가 우리의 유산과 연결되도록 도와줍니다. 하지만, 해가 갈수록, 우리의 생각과 신념이 변합니다. 이는 몇몇 오래된 전통들이 현대 사회에서 시대에 뒤떨어지고 부적절하다고 느껴지게 만들 수 있습니다. 그럼, 여러분에게 이것을 묻겠습니다. 문화적 전통은 있는 그대로 보존되어야 합니까, 아니면 변하는 시대에 맞게 조정되어야 합니까?

Nathaniel

There is no point to having traditions if we don't keep them the way they are. The real question is finding the best ways to preserve them. Even now, so many unique traditions are being lost because fewer people from the younger generation pass them on. We need to do something about it in order not to let our cultural heritage fade away.

만약 우리가 전통을 있는 그대로 유지하지 않는다면 전통을 갖는 것은 아무 의미가 없습니다. 진짜 문제는 그것들을 보존할 최선의 방법을 찾는 것입니다. 지금도, 더 적은 수의 젊은 세대 사람들이 그것들을 넘겨주기 때문에 많은 고유한 전통들이 사라지고 있습니다. 우리는 우리의 문화유산이 사라지지 않게 하기 위해서 그것에 대해 무언가 조치를 취해야 합니다.

Wendy

I disagree with Nathaniel. Culture itself is always changing, so traditions should evolve with it. Some traditions can be a barrier to progress, particularly if they discriminate against certain groups of people based on race or gender. In these cases, adaptation of traditions may be necessary to ensure that they align with modern values of inclusivity and diversity.

저는 Nathaniel의 의견에 동의하지 않습니다. 문화 자체는 항상 변화하기 때문에, 전통도 그것과 함께 진화해야 합니다. 몇몇 전통은, 특히 그것들이 인종이나 성별에 따라 특정 집단을 차별하는 경우에 발전에 대한 장애물이 될 수 있습니다. 이러한 경우, 포용성과 다양성이라는 현대적 가치에 부합하게 하기 위해 전통의 개조가 필요할 수 있습니다.

■ 아웃라인

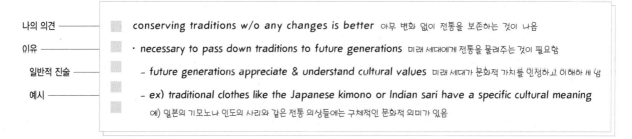

나의 의견 —— conserving traditions w/o any changes is better 아무 변화 없이 전통을 보존하는 것이 나음

이유 —— · necessary to pass down traditions to future generations 미래 세대에게 전통을 물려주는 것이 필요함

일반적 진술 —— – future generations appreciate & understand cultural values 미래 세대가 문화적 가치를 인정하고 이해하게 됨

예시 —— – ex) traditional clothes like the Japanese kimono or Indian sari have a specific cultural meaning
예) 일본의 기모노나 인도의 사리와 같은 전통 의상들에는 구체적인 문화적 의미가 있음

■ 모범 답안

> (도입) **I understand why** Wendy **thinks that** it's important to update some traditions. (나의 의견) **However, in my opinion**, [1]conserving traditions without any changes is better. (이유) **This is mainly because** it is necessary to pass down traditions to future generations. (일반적 진술) Passing on traditions ensures that future generations appreciate and understand cultural values. (예시) **For instance,** the traditional clothes worn during certain celebrations, such as the Japanese kimono or Indian sari, have a specific cultural meaning. ✿If we were to [2]modify or update that, the true significance of the culture's heritage would be lost. But by passing on the knowledge and importance of these traditional clothes to future generations, we can make sure that they continue to be worn. (맺음말) **Overall, I believe that** traditions should be kept in their original form to protect and celebrate all of the rich and diverse cultures around the world.

도입 저는 왜 Wendy가 몇몇 전통을 새롭게 하는 것이 중요하다고 생각하는지 이해합니다. 나의 의견 하지만, 제 생각에는 아무 변화 없이 전통을 보존하는 것이 낫습니다. 이유 이는 주로 미래 세대에게 전통을 물려주는 것이 필요하기 때문입니다. 일반적 진술 전통을 물려주는 것은 미래 세대가 문화적 가치를 인정하고 이해하도록 합니다. 예시 예를 들어, 일본의 기모노나 인도의 사리와 같이 특정 기념 행사 때 착용되는 전통 의상들에는 구체적인 문화적 의미가 있습니다. ✿만약 우리가 그것을 바꾸거나 새롭게 한다면, 그 문화유산의 진정한 의미가 사라질 것입니다. 하지만 이러한 전통 의상들에 대한 지식과 중요성을 미래 세대에 전달함으로써, 우리는 그것들이 계속 착용되도록 할 수 있습니다. 맺음말 전반적으로, 저는 전 세계의 모든 풍부하고 다양한 문화들을 보호하고 기념하기 위해서 전통이 원래의 형태로 유지되어야 한다고 생각합니다.

어휘 및 표현

[문제] pass down (후대에) 전해주다, 물려주다   preserve[prizə́:rv] 보존하다   heritage[héritidʒ] 유산   outdated[àutdéitid] 시대에 뒤떨어진   improper[imprápər] 부적절한   adapt[ədǽpt] 조정하다, 적응하다   evolve[iválv] 진화하다   barrier[bǽriər] 장애물, 장벽   progress[prágres] 발전, 진보   discriminate[diskríməneit] 차별하다   align with ~에 부합하다   [모범 답안] conserve[kənsə́:rv] 보존하다   appreciate[əprí:ʃièit] 인정하다   modify[mádəfài] 바꾸다, 수정하다   celebrate[séləbrèit] 기념하다

Paraphrase된 표현

[1]be preserved exactly as they are → [1]conserving traditions without any changes
[2]be adapted to the changing times → [2]modify or update

고득점 필수 표현	만약 ~한다면, …것이다
	if 주어 were to 동사원형, 주어 would 동사원형

만약 우리가 그것을 **바꾸거나 새롭게 한다면**, 그 문화유산의 진정한 의미가 **사라질 것입니다**.
✿If we **were to modify or update** that, the true significance of the culture's heritage **would be lost**.

· 만약 제가 사업을 **시작한다면**, 저는 자금을 확보**해야 할 것입니다**.
  If I **were to start** a business, I **would need** to secure funding.

· 만약 우리가 지역 보호소에서 **자원봉사를 한다면**, 우리는 도움이 필요한 동물들을 돌보는 것을 **도울 것입니다**.
  If we **were to volunteer** at a local shelter, we **would help** care for animals in need.

SELF-EVALUATION LIST TEST 08

앞서 학습한 내용을 바탕으로 자신의 답안에 대해 다음 사항을 확인 후, 실력 향상을 위해 개선해야 할 점을 적어보세요.

통합형

1	강의에서 제시된 세 가지 반론을 요약문에 모두 포함하였다.	☐ Yes	☐ No
2	강의에서 제시된 각 반론을 읽기 지문의 대응되는 근거와 관련지어 제시하였다.	☐ Yes	☐ No
3	읽기 지문에 등장한 문장을 그대로 다시 사용하지 않았다.	☐ Yes	☐ No
4	적절한 어휘 및 표현을 사용하였다.	☐ Yes	☐ No
5	동일한 어휘 또는 표현을 반복적으로 사용하지 않았다.	☐ Yes	☐ No
6	문법 및 철자의 오류를 보이지 않는다.	☐ Yes	☐ No

토론형

1	나의 의견을 분명히 제시하였다.	☐ Yes	☐ No
2	나의 의견을 뒷받침하는 이유와, 이유에 대한 설득력 있고 구체적인 예를 제시하였다.	☐ Yes	☐ No
3	토론 주제를 벗어난 내용을 포함하지 않았다.	☐ Yes	☐ No
4	문제에 등장한 교수와 학생들의 문장을 그대로 사용하지 않았다.	☐ Yes	☐ No
5	다양한 어휘/표현/문상 구조를 사용하였다.	☐ Yes	☐ No
6	문법 및 철자의 오류를 보이지 않는다.	☐ Yes	☐ No

라이팅 실력 향상을 위해 개선해야 할 점

HACKERS TOEFL ACTUAL TEST WRITING

TEST 09

INTEGRATED TASK
모범 답안 · 지문 · 해석

ACADEMIC DISCUSSION TASK
모범 답안 · 해석

SELF-EVALUATION LIST

■ 읽기 노트 및 듣기 노트

읽기 노트

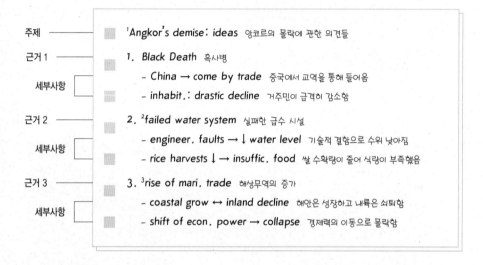

주제 —— [1]Angkor's demise: ideas 앙코르의 몰락에 관한 의견들

근거 1 —— 1. Black Death 흑사병

세부사항 — - China → come by trade 중국에서 교역을 통해 들어옴
- inhabit.: drastic decline 거주민이 급격히 감소함

근거 2 —— 2. [2]failed water system 실패한 급수 시설

세부사항 — - engineer. faults → ↓ water level 기술적 결함으로 수위 낮아짐
- rice harvests ↓ → insuffic. food 쌀 수확량이 줄어 식량이 부족했음

근거 3 —— 3. [3]rise of mari. trade 해상무역의 증가

세부사항 — - coastal grow ↔ inland decline 해안은 성장하고 내륙은 쇠퇴함
- shift of econ. power → collapse 경제력의 이동으로 몰락함

듣기 노트

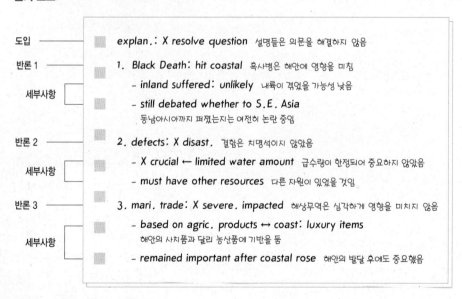

도입 —— explan.: X resolve question 설명들은 의문을 해결하지 않음

반론 1 —— 1. Black Death: hit coastal 흑사병은 해안에 영향을 미침

세부사항 — - inland suffered: unlikely 내륙이 겪었을 가능성 낮음
- still debated whether to S.E. Asia
  동남아시아까지 퍼졌는지는 여전히 논란 중임

반론 2 —— 2. defects: X disast. 결함은 치명적이지 않았음

세부사항 — - X crucial ← limited water amount 급수량이 한정되어 중요하지 않았음
- must have other resources 다른 자원이 있었을 것임

반론 3 —— 3. mari. trade: X severe. impacted 해상무역은 심각하게 영향을 미치지 않음

세부사항 — - based on agric. products ↔ coast: luxury items
  해안의 사치품과 달리 농산품에 기반을 둠
- remained important after coastal rose 해안의 발달 후에도 중요했음

서론
듣기 도입
읽기 주제

(듣기 도입) **The lecturer argues that** none of the proposed explanations resolve the question of why Angkor collapsed. (읽기 주제) **This contradicts the reading passage's claim that** the theories can account for the [1]fall of Angkor.

본론 1
듣기 반론 1
세부사항
읽기 근거 1

(듣기 반론 1) **First,** the lecturer asserts that the Black Death hit coastal cities the hardest. (세부사항) Since Angkor was located inland, it is unlikely that it suffered a major outbreak. In addition, it is still debated whether the Black Death ever spread to Southeast Asia. (읽기 근거 1) **This casts doubt on the reading passage's claim that** Angkor's decline was caused by the Black Death.

본론 2
듣기 반론 2
세부사항
읽기 근거 2

(듣기 반론 2) **Next,** the lecturer claims that defects in the water system would not have been disastrous. (세부사항) The irrigation system was not that crucial in the city because of the limited amount of water it provided. Therefore, the city must have had access to other water sources. (읽기 근거 2) **This counters the reading passage's claim that** a [2]faulty canal system led to Angkor's downfall.

본론 3
듣기 반론 3
세부사항
읽기 근거 3

(듣기 반론 3) **Finally,** the lecturer contends that maritime trade could not have severely impacted Angkor. (세부사항) Angkor's economy was based on the trade of agricultural products, but cities along the coast dealt with luxury items instead. As a result, Angkor remained an important trade center after the rise of coastal cities. (읽기 근거 3) **This refutes the reading passage's claim that** an [3]increase in maritime trade caused severe economic damage that led to the decline of Angkor.

듣기 도입 강의자는 제안된 설명들 중 어떤 것도 앙코르가 몰락한 이유에 대한 의문을 해결할 수 없다고 주장한다. 읽기 주제 이는 그 이론들이 앙코르의 몰락을 설명할 수 있다는 읽기 지문의 주장을 반박한다.

듣기 반론 1 첫째로, 강의자는 흑사병은 해안 도시들에 가장 심하게 영향을 미쳤다고 주장한다. 세부사항 앙코르는 내륙에 위치했기 때문에, 그곳이 대규모 전염병의 발생을 겪었을 가능성은 낮다. 게다가, 흑사병이 동남아시아까지 퍼졌었는지는 여전히 논란 중이다. 읽기 근거 1 이는 앙코르의 몰락이 흑사병으로 인해 일어났다는 읽기 지문의 주장에 의구심을 제기한다.

듣기 반론 2 다음으로, 강의자는 급수 시설의 결함은 치명적이지 않았을 것이라고 주장한다. 세부사항 관개 시설은 그것이 제공하는 한정된 급수량 때문에 그 도시에서 그다지 중요하지 않았다. 그러므로, 그 도시는 다른 수자원에 접근할 수 있었음에 틀림없다. 읽기 근거 2 이는 결함이 있는 운하 시설이 앙코르의 몰락을 가져왔다는 읽기 지문의 주장에 반대한다.

듣기 반론 3 마지막으로, 강의자는 해상무역이 앙코르에 심각한 영향을 미치지 못했을 것이라고 주장한다. 세부사항 앙코르의 경제는 농산품의 교역에 기반을 두고 있었지만, 해안을 따라 있는 도시들은 그 대신에 사치품들을 다뤘다. 그 결과, 앙코르는 해안 도시들의 발달 후에도 중요한 무역 중심지로 남아있었다. 읽기 근거 3 이는 해상무역의 증가가 앙코르의 쇠퇴를 초래한 심각한 경제적 손실을 야기했다는 읽기 지문의 주장을 반박한다.

어휘 및 표현
downfall[dáunfɔ̀:l] 몰락

Paraphrase된 표현
[1]Angkor's demise → [1]fall of Angkor
[2]failed water system → [2]faulty canal system
[3]rise of → [3]increase in

■ 읽기 지문 및 강의 스크립트

읽기 지문

주제 앙코르의 몰락에 관한 의견들	The ancient Khmer Empire was a powerful civilization in Southeast Asia. It revolved around Angkor, a sprawling urban area with 750,000 residents, until the 15th century when the city was inexplicably deserted. The suddenness and mysteriousness of Angkor's demise has given rise to a few ideas about what happened to the area and its citizens.	고대 크메르 제국은 동남아시아에서 강력한 문명이었다. 도시가 불가사의하게 버려진 15세기까지, 그곳은 75만 명의 거주민들과 함께 불규칙하게 퍼져 나간 도시 지역인 앙코르를 중심으로 돌아가고 있었다. 앙코르 몰락의 갑작스러움과 기이함은 그 지역과 주민들에게 무슨 일이 일어났는지에 대한 몇 가지 의견들을 낳았다.
근거 1 흑사병 세부사항 중국에서 교역을 통해 들어옴 → 거주민이 급격히 감소함	A compelling argument has attributed Angkor's ruin to plague. The Black Death, an extremely deadly disease that caused up to 200 million deaths, was active at this time in China. Since Angkor traded commodities such as spices with China, the disease could have easily come to the empire by way of trade routes. The Black Death is known to spread quickly and to decimate populations, which would explain why the city's inhabitants suffered such a drastic decline. The reduced population would have spelled the end of Angkor as a major urban center.	한 가지 설득력 있는 주장은 앙코르의 몰락을 전염병의 결과로 본다. 2억 명 이상의 죽음을 가져온 극도로 치명적인 질병인 흑사병은 당시 중국에서 유행했다. 앙코르는 향신료와 같은 상품들을 중국과 거래했기 때문에, 질병이 교역로를 통해 그 제국으로 쉽게 들어올 수 있었다. 흑사병은 빠르게 퍼져 인구를 몰살시키는 것으로 알려져 있는데, 이는 왜 그 도시의 거주민들이 급격한 감소를 겪었는지를 설명해준다. 감소한 인구가 앙코르의 주요 도심으로서의 종말을 가져왔을 것이다.
근거 2 실패한 급수 시설 세부사항 기술적 결함으로 수위 낮아짐 → 쌀 수확량이 줄어 식량이 부족했음	Others see Angkor's fall as resulting from its failed water system. The city relied on a network of canals and reservoirs to provide a steady source of water. However, modern archaeological surveys have identified a number of engineering faults in the system. These flaws would have reduced water levels in the reservoirs and jeopardized the supply of water needed for crops. As a result, rice harvests were likely diminished, leaving the population insufficient food to live on.	다른 사람들은 앙코르의 몰락이 실패한 급수 시설에서 기인한 것으로 본다. 그 도시는 안정적인 수원을 공급하기 위해 운하와 저수지망에 의존했다. 그러나, 현대의 고고학적 조사들은 그 시설에서 수많은 기술적 결함들을 발견했다. 이 결함들은 저수지의 수위를 낮추고 작물에 필요한 물의 공급을 위태롭게 했을 것이다. 그 결과, 쌀 수확량은 아마 줄어들었을 것이고, 주민들에게 먹고 살기에 부족한 식량을 남겼을 것이다.
근거 3 해상무역의 증가 세부사항 해안은 성장하고 내륙은 쇠퇴함 → 경제력의 이동으로 몰락함	A third view points to the rise of maritime trade as being fatal to Angkor's economy. At the time of Angkor's fall, Chinese maritime trade was increasing significantly. As sea trade flourished in Asia, coastal cities started to grow while inland areas, such as Angkor, began to decline. Since Angkor was heavily reliant on trade, this shift of economic power must have weakened the city to the point of collapse.	세 번째 견해는 해상무역의 증가가 앙코르 경제에 치명적이었음을 시사한다. 앙코르의 몰락 당시, 중국의 해상무역은 상당히 증가하고 있었다. 아시아에서 해상무역이 번창함에 따라, 앙코르와 같은 내륙 도시들은 쇠퇴하기 시작한 반면 해안 도시들이 성장하기 시작했다. 앙코르는 무역에 크게 의존했기 때문에, 이러한 경제력의 이동이 그 도시를 몰락할 정도로 약화시켰음에 틀림없다.

VOCABULARY LIST

sprawling [sprɔ́:liŋ] 불규칙하게 퍼져 나가는   inexplicably [inéksplikəbli] 불가사의하게, 설명할 수 없게   demise [dimáiz] 몰락
give rise to ~ ~을 낳다, 일으키다   compelling [kəmpéliŋ] 설득력 있는   attribute A to B A를 B의 결과로 보다   plague [pleig] 전염병
commodity [kəmá:dəti] 상품   decimate [désəmèit] 몰살시키다   spell [spel] (결과를) 가져오다   reservoir [rézərvwà:r] 저수지
jeopardize [dʒépərdàiz] 위태롭게 하다   maritime trade 해상무역   reliant on ~ ~에 의존하는

도입 설명들은 의문을 해결 하지 않음	Angkor was such an advanced city, so its sudden collapse was particularly, um, baffling. Unfortunately, none of the current explanations really resolve the question of why Angkor declined so quickly.	앙코르는 대단히 발전된 도시였기 때문에, 그곳의 급작스러운 몰락은 특히, 음, 당황스러웠어요. 안타깝게도, 현재의 설명들 중 어느 것도 왜 앙코르가 그토록 빠르게 쇠퇴했는지에 대한 의문을 확실히 해결해주지 않습니다.
반론 1 흑사병은 해안에 영향을 미침 세부사항 내륙이 겪었을 가능성 낮음 / 동남아시아까지 퍼졌는지는 여전히 논란 중임	Let me open the discussion by debunking the theory about plague. You know, the Black Death was spread mainly by ships, and as a result, the hardest-hit areas were coastal cities. What that means is it's pretty unlikely that Angkor, which is located far inland, would have suffered a major outbreak that wiped out the population. And, actually, it's still debated whether the Black Death ever even made it to Southeast Asia. This hypothesis is based purely on speculation about the disease traveling along the spice trade routes.	먼저 전염병에 관한 이론이 틀렸음을 밝히면서 논의를 시작할게요. 있잖아요, 흑사병은 주로 배를 통해서 퍼져나갔고, 그래서 결과적으로, 가장 심하게 영향을 받았던 지역은 해안 지역이었습니다. 그것이 의미하는 바는 깊숙한 내륙에 위치한 앙코르가 인구 전체를 없애버린 대규모 전염병의 발생을 겪었을 가능성은 상당히 낮다는 거예요. 그리고, 사실, 흑사병이 동남아시아까지 퍼진 적이 있었는지조차도 여전히 논란 중입니다. 이 가설은 단지 그 질병이 향료 무역로를 통해 들어왔을 것이라는 추측에 기반하고 있어요.
반론 2 급수 시설의 결함은 치명적이지 않았음 세부사항 수로는 급수량이 한정되어 중요하지 않았음 → 다른 자원이 있었을 것임	Next, many people point to defects in the water system, but this wouldn't have been so disastrous. That's because the waterways weren't that crucial as a way of bringing water to the city. See, even when it was working at full capacity, the irrigation system provided a limited amount of water . . . basically, only half the population could have survived on it. Clearly, there must have been other water resources. That is, even though the water system may truly have been faulty, there had to have been some way to make up any water shortage.	다음으로, 많은 사람들이 급수 시설의 결함을 가리키지만, 이는 그리 치명적이지 않았습니다. 그 이유는 도시에 물을 끌어오는 수단으로서 수로는 그다지 중요하지 않기 때문이에요. 보세요, 심지어 그것이 전면 가동 중일 때에도, 그 관개 시설은 한정된 급수량을 제공했어요... 기본적으로, 인구의 절반만이 그에 의존하여 삶을 살아갈 수 있었죠. 분명히, 다른 수자원이 있었음에 틀림없어요. 즉, 관개 시설에 실제로 결함이 있었다 할지라도, 모든 물 부족을 보충할 어떤 방법이 있었을 겁니다.
반론 3 해상무역은 심각하게 영향을 미치지 않음 세부사항 해안 도시들의 사치품 거래와 달리 앙코르는 농산품에 기반을 둠 → 해안의 발달 후에도 중요했음	And last, the rise of maritime trade couldn't have severely impacted Angkor. The city's economy was based on the trade of agricultural products. Um, the merchants in the cities along the coast didn't deal with this type of good, and instead focused on luxury items such as pottery and mirrors. The end result was that Angkor remained an important center of trade long after the coastal cities rose to prominence. So we can't say that the increase in maritime trade weakened Angkor's economic power significantly.	그리고 마지막으로, 해상무역의 증가는 앙코르에 심각하게 영향을 미치지 못했을 거예요. 그 도시의 경제는 농산품 교역에 기반을 두고 있었습니다. 음, 해안을 따라 있는 도시의 상인들은 이러한 종류의 물건을 다루지 않았고, 대신에 도자기와 거울 같은 사치품들에 주력했어요. 그 결과 앙코르는 해안 도시들이 두각을 나타낸 오랜 후에도 중요한 무역 중심지로 남아있었습니다. 그러니까 우리는 해상무역의 증가가 앙코르의 경제력을 크게 약화시켰다고 말할 수 없어요.

VOCABULARY LIST

baffling [bǽfliŋ] 당황스러운   resolve [rizάːlv] 해결하다   debunk [diːbʌ́ŋk] 틀렸음을 밝히다. 폭로하다   coastal [kóustəl] 해안의   inland [ínlænd] 내륙에
outbreak [áutbreik] (전염병의) 발생   wipe out ~ ~을 없애버리다. 몰살하다   waterway [wɔ́ːtərwèi] 수로   irrigation [ìrəgéiʃən] 관개
faulty [fɔ́ːlti] 결함이 있는   make up ~ ~을 보충하다   shortage [ʃɔ́ːrtidʒ] 부족   pottery [pάːtəri] 도자기   rise to prominence 두각을 나타내다
significantly [signífikəntli] 크게, 현저히

ACADEMIC DISCUSSION TASK
소셜 미디어가 정신 건강에 미치는 영향: 긍정적 vs. 부정적

QUESTION

Elliot 교수

Social media has become an integral part of our daily lives, enabling us to easily access information and connect with friends and family members. Considering social media is inseparable from our lives, we should take into account its impact on mental health. **In your opinion, does social media have a positive or negative effect on our mental health?** Why?

소셜 미디어는 우리가 정보에 쉽게 접근하고 친구들 그리고 가족 구성원들과 연락할 수 있게 해주면서 우리의 일상생활에 필수적인 부분이 되었습니다. 소셜 미디어가 우리 삶과 분리될 수 없다는 점을 고려할 때, 우리는 그것이 정신 건강에 미치는 영향을 고려해야 합니다. 여러분 생각에, 소셜 미디어는 우리의 정신 건강에 긍정적인 영향을 미칩니까, 아니면 부정적인 영향을 미칩니까? 그 이유는 무엇인가요?

Scott A.

Social media platforms can be a space for individuals to express themselves creatively and engage in different forms of self-expression. Some people may write about their personal experiences or share their artwork. This can be helpful because receiving positive feedback from others can boost self-esteem.

소셜 미디어 플랫폼은 개인이 창의적으로 자신을 표현하고 다양한 형태의 자기 표현에 참여할 수 있는 공간일 수 있습니다. 어떤 사람들은 그들의 개인적인 경험에 대해 쓰거나 그들의 예술 작품을 공유할지도 모릅니다. 다른 사람들로부터 긍정적인 피드백을 받는 것이 자존감을 높일 수 있기 때문에 이는 유용할 수 있습니다.

Maya S.

I think social media has a mostly negative impact on mental health, particularly that of young people. Studies have found that when teens spend over three hours a day on social media, their mental health and well-being suffer. High levels of social media use have also been linked to depression and anxiety in teens.

저는 소셜 미디어가 특히 어린 사람들의 정신 건강에 주로 부정적인 영향을 미친다고 생각합니다. 연구들은 십 대들이 소셜 미디어에 하루에 세 시간 이상을 쓸 때, 그들의 정신 건강과 행복이 악영향을 받는다는 것을 발견했습니다. 높은 수준의 소셜 미디어 사용은 또한 십 대들의 우울증 및 불안과 관련이 있습니다.

■ 아웃라인

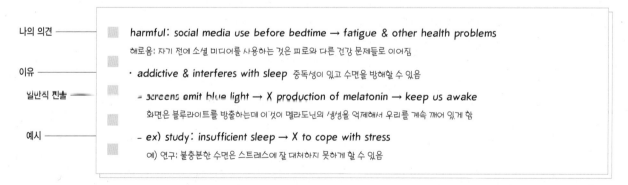

나의 의견

harmful: social media use before bedtime → fatigue & other health problems
해로움: 자기 전에 소셜 미디어를 사용하는 것은 피로와 다른 건강 문제들로 이어짐

이유

· addictive & interferes with sleep 중독성이 있고 수면을 방해할 수 있음

일반적 진술

- screens emit blue light → X production of melatonin → keep us awake
  화면은 블루라이트를 방출하는데 이것이 멜라토닌의 생성을 억제해서 우리를 계속 깨어 있게 함

예시

- ex) study: insufficient sleep → X to cope with stress
  예) 연구: 불충분한 수면은 스트레스에 잘 대처하지 못하게 할 수 있음

모범 답안

(도입)**I understand why** Scott **thinks that** social media has a positive effect on mental health by allowing people to express their creativity. (나의 의견) **However, in my opinion,** social media use, [1]especially before bedtime, is [2]harmful because it leads to fatigue and other health problems. (이유)**The primary reason is that** it can be addictive and interfere with sleep, which is one of the most important aspects of good mental health. (일반적 진술) It is widely known that the screens of electronic devices emit blue light. ✿Given that blue light suppresses the production of the sleep hormone, melatonin, looking at a screen before bed can keep us awake. (예시)Studies have shown that [3]insufficient sleep can cause a decreased ability to cope with stress. For students, [3]a lack of sleep can prevent them from performing well at school. (맺음말)**Therefore, I believe that** excessive social media use, [1]particularly at night, [2]negatively affects mental health.

도입 저는 왜 Scott이 소셜 미디어가 사람들이 그들의 창의성을 표현하도록 함으로써 정신 건강에 긍정적인 영향을 준다고 생각하는지 이해합니다. 나의 의견 하지만, 제 생각에는 특히 자기 전에 소셜 미디어를 사용하는 것은 피로와 다른 건강 문제들로 이어지기 때문에 해롭습니다. 이유 주된 이유는 그것이 중독성이 있을 수 있고 양호한 정신 건강의 가장 중요한 측면 중 하나인 수면을 방해할 수 있다는 것입니다. 일반적 진술 전자 기기의 화면이 블루라이트를 방출한다는 것은 널리 알려져 있습니다. ✿블루라이트가 수면 호르몬인 멜라토닌의 생성을 억제한다는 점을 고려하면, 잠자기 전에 화면을 보는 것은 우리를 계속 깨어 있게 할 수 있습니다. 예시 연구들은 불충분한 수면이 스트레스에 대처하는 능력의 감소를 야기할 수 있다는 것을 보여주었습니다. 학생들에게는, 수면 부족은 그들이 학교에서 좋은 성적을 내지 못하게 할 수 있습니다. 맺음말 그러므로, 특히 밤에 과도한 소셜 미디어의 사용은 정신 건강에 부정적으로 영향을 준다고 생각합니다.

어휘 및 표현

[문제] integral[íntigrəl] 필수적인 inseparable[insépərəbl] 분리될 수 없는, 떼어낼 수 없는 self-esteem[selfistíːm] 자존감
suffer[sʌ́fər] 악영향을 받다, 고통받다 anxiety[æŋzáiəti] 불안, 걱정 [모범 답안] fatigue[fətíːg] 피로 addictive[ədíktiv] 중독성이 있는
suppress[səprés] 억제하다 insufficient[ìnsəfíʃənt] 불충분한 excessive[iksésiv] 과도한

Paraphrase된 표현

[1]especially before bedtime → [1]particularly at night
[2]harmful → [2]negatively affects
[3]insufficient sleep → [3]a lack of sleep

고득점 필수 표현   ~을 고려하면
Given that ~

블루라이트가 수면 호르몬인 멜라토닌의 생성을 억제한다는 점을 **고려하면**, 잠자기 전에 화면을 보는 것은 우리를 계속 깨어 있게 할 수 있습니다.
✿ **Given that** blue light suppresses the production of the sleep hormone, melatonin, looking at a screen before bed can keep us awake.

• 생산성을 위해 시간 관리가 중요한 것을 **고려하면**, 효과적인 계획 수립이 필수적입니다.
  Given that time management is crucial for productivity, effective planning is essential.

• 원자력이 위험할 수 있다는 것을 **고려하면**, 그것을 대체하기 위해 다른 에너지 자원이 개발되어야 합니다.
  Given that nuclear power can be dangerous, other energy sources should be developed to replace it.

SELF-EVALUATION LIST TEST 09

앞서 학습한 내용을 바탕으로 자신의 답안에 대해 다음 사항을 확인 후, 실력 향상을 위해 개선해야 할 점을 적어보세요.

통합형

1 강의에서 제시된 세 가지 반론을 요약문에 모두 포함하였다.　　　□ Yes　　□ No

2 강의에서 제시된 각 반론을 읽기 지문의 대응되는 근거와 관련지어 제시하였다.　　□ Yes　　□ No

3 읽기 지문에 등장한 문장을 그대로 다시 사용하지 않았다.　　　□ Yes　　□ No

4 적절한 어휘 및 표현을 사용하였다.　　　□ Yes　　□ No

5 동일한 어휘 또는 표현을 반복적으로 사용하지 않았다.　　　□ Yes　　□ No

6 문법 및 철자의 오류를 보이지 않는다.　　　□ Yes　　□ No

토론형

1 나의 의견을 분명히 제시하였다.　　　□ Yes　　□ No

2 나의 의견을 뒷받침하는 이유와, 이유에 대한 설득력 있고 구체적인 예를 제시하였다.　　□ Yes　　□ No

3 토론 주제를 벗어난 내용을 포함하지 않았다.　　　□ Yes　　□ No

4 문제에 등장한 교수와 학생들의 문장을 그대로 사용하지 않았다.　　　□ Yes　　□ No

5 다양한 어휘/표현/문장 구조를 사용하였다.　　　□ Yes　　□ No

6 문법 및 철자의 오류를 보이지 않는다.　　　□ Yes　　□ No

라이팅 실력 향상을 위해 개선해야 할 점

HACKERS TOEFL ACTUAL TEST WRITING

TEST 10

INTEGRATED TASK
모범 답안 · 지문 · 해석

ACADEMIC DISCUSSION TASK
모범 답안 · 해석

SELF-EVALUATION LIST

INTEGRATED TASK
타마리스크 딱정벌레

📖 읽기 노트 및 듣기 노트

읽기 노트

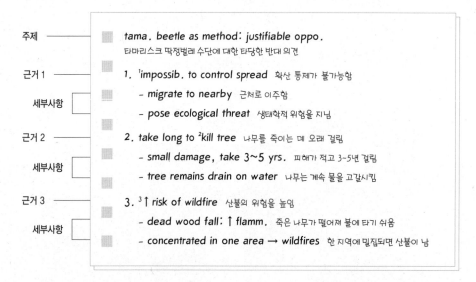

주제 ——— tama. beetle as method: justifiable oppo.
타마리스크 딱정벌레 수단에 대한 타당한 반대 의견

근거 1 ——— 1. [1]impossib. to control spread 확산 통제가 불가능함

세부사항 — - migrate to nearby 근처로 이주함
- pose ecological threat 생태학적 위험을 지님

근거 2 ——— 2. take long to [2]kill tree 나무를 죽이는 데 오래 걸림

세부사항 — - small damage, take 3~5 yrs. 피해가 적고 3~5년 걸림
- tree remains drain on water 나무는 계속 물을 고갈시킴

근거 3 ——— 3. [3]↑ risk of wildfire 산불의 위험을 높임

세부사항 — - dead wood fall: ↑ flamm. 죽은 나무가 떨어져 불에 타기 쉬움
- concentrated in one area → wildfires 한 지역에 밀집되면 산불이 남

듣기 노트

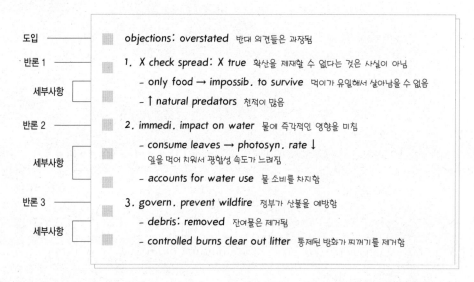

도입 ——— objections: overstated 반대 의견들은 과장됨

반론 1 ——— 1. X check spread: X true 확산을 제재할 수 없다는 것은 사실이 아님

세부사항 — - only food → impossib. to survive 먹이가 유일해서 살아남을 수 없음
- ↑ natural predators 천적이 많음

반론 2 ——— 2. immedi. impact on water 물에 즉각적인 영향을 미침

세부사항 — - consume leaves → photosyn. rate ↓
잎을 먹어 치워서 광합성 속도가 느려짐
- accounts for water use 물 소비를 차지함

반론 3 ——— 3. govern. prevent wildfire 정부가 산불을 예방함

세부사항 — - debris: removed 잔여물은 제거됨
- controlled burns clear out litter 통제된 방화가 찌꺼기를 제거함

■ 모범 요약문

서론
듣기 도입
읽기 주제

(듣기 도입) **The lecturer argues that** the objections to using tamarisk beetles to destroy tamarisk trees are overstated. (읽기 주제) **This contradicts the reading passage's claim that** there is valid opposition to the use of the tamarisk beetle as a method of biological control.

본론 1
듣기 반론 1
세부사항
읽기 근거 1

(듣기 반론 1) **First,** the lecturer contends that the spread of the tamarisk beetle can be checked. (세부사항) The tamarisk tree is these insects' only source of food, so it is impossible for them to survive in places where the tree does not live. Moreover, many natural predators eat the beetles. (읽기 근거 1) **This casts doubt on the reading passage's claim that** it's [1]infeasible to limit the spread of the tamarisk beetle.

본론 2
듣기 반론 2
세부사항
읽기 근거 2

(듣기 반론 2) **Next,** the lecturer maintains that the tamarisk beetles have an immediate impact on the water used by a tamarisk tree. (세부사항) The beetles consume all the leaves of the tree, which reduces the rate of photosynthesis. Much of a plant's water use is accounted for by the process of photosynthesis. (읽기 근거 2) **This counters the reading passage's claim that** tamarisk beetles are not effective because it takes so long for the beetles to [2]cause the death of a tree.

본론 3
듣기 반론 3
세부사항
읽기 근거 3

(듣기 반론 3) **Finally,** the lecturer asserts that regional government agencies have wildfire prevention methods. (세부사항) For example, flammable debris is removed each year. In addition, controlled burns can be used to intentionally clear out litter. (읽기 근거 3) **This refutes the reading passage's claim that** [3]wildfires are more likely in areas infested by tamarisk beetles.

듣기 도입 강의자는 타마리스크 나무를 제거하기 위해 타마리스크 딱정벌레를 사용하는 것에 대한 반대 의견은 과장되었다고 주장한다. 읽기 주제 이는 타마리스크 딱정벌레를 생물학적 통제 수단으로 사용하는 것에 대한 타당한 반대 의견이 있다는 읽기 지문의 주장을 반박한다.

듣기 반론 1 첫째로, 강의자는 타마리스크 딱정벌레의 확산이 제재될 수 있다고 주장한다. 세부사항 타마리스크 나무는 이 곤충들의 유일한 먹이원이어서, 그들이 그 나무가 살지 않는 지역에서 살아남는 것은 불가능하다. 게다가, 많은 천적들이 딱정벌레를 먹어 치운다. 읽기 근거 1 이는 타마리스크 딱정벌레의 확산을 통제하는 것이 실행 불가능하다는 읽기 지문의 주장에 의구심을 제기한다.

듣기 반론 2 다음으로, 강의자는 타마리스크 딱정벌레가 타마리스크 나무에 의해 소모되는 물에 즉각적인 영향을 미친다고 주장한다. 세부사항 딱정벌레는 나뭇잎을 모두 먹어 치우는데, 이는 광합성의 속도를 낮춘다. 식물의 물 소비의 대부분은 광합성 과정이 차지한다. 읽기 근거 2 이는 딱정벌레가 나무의 죽음을 야기하는 데 너무 오래 걸리기 때문에 타마리스크 딱정벌레는 효과적이지 않다는 읽기 지문의 주장에 반대한다.

듣기 반론 3 마지막으로, 강의자는 지역 정부 기관들이 산불 방지 수단을 가지고 있다고 주장한다. 세부사항 예를 들어, 불에 타기 쉬운 잔여물은 매년 제거된다. 게다가, 통제된 방화가 의도적으로 찌꺼기를 제거하기 위해 사용될 수 있다. 읽기 근거 3 이는 타마리스크 딱정벌레가 들끓는 지역에서 산불의 가능성이 더 높다는 읽기 지문의 주장을 반박한다.

어휘 및 표현
valid[vǽlid] 타당한, 유효한   infeasible[infíːzəbl] 실행 불가능한

Paraphrase된 표현
[1]impossib. to control spread → [1]infeasible to limit the spread
[2]kill tree → [2]cause the death of a tree
[3]↑ risk of wildfire → [3]wildfires are more likely

읽기 지문

주제 타마리스크 딱정벌레를 타마리스크 나무 소거 수단으로 사용하는 것에 대한 타당한 반대 의견	The tamarisk tree is an invasive species that has caused significant problems in the American Southwest because it consumes large quantities of water, a scarce commodity in this arid region. The tamarisk beetle, a type of insect that feeds on this tree, is being used as a natural method of eradication, but there is justifiable opposition to this strategy.	타마리스크 나무는 미국 남서 지방에서 심각한 문제를 일으키는 침입종인데, 그것이 이 건조한 지방의 희소 자원인 물의 많은 양을 소모하기 때문이다. 이 나무를 먹고 사는 곤충의 한 종류인 타마리스크 딱정벌레는 자연 소거 수단으로 사용되고 있지만, 이 전략에 대한 타당한 반대 의견이 있다.
근거 1 확산 통제가 불가능함 **세부사항** 근처로 이주함 → 생태학적 위험을 지님	First, the fact that it is impossible to control the spread of the tamarisk beetle is a cause for concern among environmentalists. Although this beetle was initially released only in Colorado, Utah, and Nevada, it has since migrated to the nearby states of Arizona and New Mexico. Given that this insect is an invasive species, its unchecked spread across the Southwest and the rest of the US poses a significant ecological threat.	첫째로, 타마리스크 딱정벌레의 확산을 통제하는 것이 불가능하다는 사실은 환경론자들 사이에서 우려의 원인이다. 이 딱정벌레는 처음에 콜로라도, 유타, 네바다에서만 방출되었지만, 그 후로 근처의 애리조나와 뉴멕시코주까지 이주해오고 있다. 이 곤충이 침입종인 것을 고려하면, 남서 지방과 나머지 미국 땅으로의 그것의 제재되지 않은 확산은 심각한 생태학적 위험을 지닌다.
근거 2 나무를 죽이는 데 오래 걸림 **세부사항** 나무에 입히는 피해가 적고 3~5년 걸림 → 나무는 계속 물을 고갈시킴	A second problem is that these insects take a long time to kill a tamarisk tree, and during this period the tree will continue to make use of any available water. Tamarisk beetles inflict only a small amount of damage each spring and summer, and this process takes three to five years to cause the tree's death. Until the tree is completely destroyed, it remains a drain on water resources.	두 번째 문제는 이 곤충들이 타마리스크 나무 한 그루를 죽이는 데 오랜 시간이 걸리고, 이 기간 동안에 나무는 계속해서 이용 가능한 모든 물을 소모해버린다는 것이다. 타마리스크 딱정벌레는 봄과 여름마다 적은 피해만을 입히고, 이 과정이 나무를 죽음에 이르게 하기까지 3년에서 5년이 걸린다. 나무가 완전히 죽을 때까지는, 그것이 계속 물을 고갈시키는 것이다.
근거 3 산불의 위험을 높임 **세부사항** 죽은 나무가 떨어져 불에 타기 쉬움 → 한 지역에 밀집되면 산불이 남	The tamarisk beetle also increases the risk of wildfires. When these insects kill off a tamarisk tree, the dead wood falls to the ground where it is dried by the sun. This debris is much more flammable than the wood of living trees. Having a large quantity of such material concentrated in one area poses a significant fire hazard, making wildfires a common occurrence.	타마리스크 딱정벌레는 또한 산불의 위험을 높인다. 이 곤충들이 타마리스크 나무를 죽이게 되면, 죽은 나무가 땅에 떨어지고 그곳에서 햇빛에 의해 마르게 된다. 이 잔해는 살아있는 나무보다 훨씬 더 불에 타기 쉽다. 그러한 물질이 다량으로 한 지역에 밀집되게 하는 것은 심각한 화재의 위험을 지니고, 이는 산불이 흔히 발생하게 만든다.

VOCABULARY LIST

invasive species 침입종   scarce commodity 희소 자원   eradication[irǽdikéiʃən] 소거, 근절   justifiable[dʒʌ́stəfàiəbl] 타당한, 정당한
migrate[máigreit] 이주하다   unchecked[ʌ̀ntʃékt] 제재되지 않은   pose[pouz] (위험을) 지니다. (문제를) 제기하다   ecological[èkəláːdʒikəl] 생태학적인
make use of ~ ~을 소모하다   inflict[inflíkt] (피해를) 입히다   a drain on ~ ~을 고갈시키는 것   debris[dəbríː] 잔해, 쓰레기
flammable[flǽməbl] 불에 타기 쉬운   hazard[hǽzərd] 위험

도입 반대 의견들은 과장됨	Those of you who did the assigned reading know that there is a great deal of debate about whether the use of, uh, tamarisk beetles to destroy the tamarisk tree is the best way to go. Well, there are always risks when humans interfere with nature, but many of the objections to this method of biological control are overstated.	여러분들 중 읽기 과제를 한 사람들은 타마리스크 나무를 제거하기 위해서, 어, 타마리스크 딱정벌레를 이용하는 것이 최선의 방법인지에 대해 많은 논란이 있다는 것을 알 거예요. 글쎄요, 인간이 자연에 개입할 때는 항상 위험이 따르지만, 이 생물학적 통제 수단에 대한 많은 반대 의견들은 과장되었습니다.
반론 1 확산을 제재할 수 없다는 것은 사실이 아님 세부사항 먹이가 유일해서 살아남을 수 없음 / 천적이 많음	Let's look at the claim that nothing can check the spread of the tamarisk beetle. To be blunt, it's just not true. While the beetles do spread very quickly, they have only one food source . . . the tamarisk tree. So it's impossible for them to survive in areas where this plant species doesn't grow. You should also keep in mind that these insects have many natural predators. Wasp, birds . . . lots of animals eat the tamarisk beetle, and this keeps its population size under control.	그 무엇도 타마리스크 딱정벌레의 확산을 제재할 수 없다는 주장을 봅시다. 직설적으로 말하자면, 그것은 전혀 사실이 아니에요. 딱정벌레들이 매우 빠르게 확산되기는 하지만, 그들은 오직 하나의 먹이원만을 갖고 있어요... 타마리스크 나무 말이죠. 따라서 이 식물종이 자라지 않는 지역에서 그들이 살아남는 것은 불가능해요. 여러분은 또한 이 곤충에게 수많은 천적이 있다는 것을 명심해야 합니다. 말벌이나 새... 많은 동물들이 타마리스크 딱정벌레를 먹어 치우고, 이는 그것의 개체 규모를 통제된 상태로 유지합니다.
반론 2 나무의 물 소모에 즉각적인 영향을 미침 세부사항 잎을 먹어 치워서 광합성 속도가 느려짐 / 광합성이 물 소비를 차지함	The second point I want to make is that, despite claims to the contrary, tamarisk beetles do have an immediate impact on the amount of water used by a tamarisk tree. Since these beetles consume all of a tree's leaves, a tree infested with the insects performs photosynthesis at a, uh, greatly reduced rate. You know, photosynthesis is the process by which the leaves of a plant absorb sunlight and convert it into energy . . . it requires a lot of water, so it accounts for the bulk of a plant's water use.	제가 말하고 싶은 두 번째 요점은, 반대 주장에도 불구하고 타마리스크 딱정벌레는 타마리스크 나무에 의해 소모되는 물의 양에 즉각적인 영향을 미친다는 거예요. 이 딱정벌레들은 나뭇잎을 모두 먹어 치우기 때문에, 이 곤충들이 들끓는 나무는 광합성을, 어, 훨씬 감소된 속도로 합니다. 그러니까, 광합성은 식물의 잎이 햇빛을 흡수해서 그것을 에너지로 변환하는 과정인데... 그것은 많은 물을 필요로 하기 때문에, 식물의 물 소비의 대부분을 차지해요.
반론 3 정부가 산불을 예방함 세부사항 잔여물은 제거됨 / 통제된 방화가 찌꺼기를 제거함	I should also mention that the threat of wildfire in tamarisk beetle habitats isn't all that severe. Government agencies in this hot, dry region have a lot of experience managing wilderness areas to prevent wildfires. Uh, flammable debris is removed each year . . . and if there is too much leaves to haul away, controlled burns are another option. These are fires that are intentionally set to clear out the, um, litter and then extinguished before they spread to other areas.	타마리스크 딱정벌레 서식지에서 산불의 위험은 그리 심각하지 않다는 것도 언급해야겠네요. 이 덥고 건조한 지역의 정부 기관들은 산불을 예방하고자 황무지들을 관리하는 데 많은 경험이 있습니다. 어, 불에 타기 쉬운 잔여물은 매년 제거되고... 만약 운반하기에 잎이 너무 많다면, 통제된 방화도 또 하나의 선택사항이에요. 이 불은, 음, 찌꺼기를 제거하기 위해 의도적으로 놓이고 그것이 다른 지역으로 번지기 전에 꺼지게 됩니다.

VOCABULARY LIST

interfere[ìntərfíər] 개입하다 objection[əbdʒékʃən] 반대 의견 overstate[òuvərstéit] 과장하다 check[tʃek] 제재하다, 확인하다
to be blunt 직설적으로 말하자면 infest[infést] 들끓다 photosynthesis[fòutousínθəsis] 광합성 convert[kənvə́:rt] 변환하다
account for ~ ~을 차지하다 bulk[bʌlk] 대부분 wilderness[wíldərnis] 황무지, 황야 haul away 운반하다 intentionally[inténʃənəli] 의도적으로
litter[lítər] 찌꺼기 extinguish[ikstíŋgwiʃ] 끄다, 없애다

ACADEMIC DISCUSSION TASK
직장에서 혁신을 촉진하는 가장 좋은 방법

QUESTION

Carleton 박사

You may have heard the expression "innovate or die." It reflects the widely held belief in the business world that innovation is the key to success. Companies that constantly develop new products tend to outperform those that never change their offerings. Given this, it is important for corporate executives to encourage employees to think outside the box. **What do you think is the best way to** [1]**foster innovation in the workplace?** Why?

여러분은 '혁신하지 않으면 죽는다'라는 표현을 들어 봤을 것입니다. 이는 혁신이 성공의 비결이라는 비즈니스 세계에 널리 퍼진 신념을 반영합니다. 끊임없이 신제품을 개발하는 기업은 제품을 결코 바꾸지 않는 기업을 능가하는 경향이 있습니다. 이를 고려할 때, 기업 경영진은 직원들이 틀에서 벗어난 생각을 하도록 장려하는 것이 중요합니다. 여러분은 직장에서 혁신을 촉진하는 가장 좋은 방법이 무엇이라고 생각합니까? 그 이유는 무엇인가요?

Brandon

For me, collaboration is the essential factor. Team members must share their insights with one another and work together to come up with innovative product ideas. The best way to promote collaboration is by conducting team-building exercises and organizing brainstorming sessions that allow for free communication between managers and workers.

저에게는, 협업이 필수적인 요소입니다. 팀원들은 그들의 식견을 서로 공유해야 하고 혁신적인 제품 아이디어를 생각해 내기 위해 함께 노력해야 합니다. 협업을 촉진하는 가장 좋은 방법은 관리자와 근로자 간의 자유로운 의사소통을 가능하게 하는 팀워크 활동을 하고 브레인스토밍 시간을 준비하는 것입니다.

Tanya

I feel that innovation is only possible if a company allows its workers a high degree of autonomy. Employees need the freedom to set their own goals, choose their own methods, and manage their own schedules. This will make them feel a sense of ownership toward their work and motivate them to explore new ideas and approaches for their projects.

저는 기업이 직원들에게 높은 수준의 자율성을 허용해야만 혁신이 가능하다고 생각합니다. 직원들은 자신의 목표를 설정하고, 자신의 방법을 선택하고, 자신의 일정을 관리할 자유가 필요합니다. 이는 그들이 그들의 일에 대한 주인 의식을 느끼게 하고 그들의 프로젝트에 대한 새로운 아이디어와 접근법을 탐구하도록 동기를 부여할 것입니다.

▌아웃라인

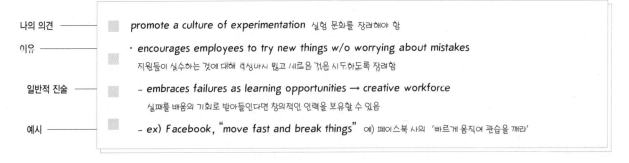

나의 의견 —— promote a culture of experimentation 실험 문화를 장려해야 함

이유 —— • encourages employees to try new things w/o worrying about mistakes
직원들이 실수하는 것에 대해 걱정하지 않고 새로운 것을 시도하도록 장려함

일반적 진술 —— - embraces failures as learning opportunities → creative workforce
실패를 배움의 기회로 받아들인다면 창의적인 인력을 보유할 수 있음

예시 —— - ex) Facebook, "move fast and break things" 예) 페이스북 사의 '빠르게 움직여 관습을 깨라'

모범 답안

(도입) **I understand why** Brandon **and** Tanya **think that** cooperation and independence are requirements for innovation. (나의 의견) **However, in my opinion,** employees are most likely to innovate when a company promotes a culture of experimentation. (이유) **This is mainly because** it encourages employees to try new things without worrying about ²making mistakes. (일반적 진술) If a company embraces failures as learning opportunities, it will reap the benefits of having a creative workforce. (예시) **Perhaps the best example of this is** Facebook. The CEO wanted his staff to find innovative ways to improve the company's social media service. So he adopted the motto "move fast and break things." ●This made it possible for the workers to take risks without worrying about ²things going wrong. As a result, Facebook developed a number of groundbreaking features that made its services superior to those of its competitors. (맺음말) **Overall, I believe that** encouraging experimentation is the best way to ¹promote a spirit of innovation.

도입 저는 왜 Brandon과 Tanya가 협력과 자주성이 혁신의 요건이라고 생각하는지 이해합니다. 나의 의견 하지만, 제 생각에는 직원들은 기업이 실험 문화를 장려할 때 혁신할 가능성이 가장 높습니다. 이유 이는 주로 그것이 직원들이 실수하는 것에 대해 걱정하지 않고 새로운 것을 시도하도록 장려하기 때문입니다. 일반적 진술 만약 기업이 실패를 배움의 기회로 받아들인다면, 창의적인 인력을 보유하는 이득을 얻을 것입니다. 예시 아마도 이것의 가장 좋은 예는 페이스북일 것입니다. CEO는 직원들이 기업의 소셜 미디어 서비스를 개선할 혁신적인 방법을 찾기를 원했습니다. 그래서 그는 '빠르게 움직여 관습을 깨라'라는 모토를 채택했습니다. ●이것은 직원들이 일이 잘못될 것에 대해 걱정하지 않고 위험을 감수하는 것을 가능하게 했습니다. 그 결과, 페이스북은 경쟁사들의 서비스보다 그들의 서비스를 더 우수하게 만든 획기적인 기능들을 많이 개발했습니다. 맺음말 전반적으로, 저는 실험을 장려하는 것이 혁신 정신을 촉진하는 가장 좋은 방법이라고 생각합니다.

어휘 및 표현

[문제] reflect[riflékt] 반영하다 constantly[kánstəntli] 끊임없이 outperform[àutpərfɔ́:rm] 능가하다 offering[ɔ́:fəriŋ] 제품
think outside the box 틀에서 벗어난 생각을 하다, 새로운 생각을 하다 foster[fɔ́:stər] 촉진하다, 조성하다 autonomy[ɔ:tánəmi] 자율성
ownership[óunərʃip] 주인 의식 approach[əpróutʃ] 접근법 [모범 답안] independence[ìndipéndəns] 자주성 experimentation[ikspèrəmentéiʃən] 실험
embrace[imbréis] 받아들이다, 수용하다 reap[ri:p] (성과나 이익을) 얻다, 거두다 adopt[ədápt] 채택하다 groundbreaking[gráundbrèikiŋ] 획기적인
competitor[kəmpétətər] 경쟁사, 경쟁 상대

Paraphrase된 표현

¹foster innovation → ¹ʹpromote a spirit of innovation
²making mistakes → ²ʹthings going wrong

고득점 필수 표현　　A가 ~하는 것을 …하게 하다
make it 형용사 for A to 동사원형

이것은 **직원들이** 일이 잘못될 것에 대해 걱정하지 않고 **위험을 감수하는 것을** 가능하게 했습니다.
● This **made it possible for the workers to take risks** without worrying about things going wrong.

• 온라인의 잘못된 정보는 **사람들이** 복잡한 문제를 **이해하는 것을** 더 어렵게 합니다.
　Misinformation online **makes it more difficult for people to understand** complex issues.

• 혁신적인 언어 번역 앱은 **여행자들이** 현지인들과 **의사소통하는 것을** 더 쉽게 했습니다.
　The revolutionary language translation app **made it easier for travelers to communicate** with locals.

SELF-EVALUATION LIST TEST 10

앞서 학습한 내용을 바탕으로 자신의 답안에 대해 다음 사항을 확인 후, 실력 향상을 위해 개선해야 할 점을 적어보세요.

통합형

1. 강의에서 제시된 세 가지 반론을 요약문에 모두 포함하였다.　　　　　　　☐ Yes　　☐ No

2. 강의에서 제시된 각 반론을 읽기 지문의 대응되는 근거와 관련지어 제시하였다.　☐ Yes　　☐ No

3. 읽기 지문에 등장한 문장을 그대로 다시 사용하지 않았다.　　　　　　　　☐ Yes　　☐ No

4. 적절한 어휘 및 표현을 사용하였다.　　　　　　　　　　　　　　　　　☐ Yes　　☐ No

5. 동일한 어휘 또는 표현을 반복적으로 사용하지 않았다.　　　　　　　　　☐ Yes　　☐ No

6. 문법 및 철자의 오류를 보이지 않는다.　　　　　　　　　　　　　　　　☐ Yes　　☐ No

토론형

1. 나의 의견을 분명히 제시하였다.　　　　　　　　　　　　　　　　　　☐ Yes　　☐ No

2. 나의 의견을 뒷받침하는 이유와, 이유에 대한 설득력 있고 구체적인 예를 제시하였다.　☐ Yes　　☐ No

3. 토론 주제를 벗어난 내용을 포함하지 않았다.　　　　　　　　　　　　　☐ Yes　　☐ No

4. 문제에 등장한 교수와 학생들의 문장을 그대로 사용하지 않았다.　　　　　☐ Yes　　☐ No

5. 다양한 어휘/표현/문장 구조를 사용하였다.　　　　　　　　　　　　　　☐ Yes　　☐ No

6. 문법 및 철자의 오류를 보이지 않는다.　　　　　　　　　　　　　　　　☐ Yes　　☐ No

라이팅 실력 향상을 위해 개선해야 할 점

HACKERS TOEFL ACTUAL TEST WRITING

TEST 11

INTEGRATED TASK
모범 답안 · 지문 · 해석

ACADEMIC DISCUSSION TASK
모범 답안 · 해석

SELF-EVALUATION LIST

INTEGRATED TASK
그레이트 짐바브웨

▨ 읽기 노트 및 듣기 노트

읽기 노트

주제 —
근거 1 —
　세부사항
근거 2 —
　세부사항
근거 3 —
　세부사항

Great Zimbabwe: function 그레이트 짐바브웨의 기능

1. [1]defensive fortress 방어 요새
   - large stone walls surround 대형 석조 벽이 둘러쌈
   - diffic. to breach 깨뜨리기 어려움

2. [2]palace to royal family 왕족의 궁전
   - means "venerated houses" '존경받는 집'을 의미함
   - required enormous resources to build 짓는 데 엄청난 자원이 필요함

3. [3]religious center 종교 회합지
   - cave: voice echo 동굴에서 목소리가 메아리침
   - sound as voice of god 신의 목소리처럼 들림

듣기 노트

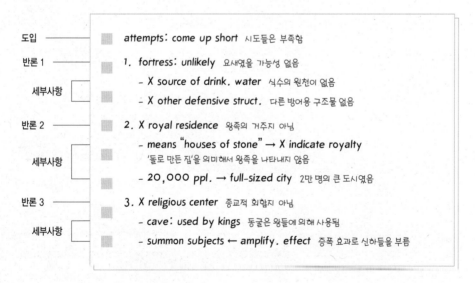

도입 —
반론 1 —
　세부사항
반론 2 —
　세부사항
반론 3 —
　세부사항

attempts: come up short 시도들은 부족함

1. fortress: unlikely 요새였을 가능성 없음
   - X source of drink. water 식수의 원천이 없음
   - X other defensive struct. 다른 방어용 구조물 없음

2. X royal residence 왕족의 거주지 아님
   - means "houses of stone" → X indicate royalty
     '돌로 만든 집'을 의미해서 왕족을 나타내지 않음
   - 20,000 ppl. → full-sized city 2만 명의 큰 도시였음

3. X religious center 종교적 회합지 아님
   - cave: used by kings 동굴은 왕들에 의해 사용됨
   - summon subjects ← amplify. effect 증폭 효과로 신하들을 부름

서론

듣기 도입
읽기 주제

(듣기 도입) **The lecturer argues that** the attempts made to explain the purpose of Great Zimbabwe all come up short. (읽기 주제) **This contradicts the reading passage's claim that** there are several explanations that can account for the site's purpose.

본론 1

듣기 반론 1
세부사항
읽기 근거 1

(듣기 반론 1) **First,** the lecturer suggests that it is unlikely that Great Zimbabwe was a fortress. (세부사항) It lacked a source of drinkable water, which is necessary to survive a siege. It also didn't have any other defensive structures anywhere throughout the site. (읽기 근거 1) **This casts doubt on the reading passage's claim that** Great Zimbabwe was a ¹fort to protect its citizens.

본론 2

듣기 반론 2
세부사항
읽기 근거 2

(듣기 반론 2) **Next,** the lecturer contends that Great Zimbabwe was not intended as a royal residence. (세부사항) "Zimbabwe" actually means "houses of stone", which does not point to a royal purpose for the site. Moreover, experts believe that Great Zimbabwe was more like a full-sized city with 20,000 inhabitants. (읽기 근거 2) **This counters the reading passage's claim that** Great Zimbabwe was a ²royal dwelling.

본론 3

듣기 반론 3
세부사항
읽기 근거 3

(듣기 반론 3) **Finally,** the lecturer asserts that Great Zimbabwe was not a religious center. (세부사항) The cave on the hill was used by kings, not religious leaders. The king would have summoned his subjects from the surrounding area using the amplifying effect of the cave. (읽기 근거 3) **This refutes the reading passage's claim that** Great Zimbabwe was built as a ³place of worship.

듣기 도입 강의자는 그레이트 짐바브웨의 목적을 설명하기 위해 있었던 시도들이 모두 부족하다고 주장한다. **읽기 주제** 이는 그 장소의 목적을 설명할 수 있는 몇 가지 설명들이 있다는 읽기 지문의 주장을 반박한다.

듣기 반론 1 첫째로, 강의자는 그레이트 짐바브웨가 요새였을 가능성은 없다고 주장한다. **세부사항** 그곳에는 포위 시 살아남기 위해 필요한 식수의 원천이 없었다. 그곳은 또한 그 장소 도처의 어디에도 다른 어떤 방어용 구조물을 가지고 있지 않았다. **읽기 근거 1** 이는 그레이트 짐바브웨가 그곳의 시민들을 보호하기 위한 요새였다는 읽기 지문의 주장에 의구심을 제기한다.

듣기 반론 2 다음으로, 강의자는 그레이트 짐바브웨가 왕족을 위한 거주지로 의도되지 않았다고 주장한다. **세부사항** '짐바브웨'는 사실 '돌로 만든 집'을 의미하는데, 이는 그 지역의 목적이 왕족을 위한 것이었음을 가리키지 않는다. 게다가, 전문가들은 그레이트 짐바브웨가 2만 명의 거주자가 있는 하나의 큰 도시에 더 가까웠다고 믿는다. **읽기 근거 2** 이는 그레이트 짐바브웨가 왕족의 주거지였다는 읽기 지문의 주장에 반대한다.

듣기 반론 3 마지막으로, 강의자는 그레이트 짐바브웨가 종교적 회합지가 아니었다고 주장한다. **세부사항** 언덕 위의 동굴은 종교 지도자가 아닌 왕들에 의해 사용되었다. 왕은 동굴의 증폭 효과를 이용해 주변 지역에서 신하들을 불러냈을 것이다. **읽기 근거 3** 이는 그레이트 짐바브웨가 예배의 장소로 지어졌다는 읽기 지문의 주장을 반박한다.

어휘 및 표현
fort[fɔːrt] 요새   dwelling[dwéliŋ] 주거지   worship[wə́ːrʃip] 예배, 숭배

Paraphrase된 표현
¹defensive fortress → ¹fort to protect
²palace to royal family → ²royal dwelling
³religious center → ³place of worship

읽기 지문

주제 그레이트 짐바브웨의 기능	Great Zimbabwe is a historical site comprising numerous stone structures located in the southwest part of the modern-day nation of Zimbabwe. Scholars who study the ruins have been engaged in a fierce debate over the primary function of the site.	그레이트 짐바브웨는 현재의 짐바브웨라는 나라의 남서부에 위치한 수많은 석조 구조물로 이루어진 유적지이다. 유적을 연구하는 학자들은 그 장소의 주요 기능에 관한 열띤 논쟁에 가담해 왔다.
근거 1 방어 요새 **세부사항** 대형 석조 벽이 둘러쌈 → 깨뜨리기 어려움	One intriguing possibility is that Great Zimbabwe served as a defensive fortress to protect people who lived in the area from outside invaders. This theory is supported by the large stone walls composed of huge granite blocks that surround the area. Reaching twelve meters tall and six meters thick in some places, the walls would have been very difficult for an attacking force to breach. Thus, Great Zimbabwe may have been built as a refuge for citizens in times of war.	한 가지 흥미 있는 가능성은 그레이트 짐바브웨가 그 지역에 살았던 사람들을 외부 침입자들로부터 보호하기 위한 방어 요새로서의 역할을 했다는 것이다. 이 이론은 거대한 화강암 벽돌로 구성되어 그 지역을 둘러싼 대형 석조 벽에 의해 뒷받침된다. 그 벽은 몇몇 곳의 높이가 12미터에 두께는 6미터에 달했기 때문에, 공격부대가 깨뜨리기에 매우 어려웠을 것이다. 따라서, 그레이트 짐바브웨는 전쟁 시 시민들을 위한 피난처로서 지어졌을 수 있다.
근거 2 왕족의 궁전 **세부사항** '존경받는 집'을 의미함 / 짓는 데 엄청난 자원이 필요함	The next theory is that the site was a palace built to house the royal family. The word "zimbabwe" comes from the phrase *dzimba woye*, which means "venerated houses." This was an expression used by local people in reference to the houses or gravesites of important persons. Moreover, it is doubtful that such a large complex, which required enormous resources to build, would have been constructed for anyone other than royalty.	다음 이론은 그 장소가 왕족에게 거처를 제공하기 위해 지어진 궁전이었다는 것이다. '짐바브웨'라는 단어는 *dzimba woye*라는 구절에서 왔는데, 이는 '존경받는 집'을 의미한다. 이것은 중요한 인물들의 집이나 묘지와 관련해 현지 사람들에 의해 사용된 표현이었다. 게다가, 짓는 데 엄청난 자원을 필요로 했던 그토록 거대한 복합 건물이 왕족이 아닌 다른 누군가를 위해 건설되었을 것 같지는 않다.
근거 3 종교 회합지 **세부사항** 동굴에서 목소리가 메아리침 → 신의 목소리처럼 들림	Some experts believe that Great Zimbabwe was originally intended as a religious center. This is because some of the most prominent features of the site had spiritual significance. For example, there is a cave on a nearby hill that causes one's voice to echo across the surrounding area. The acoustic properties of the cave would have added a mystical quality to a religious leader's words, making it sound as if he were channeling the voice of a god.	일부 전문가들은 그레이트 짐바브웨가 원래 종교 회합지로 의도된 것이라고 믿는다. 이는 그 장소의 가장 중요한 몇몇 특징들이 종교적인 의미를 지녔기 때문이다. 예를 들어, 근처 언덕 위에 사람의 목소리를 주변 지역 전역에 메아리치게 하는 한 동굴이 있다. 그 동굴의 음향 효과는 종교 지도자의 설교에 신비성을 더했고, 이는 마치 그가 신의 목소리를 전하고 있는 것처럼 들리게 만들었을 것이다.

VOCABULARY LIST

comprise[kəmpráiz] ~으로 이루어지다   intriguing[intríːgin] 흥미 있는   fortress[fɔ́ːrtris] 요새   granite[grǽnit] 화강암
breach[briːtʃ] 깨뜨리다, 돌파하다   refuge[réfjuːdʒ] 피난처   venerate[vénərèit] 존경하다   in reference to ~ ~와 관련하여
complex[káːmpleks] 복합 건물   prominent[práːmənənt] 중요한   acoustic[əkúːstik] 음향의   channel[tʃǽnl] 전하다, 보내다

도입 수수께끼를 풀기 위한 시도들은 부족함	Let's get started. Today I want to focus on one of the great puzzles facing modern archaeologists . . . the mystery of why Great Zimbabwe was constructed. There have been a few attempts made to solve this riddle, but I think you'll agree that they all come up short.	시작해 봅시다. 오늘 저는 현대 고고학자들이 당면한 가장 큰 수수께끼들 중 하나인... 그레이트 짐바브웨가 지어진 이유에 대한 미스터리에 초점을 맞추려 합니다. 이 수수께끼를 풀기 위한 몇 가지 시도들이 있었지만, 저는 그것들이 모두 부족하다는 것에 여러분이 동의할 거라 생각해요.
반론 1 요새였을 가능성 없음 세부사항 식수의 원천이 없음 / 다른 방어용 구조물 없음	First of all, it's extremely unlikely that Great Zimbabwe was built as a fortress. You probably already know that any good fortress needs a permanent source of drinkable water. That's because in the event of a siege, you need fresh water to sustain the inhabitants. But here's the thing . . . there isn't any source of water in Great Zimbabwe. What's more, there aren't any archer towers or other defensive structures built on the walls or near entrances to the site. This means it's highly doubtful that Great Zimbabwe was built to protect its inhabitants during wartime.	첫째로, 그레이트 짐바브웨가 요새로서 지어졌을 가능성은 거의 없습니다. 여러분은 아마 모든 좋은 요새는 식수의 영구적인 원천이 필요하다는 것을 이미 알고 있을 거예요. 그것은 포위된 상황에서 거주자들의 생명을 유지할 신선한 물이 필요하기 때문이죠. 하지만 여기에 문제가 있어요... 그레이트 짐바브웨 안에는 물의 원천이 전혀 없습니다. 게다가, 벽이나 그 장소의 입구 근처에 어떤 궁수 탑이나 다른 방어용 구조물도 설치되어 있지 않아요. 이는 그레이트 짐바브웨가 전쟁 기간 동안 거주자들을 보호하기 위해 지어졌다는 것이 매우 의심스럽다는 것을 의미합니다.
반론 2 왕족의 거주지 아님 세부사항 '돌로 만든 집'을 의미 해서 왕족을 나타내지 않음 / 2만 명의 큰 도 시였음	Second, there's no reason to think Great Zimbabwe was primarily intended as a royal residence. You should know that many scholars believe that the word "zimbabwe" is actually a shortened version of the phrase *dzimba dza mabwe*, which means "houses of stone." There's nothing about the expression that indicates royalty. Another important fact is that researchers think that up to 20,000 people lived in Great Zimbabwe. So it was really more like a full-sized city, not just a living space for the royal family.	둘째로, 그레이트 짐바브웨가 원래 왕족의 거주지로 의도된 것이라 생각할 근거는 없어요. 여러분은 많은 학자들이 '짐바브웨'라는 단어가 사실 '돌로 만든 집'을 의미하는 *dzimba dza mabwe*라는 구절의 축약된 형태라고 믿는다는 것을 알아야 해요. 왕족을 나타내는 표현과는 전혀 관계가 없죠. 또 다른 중요한 사실은 연구원들이 그레이트 짐바브웨에 2만 명에 달하는 사람들이 살았다고 생각한다는 겁니다. 그러니까 그것은 단지 왕족을 위한 거주 공간이 아니라 정말 하나의 큰 도시에 더 가까웠다는 거죠.
반론 3 종교적 회합지 아님 세부사항 동굴은 왕들에 의해 사 용됨 / 증폭 효과로 신 하들을 부름	You also need to realize that the evidence doesn't point to Great Zimbabwe being an important religious center. In fact, there are compelling non-religious explanations for the site's most important features. Take the example of the cave on the hill. Most experts think that it was probably used by kings, not religious leaders. The king would have had many subjects living throughout the surrounding area, and it's believed that when he wished to, uh, summon one of them, he used the amplifying effect of the cave to carry his voice across the valley.	여러분은 또한 증거가 그레이트 짐바브웨를 중요한 종교적 회합 장소로 가리키고 있지 않다는 것을 알아야 해요. 사실, 그 장소의 가장 중요한 특징들에 대해서 설득력 있는 비종교적 설명들이 있어요. 언덕 위 동굴의 예를 들어봅시다. 대부분의 전문가들은 그곳이 아마 종교 지도자들이 아닌, 왕들에 의해서 사용됐을 것이라고 생각해요. 왕은 주변 지역 전역에 사는 많은 신하들을 거느렸을 것이고, 그가, 어, 그들 중 한 명을 부르길 원했을 때, 그는 골짜기 너머로 그의 목소리를 전하기 위해 동굴의 증폭 효과를 이용했을 것이라 믿어집니다.

VOCABULARY LIST

riddle[rídl] 수수께끼, 난제   **come up short** 부족하다   **siege**[siːdʒ] 포위   **sustain**[səstéin] 유지하다   **inhabitant**[inhǽbətənt] 거주자
archer[áːrtʃər] 궁수   **defensive**[difénsiv] 방어(용)의   **intend**[inténd] 의도하다   **residence**[rézədəns] 거주지   **compelling**[kəmpéliŋ] 설득력 있는
subject[sʌ́bdʒikt] 신하, 부하   **summon**[sʌ́mən] 부르다, 소환하다   **amplify**[ǽmpləfài] 증폭하다, 확대하다

QUESTION

Wright 교수

Students between the ages of 13 and 18 are taught a number of subjects in school. The debate on how to organize students' schedules touches upon fundamental questions about the essence of learning, such as the role of repetition and the importance of context switching. **Which approach do you think is better to increase students' concentration, offering several lessons in a row on the same subject or having each lesson be on a different subject?**

13세에서 18세 사이의 학생들은 학교에서 많은 과목을 배웁니다. 학생들의 시간표를 어떻게 구성할 것인가에 대한 토론은 반복의 역할과 맥락 전환의 중요성과 같은 학습의 본질에 대한 근본적인 질문을 다룹니다. 여러분은 학생들의 집중력을 높이기 위해서 같은 과목에 대해 여러 개의 수업을 연이어 제공하는 것과 각각의 수업이 다른 주제에 관한 것이게 하는 것 중 어떤 접근법이 더 낫다고 생각합니까?

Yumi

Having each lesson be about a different topic seems like the best way to help students concentrate. Young students tend to get bored easily when they spend too much time studying one subject. Offering students lessons on a variety of topics will keep them interested in their schoolwork, which means they will be much more focused.

각각의 수업이 다른 주제에 관한 것이게 하는 것은 학생들이 집중하도록 돕는 가장 좋은 방법인 것 같습니다. 어린 학생들은 한 과목을 공부하는 데 너무 많은 시간을 쓰면 쉽게 지루해지는 경향이 있습니다. 학생들에게 다양한 주제들에 대한 수업을 제공하는 것은 그들이 학교 공부에 흥미를 유지하도록 할 것이고, 이는 그들이 훨씬 더 집중할 것이라는 것을 의미합니다.

Greg

While I get Yumi's point, I have to disagree with her. It is much better for students to have several lessons on the same subject. By exploring a single topic over an extended period, students can cultivate an in-depth understanding of it. And the more knowledge they have of a subject, the easier it is for them to concentrate.

유미의 요점을 이해하지만, 저는 그녀와 의견이 다릅니다. 학생들이 같은 과목에 대해 여러 개의 수업을 받는 것이 훨씬 낫습니다. 오랜 기간 동안 하나의 주제를 탐구함으로써, 학생들은 그것에 대한 심층적인 이해를 함양할 수 있습니다. 그리고 그들이 한 과목에 대해 더 많은 지식을 가질수록, 그들은 집중하기가 더 쉽습니다.

아웃라인

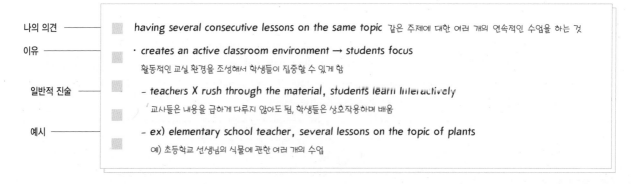

나의 의견 —— having several consecutive lessons on the same topic 같은 주제에 대한 여러 개의 연속적인 수업을 하는 것

이유 —— • creates an active classroom environment → students focus
활동적인 교실 환경을 조성해서 학생들이 집중할 수 있게 함

일반적 진술 —— - teachers X rush through the material, students learn interactively
교사들은 내용을 급하게 다루지 않아도 됨, 학생들은 상호작용하며 배움

예시 —— - ex) elementary school teacher, several lessons on the topic of plants
예) 초등학교 선생님의 식물에 관한 여러 개의 수업

모범 답안

(도입) **I understand why** Yumi **thinks that** students should receive lessons on various topics. (나의 의견) **However, in my opinion,** having several [1]consecutive lessons on the same topic is better for students' concentration. (이유) **The main reason is that** it [2]creates an active classroom environment that encourages students to focus. (일반적 진술) ✿As there is less need for teachers to rush through the material and as [2]students are allowed to learn more interactively, it is much easier to keep students' attention. (예시) **For example,** one of my elementary school teachers always organized our mornings into several lessons on one subject. One day we had lessons on the topic of plants. The teacher started by introducing the parts of a plant, and then we watched a video that explained the life cycle of plants. After that, we worked in groups to create posters about the different types of plants that grow in our local area. Each lesson involved different types of activities that centered on the same topic, so we never got bored and were always focused on learning.

도입 저는 왜 Yumi가 학생들이 다양한 주제에 대해 수업을 받아야 한다고 생각하는지 이해합니다. 나의 의견 하지만, 제 생각에는 같은 주제에 대해 여러 개의 연속적인 수업을 받는 것이 학생들의 집중에 더 좋습니다. 이유 주된 이유는 그것이 학생들이 집중하도록 장려하는 활동적인 교실 환경을 조성한다는 것입니다. 일반적 진술 ✿교사들이 내용을 급하게 다룰 필요가 적음에 따라 그리고 학생들이 더 상호작용하며 배울 수 있음에 따라, 학생들의 관심을 유지하기가 훨씬 쉽습니다. 예시 예를 들어, 저의 초등학교 선생님 중 한 명은 항상 아침 시간을 한 과목에 대한 여러 개의 수업으로 구성했습니다. 어느 날 우리는 식물을 주제로 한 수업을 들었습니다. 선생님은 식물의 기관들을 소개하는 것으로 시작했고, 그리고 나서 우리는 식물의 수명 주기를 설명하는 영상을 보았습니다. 그 후, 우리는 모둠을 이루어 우리 지역에서 자라는 다양한 종류의 식물에 대한 포스터를 만들었습니다. 각 수업은 같은 주제에 초점을 맞춘 다양한 유형의 활동을 포함하고 있어서, 우리는 절대 지루하지 않았고 항상 학습에 집중했습니다.

어휘 및 표현
[문제] fundamental[fÀndəméntl] 근본적인 essence[ésns] 본질 repetition[rèpətíʃən] 반복 switch[switʃ] 전환되다
concentration[kànsəntréiʃən] 집중 in a row 연이어, 계속해서 cultivate[kʌ́ltəvèit] 함양하다, 기르다 in-depth[índepθ] 심층적인, 면밀한
[모범 답안] consecutive[kənsékjutiv] 연속적인 rush[rʌʃ] 급히 하다, 서두르다 involve[inválv] 포함하다

Paraphrase된 표현
[1]lessons in a row on the same subject → [1]consecutive lessons on the same topic
[2]creates an active classroom environment → [2]students are allowed to learn more interactively

---

고득점 필수 표현 ~함에 따라 그리고 …함에 따라
as 주어 + 동사 and as 주어 + 동사

교사들이 내용을 급하게 다룰 필요가 적음에 따라 그리고 학생들이 더 상호작용하며 배울 수 있음에 따라, 학생들의 관심을 유지하기가 훨씬 쉽습니다.
✿**As there is less need for teachers to rush through the material and as students are allowed** to learn more interactively, it is much easier to keep students' attention.

· 사람들이 삶에서 더 많은 책임을 맡음에 따라 그리고 그들이 직장에서 승진을 함에 따라, 휴식을 취하기가 더 힘들어집니다.
Relaxation becomes harder to come by **as people take on more responsibilities in life and as they are promoted at work**.

· 낮이 더 짧아짐에 따라 그리고 날씨가 더 추워짐에 따라, 많은 새가 겨울을 나기 위해 남쪽으로 이동할 준비를 하기 시작합니다.
As the days get shorter and as the weather gets colder, many birds begin preparing to migrate south for the winter.

앞서 학습한 내용을 바탕으로 자신의 답안에 대해 다음 사항을 확인 후, 실력 향상을 위해 개선해야 할 점을 적어보세요.

통합형

1	강의에서 제시된 세 가지 반론을 요약문에 모두 포함하였다.	☐ Yes	☐ No
2	강의에서 제시된 각 반론을 읽기 지문의 대응되는 근거와 관련지어 제시하였다.	☐ Yes	☐ No
3	읽기 지문에 등장한 문장을 그대로 다시 사용하지 않았다.	☐ Yes	☐ No
4	적절한 어휘 및 표현을 사용하였다.	☐ Yes	☐ No
5	동일한 어휘 또는 표현을 반복적으로 사용하지 않았다.	☐ Yes	☐ No
6	문법 및 철자의 오류를 보이지 않는다.	☐ Yes	☐ No

토론형

1	나의 의견을 분명히 제시하였다.	☐ Yes	☐ No
2	나의 의견을 뒷받침하는 이유와, 이유에 대한 설득력 있고 구체적인 예를 제시하였다.	☐ Yes	☐ No
3	토론 주제를 벗어난 내용을 포함하지 않았다.	☐ Yes	☐ No
4	문제에 등장한 교수와 학생들의 문장을 그대로 사용하지 않았다.	☐ Yes	☐ No
5	다양한 어휘/표현/문장 구조를 사용하었다.	☐ Yes	☐ No
6	문법 및 철자의 오류를 보이지 않는다.	☐ Yes	☐ No

라이팅 실력 향상을 위해 개선해야 할 점

HACKERS TOEFL ACTUAL TEST WRITING

TEST 12

INTEGRATED TASK
모범 답안 · 지문 · 해석

ACADEMIC DISCUSSION TASK
모범 답안 · 해석

SELF-EVALUATION LIST

INTEGRATED TASK
캐롤라이나만

■ 읽기 노트 및 듣기 노트

읽기 노트

주제 —
근거 1 —
　세부사항
근거 2 —
　세부사항
근거 3 —
　세부사항

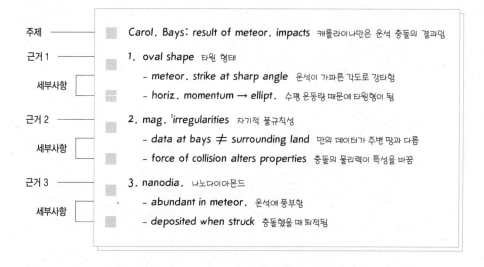

- Carol. Bays: result of meteor. impacts 캐롤라이나만은 운석 충돌의 결과임

1. oval shape 타원 형태
   - meteor. strike at sharp angle 운석이 가파른 각도로 강타함
   - horiz. momentum → ellipt. 수평 운동량 때문에 타원형이 됨

2. mag. ¹irregularities 자기적 불규칙성
   - data at bays ≠ surrounding land 만의 데이터가 주변 땅과 다름
   - force of collision alters properties 충돌의 물리력이 특성을 바꿈

3. nanodia. 나노다이아몬드
   - abundant in meteor. 운석에 풍부함
   - deposited when struck 충돌했을 때 퇴적됨

듣기 노트

도입 —
반론 1 —
　세부사항
반론 2 —
　세부사항
반론 3 —
　세부사항

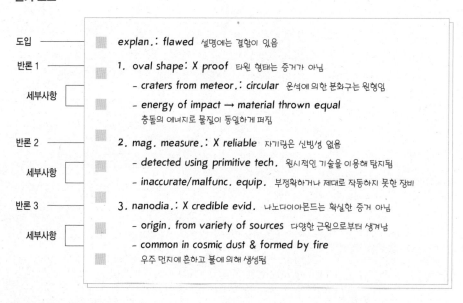

- explan.: flawed 설명에는 결함이 있음

1. oval shape: X proof 타원 형태는 증거가 아님
   - craters from meteor.: circular 운석에 의한 분화구는 원형임
   - energy of impact → material thrown equal
     충돌의 에너지로 물질이 동일하게 퍼짐

2. mag. measure.: X reliable 자기량은 신빙성 없음
   - detected using primitive tech. 원시적인 기술을 이용해 탐지됨
   - inaccurate/malfunc. equip. 부정확하거나 제대로 작동하지 못한 장비

3. nanodia.: X credible evid. 나노다이아몬드는 확실한 증거 아님
   - origin. from variety of sources 다양한 근원으로부터 생겨남
   - common in cosmic dust & formed by fire
     우주 먼지에 흔하고 불에 의해 생성됨

서론
듣기 도입
읽기 주제

(듣기 도입) **The lecturer argues that** the explanation that Carolina Bays were formed by meteorites is severely flawed. (읽기 주제) **This contradicts the reading passage's claim that** they were made by meteorite impacts.

본론 1
듣기 반론 1
세부사항
읽기 근거 1

(듣기 반론 1) **First,** the lecturer asserts that the oval shape doesn't prove that the bays were created by meteorites. (세부사항) In almost all cases, craters from meteorite strikes are circular. This is because displaced material is thrown out in every direction equally by the energy released upon impact. (읽기 근거 1) **This casts doubt on the reading passage's claim that** the oval shape of the bays demonstrates that they are craters formed by meteorites.

본론 2
듣기 반론 2
세부사항
읽기 근거 2

(듣기 반론 2) **Next,** the lecturer contends that the unusual magnetic measurements are not reliable. (세부사항) The irregularities were detected using primitive technology. They are most likely the result of researchers using equipment that was inaccurate or not functioning properly. (읽기 근거 2) **This counters the reading passage's claim that** the magnetic ¹abnormalities are confirmation that meteorites created the bays.

본론 3
듣기 반론 3
세부사항
읽기 근거 3

(듣기 반론 3) **Finally,** the lecturer maintains that geologists don't consider nanodiamonds to be credible evidence of meteoric impacts. (세부사항) These particles originate from a wide variety of sources. For example, they are a common ingredient in the cosmic dust, and they are also formed by fire. (읽기 근거 3) **This refutes the reading passage's claim that** the significant amount of nanodiamonds found near the bays indicates a connection between the bays and meteorites.

듣기 도입 강의자는 캐롤라이나만이 운석에 의해 형성되었다는 설명에 심각한 결함이 있다고 주장한다. 읽기 주제 이는 그것이 운석 충돌에 의해 만들어졌다는 읽기 지문의 주장을 반박한다.

듣기 반론 1 첫째로, 강의자는 타원 형태가 만이 운석에 의해 만들어졌다는 것을 증명하지 않는다고 주장한다. 세부사항 거의 모든 경우에, 운석 충돌로 인해 생겨난 분화구들은 원형이다. 이것은 밀려난 물질이 충돌 시 방출된 에너지에 의해 사방으로 동일하게 퍼져나가기 때문이다. 읽기 근거 1 이는 만의 타원 형태가 그것이 운석에 의해 형성된 분화구라는 것을 보여준다는 읽기 지문의 주장에 의구심을 제기한다.

듣기 반론 2 다음으로, 강의자는 비정상적인 자기량은 신빙성이 없다고 주장한다. 세부사항 그 불규칙성은 원시적인 기술을 이용해 탐지되었다. 그것은 아마도 부정확하거나 제대로 작동하지 않는 장비를 사용한 연구원들의 결과물일 것이다. 읽기 근거 2 이는 자기 이상이 운석이 만을 만들었다는 증거라는 읽기 지문의 주장에 반대한다.

듣기 반론 3 마지막으로, 강의자는 지질학자들이 나노다이아몬드를 운석 충돌의 확실한 증거로 여기지 않는다고 주장한다. 세부사항 이 입자들은 매우 다양한 근원으로부터 생겨난다. 예를 들어, 그것들은 우주 먼지에 흔한 성분이고, 불에 의해서도 생성된다. 읽기 근거 3 이는 만 근처에서 발견된 엄청난 양의 나노다이아몬드가 그 만과 운석 간의 연관성을 나타낸다는 읽기 지문의 주장을 반박한다.

어휘 및 표현
abnormality[æ̀bnɔːrmǽləti] 이상   confirmation[kὰːnfərméiʃən] 증거, 확인

Paraphrase된 표현
¹irregularities → ¹abnormalities

■ 읽기 지문 및 강의 스크립트

읽기 지문

주제 캐롤라이나만은 운석 충돌의 결과임	Scattered throughout the eastern seaboard of the United States are thousands of shallow depressions called Carolina Bays. Their origin has been debated since the 1800s, but only one explanation can fully account for their unique features. The available evidence clearly shows that they were created as a result of meteorite impacts.	미국 동쪽 해안 도처에는 캐롤라이나만이라고 불리는 수천 개의 얕은 움푹한 땅들이 흩어져 있다. 그것의 기원은 1800년대부터 논의되어 왔지만, 오직 하나의 설명만이 그것의 독특한 특징을 완전히 설명할 수 있다. 입수할 수 있는 증거는 그것이 운석 충돌의 결과로 형성되었다는 것을 분명히 보여준다.
근거 1 타원 형태 **세부사항** 운석이 가파른 각도로 강타함 → 수평 운동량 때문에 타원형이 됨	First, the oval shape of these geological formations is a strong indication that they were made by meteorites. The most likely explanation for this distinctive shape is a meteorite striking the Earth at a sharp angle. When one hits at such an angle, its horizontal momentum causes it to move both forward and downward into the ground. The rock and soil layers are pushed forward as well, with the end result being the formation of an elliptical crater that is consistent with a Carolina Bay.	첫째로, 이 지질학적 형성물의 타원 형태는 그것이 운석에 의해 만들어졌다는 강력한 증거이다. 이 특이한 형태에 대한 가장 그럴듯한 설명은 운석이 지구를 가파른 각도로 강타했다는 것이다. 운석이 그러한 각도로 부딪칠 때, 운석의 수평 운동량은 그것이 땅 앞쪽과 아래쪽 두 방향으로 모두 움직이게 한다. 바위와 토양층 또한 앞쪽으로 떠밀려, 그 결과 캐롤라이나 만과 일치하는 타원형 분화구가 형성된다.
근거 2 자기적 불규칙성 **세부사항** 만의 데이터가 주변 땅 과 다름 / 충돌의 물리 력이 특성을 바꿈	Second, the fact that researchers detected magnetic irregularities close to many of the bays is further proof that meteorites are responsible for their creation. During field research conducted in the 1930s, the magnetic data gathered at the bays was different from that collected from the surrounding land. Unusual magnetic activity is common at craters formed by meteorites. This is because the force of a meteorite collision alters the magnetic properties of the underlying rock.	둘째로, 연구자들이 대다수의 만 가까이에서 자기적 불규칙성을 탐지했다는 사실은 운석이 만 형성의 원인이라는 추가적인 증거이다. 1930년대에 수행된 현장 연구 동안, 만에서 수집된 자기 데이터는 그 주변 땅에서 수집된 것과 달랐다. 비정상적인 자기 활동은 운석에 의해 형성된 분화구에서 흔하다. 이는 운석 충돌의 물리력이 밑에 있던 바위의 자기적 특성을 바꾸기 때문이다.
근거 3 나노다이아몬드 **세부사항** 운석에 풍부함 / 충돌 했을 때 퇴적됨	Third, the presence of nanodiamonds, which are diamonds with a diameter of less than 5 nanometers, is another indication that the bays were created by meteorites. A very large number of nanodiamonds have been discovered in the soil in and around the bays. Since nanodiamonds are known to be abundant in meteorites, scientists believe that the miniscule particles were deposited when meteorites struck the Earth and created the bays.	셋째로, 5 나노미터보다 작은 지름을 가진 다이아몬드인 나노다이아몬드의 존재는 그 만이 운석에 의해 형성되었다는 또 다른 증거이다. 매우 많은 수의 나노다이아몬드가 만의 내부와 주변의 토양에서 발견되어 왔다. 나노다이아몬드는 운석에 풍부한 것으로 알려져 있기 때문에, 과학자들은 운석이 지구에 충돌해 만을 형성했을 때 그 극소 입자들이 퇴적되었다고 믿는다.

VOCABULARY LIST

scattered[skǽtərd] 흩어진   seaboard[síːbɔ̀ːrd] 해안의   shallow[ʃǽlou] 얕은   depression[dipréʃən] 움푹한 땅   meteorite[míːtiəràit] 운석
oval[óuvəl] 타원의   distinctive[distíŋtiv] 특이한   horizontal momentum 수평 운동량   elliptical[ilíptikəl] 타원형의   crater[kréitər] 분화구
consistent with ~ ~와 일치하는   detect[ditékt] 탐지하다   magnetic[mægnétik] 자기의   irregularity[irègjulǽrəti] 불규칙(성)   alter[ɔ́ːltər] 바꾸다
presence[prézns] 존재   minuscule[mínəskjùːl] 극소의   deposit[dipɑ́zit] 퇴적하다

도입 설명에는 결함이 있음	The reading I assigned to you last class provides some evidence to support the position that Carolina Bays were formed by meteorites striking the Earth. It's an exciting idea, isn't it? Unfortunately, most geologists agree that the explanation for the presence of these shallow depressions is severely flawed.	제가 지난 시간에 여러분에게 과제로 내준 읽기 자료는 캐롤라이나 베이가 지구를 강타한 운석에 의해 형성되었다는 입장을 뒷받침하는 몇몇 증거들을 제공합니다. 그것은 흥미로운 의견이에요. 그렇죠? 불행하게도, 대부분의 지질학자들은 이 얕은 움푹한 땅들의 존재에 대한 그 설명에 심각한 결함이 있다는 것에 동의합니다.
반론 1 타원 형태는 증거가 아님 세부사항 운석에 의한 분화구는 원형임 ← 충돌의 에너 지로 물질이 동일하게 퍼짐	First, the oval shape of the bays is not proof that they are the results of meteorite strikes . . . quite the opposite, in fact. The craters that come from meteors hitting the planet's surface are almost always circular. Um, the reason for this is that a great deal of energy is released at the exact moment of impact. It's like a powerful bomb is detonated in the ground, so the displaced material is thrown out equally in all directions.	첫째로, 만의 타원 형태가 그것이 운석 충돌의 결과라는 증거는 아니에요... 실은 완전히 그 반대죠. 지구의 표면에 부딪치는 운석으로부터 생겨난 분화구들은 거의 항상 원형입니다. 음, 이것의 이유는 엄청난 양의 에너지가 충돌하는 정확한 순간에 방출되기 때문이에요. 그것은 강력한 폭탄이 땅에서 폭발하는 것과 같아서, 밀려난 물질들은 사방으로 동일하게 퍼져나가죠.
반론 2 자기량은 신빙성 없음 세부사항 원시적인 기술을 이용 해 탐지됨 / 부정확하 거나 제대로 작동하지 못한 장비의 결과임	Now, regarding the strange magnetic measurements taken near the bays . . . well, this data isn't very reliable. To begin with, the irregularities were detected a long time ago by researchers using technology that is considered fairly primitive by today's standards. And the results of this early research have proven impossible to reproduce by scientists using modern devices. This has led many experts to claim that the, uh, magnetic irregularities detected in the 1930s were results of inaccurate or malfunctioning equipment.	자, 만 근처에서 측정된 기이한 자기량과 관련해서는... 글쎄요, 이 데이터는 그다지 신빙성이 없습니다. 우선, 그 불규칙성은 오늘날의 기준으로는 상당히 원시적이라고 여겨지는 기술을 이용한 연구자들에 의해 오래 전에 탐지된 거예요. 그리고 이 초기 연구의 결과들은 현대 장비를 사용한 과학자들에 의해 재현되는 것이 불가능하다고 증명되었죠. 이는 많은 전문가들이, 어, 1930년대에 탐지된 자기적 불규칙성은 부정확하거나 제대로 작동하지 못한 장비의 결과였다고 주장하게 만들었습니다.
반론 3 나노다이아몬드는 확 실한 증거 아님 세부사항 다양한 근원으로부터 생겨남 / 우주 먼지에 서 흔하고 불에 의해 생성됨	Finally, this brings me to the nanodiamonds. Geologists don't consider nanodiamonds to be credible evidence of meteoric impacts. It's true that these tiny particles are found in meteorites, but nanodiamonds originate from a wide variety of sources. They are a common ingredient in the cosmic dust that rains down on the planet every day. And they are formed by fire as well . . . whether it's a massive forest fire or the small flame of a lit candle.	마지막으로, 이제 나노다이아몬드로 이어지네요. 지질학자들은 나노다이아몬드를 운석 충돌의 확실한 증거로 여기지 않아요. 이 작은 알갱이들이 운석에서 발견되는 것은 사실이지만, 나노다이아몬드는 매우 다양한 근원으로부터 생겨납니다. 그것은 지구에 매일 쏟아져 내리는 우주 먼지에 흔한 성분이에요. 그리고 그것은 불에 의해서도 생성되죠... 그것이 거대한 산불이든 켜져 있는 촛불의 작은 불꽃이든 말입니다.

VOCABULARY LIST

flawed[flɔːd] 결함이 있는   circular[sə́ːrkjulər] 원형의   detonate[détənèit] 폭발하다   displaced[displéist] 밀려난, 추방된   be thrown out 퍼져나가다
measurement[méʒərmənt] 측량, 측정   primitive[prímətiv] 원시적인   reproduce[rìːprədjúːs] 재현하다
malfunctioning[mælfʌ́ŋkʃəniŋ] 제대로 작동하지 못하는   equipment[ikwípmənt] 장비, 도구   credible[krédəbl] 확실한   originate[ərídʒənèit] 생겨나다
a wide variety of 매우 다양한   cosmic dust 우주 먼지   massive[mǽsiv] 거대한

ACADEMIC DISCUSSION TASK
기업이 국제적으로 확장할 때 고려할 전략

QUESTION

Sharma 박사

Once a company has grown sufficiently and is in a good position financially, its management may decide to expand into other countries. International expansion can help a company gain access to opportunities in new markets and diversify its income streams. **In your post, I would like you to indicate one ¹strategy for a company to consider when expanding internationally.** Please explain why you think so.

기업이 충분히 성장하고 재정적으로 좋은 위치에 있게 되면, 경영진은 다른 나라로 확장하기로 결정할 수 있습니다. 국제적인 확장은 기업이 새로운 시장에서 기회에 접근하고 지속적으로 창출되는 수익을 다양화하는 데 도움이 될 수 있습니다. 여러분의 게시물에, 저는 여러분이 기업이 국제적으로 확장할 때 고려할 한 가지 전략을 제시했으면 합니다. 왜 그렇게 생각하는지 설명하세요.

Lilian S.

Conducting a thorough analysis of the competitive environment is crucial. The company should identify the needs of consumers in the new market. If there's a need that's unmet, the company should try to fulfill it. This could give them an edge over the competition.

경쟁적인 환경에 대한 철저한 분석을 하는 것이 중요합니다. 기업은 새로운 시장의 소비자들의 요구를 파악해야 합니다. 만약 충족되지 않은 요구가 있다면, 기업은 그것을 충족시키기 위해 노력해야 합니다. 이는 그들에게 경쟁에서 우위를 줄 수 있습니다.

Diego C.

I think it's important to study the local culture. Say a company sells clothing. The way people dress in some countries might be a lot more conservative than in other countries, so the company would have to make some adjustments to its products. Also, advertisements that are perceived as humorous in one country might be considered offensive somewhere else.

저는 지역 문화를 공부하는 것이 중요하다고 생각합니다. 한 기업이 옷을 판다고 생각해 보십시오. 몇몇 국가의 사람들이 옷을 입는 방식은 다른 국가들보다 훨씬 더 보수적일 수 있으므로, 그 기업은 제품들에 약간의 조정을 해야 할 것입니다. 또한, 한 나라에서 재미있다고 여겨지는 광고가 다른 곳에서는 불쾌하다고 여겨질 수도 있습니다.

■ 아웃라인

나의 의견 — look into regulations of the target country 대상 국가의 규정을 주의 깊게 살펴야 함

이유 — • regulatory environments vary across countries 규제 환경이 국가마다 다름

일반적 진술 — - X consider the regulations of foreign country → serious consequences
외국의 규제를 고려하지 않는 것은 심각한 결과를 초래할 수 있음

예시 — - ex) Uber: criticized for X complying w/ local regulations → banned in some countries
예) 우버는 현지 규정을 준수하지 않아서 비판을 받고 몇몇 국가에서 금지됨

모범 답안

(도입) **I understand why** Lilian **and** Diego **think that** examining the competitive landscape and studying culture are optimal [1]approaches for a company when it is expanding internationally. (나의 의견) **However, in my opinion,** it is essential to look into the [2]regulations of the target country. (이유) **This is mainly because** regulatory environments vary across different countries. (일반적 진술) In fact, [3]failing to consider the regulations of the foreign country can have serious consequences. (예시) **For example,** the ride-sharing service Uber has been criticized in many countries for [3']not complying with local regulations. It has been accused of violating local laws and operating without the required permits. As a result, Uber is currently experiencing legal problems worldwide, and it has been partially or completely banned in some countries. (맺음말) **Overall, I believe that** ✿companies should be well aware of the [2']rules of the countries they are considering expanding into so as not to overlook potential consequences.

도입 저는 왜 Lilian과 Diego가 기업이 국제적으로 확장할 때 경쟁적인 환경을 조사하고 문화를 연구하는 것이 최적의 접근 방식이라고 생각하는지 이해합니다. 나의 의견 하지만, 제 생각에는 대상 국가의 규정을 주의 깊게 살피는 것이 필수적입니다. 이유 이는 주로 규제 환경이 국가마다 다르기 때문입니다. 일반적 진술 실제로, 외국의 규정을 고려하지 않는 것은 심각한 결과를 초래할 수 있습니다. 예시 예를 들어, 차량 호출 서비스인 우버는 많은 나라에서 현지 규정을 준수하지 않아서 비판을 받아왔습니다. 그것은 현지 법을 위반하고 필요한 허가 없이 운영된다는 혐의를 받았습니다. 그 결과, 우버는 현재 전 세계적으로 법적 분쟁을 겪고 있고, 몇몇 국가에서 부분적으로 또는 완전히 금지되었습니다. 맺음말 전반적으로, 저는 ✿기업들이 잠재적 결과들을 간과하지 않도록 확장하는 것을 고려하고 있는 국가들의 규정을 잘 알아야 한다고 생각합니다.

어휘 및 표현

[문제] management[mǽnidʒmənt] 경영진 expansion[ikspǽnʃən] 확장 diversify[divə́ːrsəfài] 다양화하다 income stream 지속적으로 창출되는 수익 fulfill[fulfíl] 충족시키다 edge[edʒ] 우위 conservative[kənsə́ːrvətiv] 보수적인 [모범 답안] examine[igzǽmin] 조사하다 optimal[ɑ́ptəməl] 최적의, 최선의 regulation[règjuléiʃən] 규정 comply with ~을 준수하다 accuse[əkjúːz] 혐의를 제기하다 violate[váiəleit] 위반하다 permit[pə́ːrmit] 허가

Paraphrase된 표현

[1]strategy → [1']approaches
[2]regulations → [2']rules
[3]failing to consider the regulations of the foreign country → [3']not complying with local regulations

---

고득점 필수 표현

~하지 않도록
so as not to 동사원형

기업들은 잠재적 결과들을 **간과하지 않도록** 확장하는 것을 고려하고 있는 국가들의 규정을 잘 알아야 합니다.

✿ Companies should be well aware of the rules of the countries they are considering expanding into **so as not to overlook** potential consequences.

• 인류는 환경에 더 이상의 해를 **끼치지 않도록** 탄소 배출을 줄여야 합니다.
 Humanity must reduce carbon emissions **so as not to cause** further harm to the environment.

• 고고학자들은 그들의 발견물을 **손상시키지 않도록** 고대 유물을 매우 조심스럽게 발굴해야 합니다.
 Archaeologists must uncover ancient artifacts very carefully **so as not to damage** their finds.

SELF-EVALUATION LIST TEST 12

앞서 학습한 내용을 바탕으로 자신의 답안에 대해 다음 사항을 확인 후, 실력 향상을 위해 개선해야 할 점을 적어보세요.

통합형

1	강의에서 제시된 세 가지 반론을 요약문에 모두 포함하였다.	☐ Yes	☐ No
2	강의에서 제시된 각 반론을 읽기 지문의 대응되는 근거와 관련지어 제시하였다.	☐ Yes	☐ No
3	읽기 지문에 등장한 문장을 그대로 다시 사용하지 않았다.	☐ Yes	☐ No
4	적절한 어휘 및 표현을 사용하였다.	☐ Yes	☐ No
5	동일한 어휘 또는 표현을 반복적으로 사용하지 않았다.	☐ Yes	☐ No
6	문법 및 철자의 오류를 보이지 않는다.	☐ Yes	☐ No

토론형

1	나의 의견을 분명히 제시하였다.	☐ Yes	☐ No
2	나의 의견을 뒷받침하는 이유와, 이유에 대한 설득력 있고 구체적인 예를 제시하였다.	☐ Yes	☐ No
3	토론 주제를 벗어난 내용을 포함하지 않았다.	☐ Yes	☐ No
4	문제에 등장한 교수와 학생들의 문장을 그대로 사용하지 않았다.	☐ Yes	☐ No
5	다양한 어휘/표현/문장 구조를 사용하였다.	☐ Yes	☐ No
6	문법 및 철자의 오류를 보이지 않는다.	☐ Yes	☐ No

라이팅 실력 향상을 위해 개선해야 할 점

HACKERS TOEFL ACTUAL TEST WRITING

TEST 13

INTEGRATED TASK
모범 답안 · 지문 · 해석

ACADEMIC DISCUSSION TASK
모범 답안 · 해석

INTEGRATED TASK
박쥐괴질

읽기 노트 및 듣기 노트

읽기 노트

주제 ——
근거 1 ——
　세부사항
근거 2 ——
　세부사항
근거 3 ——
　세부사항

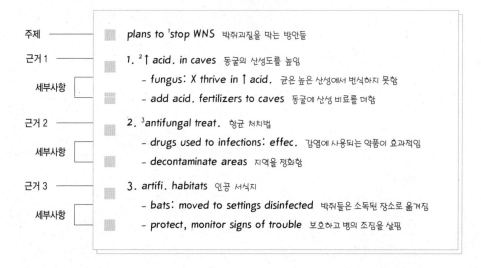

plans to ¹stop WNS 박쥐괴질을 막는 방안들

1. ² ↑ acid. in caves 동굴의 산성도를 높임
   - fungus: X thrive in ↑ acid. 균은 높은 산성에서 번식하지 못함
   - add acid. fertilizers to caves 동굴에 산성 비료를 더함

2. ³antifungal treat. 항균 처치법
   - drugs used to infections: effec. 감염에 사용되는 약품이 효과적임
   - decontaminate areas 지역을 정화함

3. artifi. habitats 인공 서식지
   - bats: moved to settings disinfected 박쥐들은 소독된 장소로 옮겨짐
   - protect, monitor signs of trouble 보호하고 병의 조짐을 살핌

듣기 노트

도입 ——
반론 1 ——
　세부사항
반론 2 ——
　세부사항
반론 3 ——
　세부사항

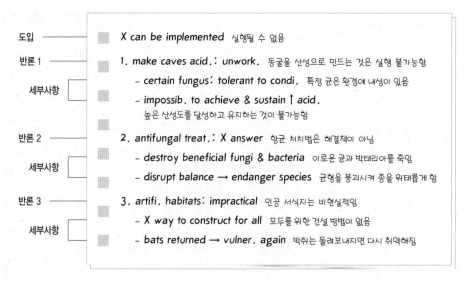

X can be implemented 실행될 수 없음

1. make caves acid.: unwork. 동굴을 산성으로 만드는 것은 실행 불가능함
   - certain fungus: tolerant to condi. 특정 균은 환경에 내성이 있음
   - impossib. to achieve & sustain ↑ acid.
     높은 산성도를 달성하고 유지하는 것이 불가능함

2. antifungal treat.: X answer 항균 처치법은 해결책이 아님
   - destroy beneficial fungi & bacteria 이로운 균과 박테리아를 죽임
   - disrupt balance → endanger species 균형을 붕괴시켜 종을 위태롭게 함

3. artifi. habitats: impractical 인공 서식지는 비현실적임
   - X way to construct for all 모두를 위한 건설 방법이 없음
   - bats returned → vulner. again 박쥐는 돌려보내지면 다시 취약해짐

서론
듣기 도입
읽기 주제

(듣기 도입) **The lecturer argues that** none of the proposed strategies for dealing with White Nose Syndrome can be implemented. (읽기 주제) **This contradicts the reading passage's claim that** there are several methods that could [1]prevent the disease from spreading.

본론 1
듣기 반론 1
세부사항
읽기 근거 1

(듣기 반론 1) **First,** the lecturer points out that raising the acidity of caves is unworkable. (세부사항) A certain type of fungus that causes WNS is tolerant to all kinds of conditions, including acidic ones. Also, it is not possible to achieve and sustain a high enough acidity level in the caves to reliably kill the fungus. (읽기 근거 1) **This casts doubt on the reading passage's claim that** [2]making caves more acidic can halt the spread of the WNS fungus.

본론 2
듣기 반론 2
세부사항
읽기 근거 2

(듣기 반론 2) **Next,** the lecturer asserts that antifungal treatments are not the answer. (세부사항) The drugs would destroy other beneficial fungi and bacteria that live in caves, disrupting the ecological balance and endangering bats and other species. (읽기 근거 2) **This counters the reading passage's claim that** [3]fungus-killing drugs are a good way to stop the WNS fungus.

본론 3
듣기 반론 3
세부사항
읽기 근거 3

(듣기 반론 3) **Finally,** the lecturer contends that artificial habitats are impractical. (세부사항) There is no way to construct enough habitats for all bats that live across the country. Moreover, once the bats are returned to the wild, they would become vulnerable to the fungus once again. (읽기 근거 3) **This refutes the reading passage's claim that** artificial habitats would protect bats from exposure to the fungus.

듣기 도입 강의자는 박쥐괴질을 해결하기 위해 제안된 전략들 중 어느 것도 실행될 수 없다고 주장한다. 읽기 주제 이는 그 질병이 확산되는 것을 막을 수 있는 몇 가지 방법들이 있다는 읽기 지문의 주장을 반박한다.

듣기 반론 1 첫째로, 강의자는 동굴의 산성도를 높이는 것은 실행 불가능하다고 지적한다. 세부사항 박쥐괴질을 일으키는 특정한 종류의 균은 산성을 포함한 모든 종류의 환경에 내성이 있다. 또한, 균을 확실히 죽일 수 있을 만큼 충분히 높은 동굴의 산성도 수치를 달성하고 유지하는 것은 가능하지 않다. 읽기 근거 1 이는 동굴을 더욱 산성으로 만드는 것이 박쥐괴질 균의 확산을 멈출 수 있다는 읽기 지문의 주장에 의구심을 제기한다.

듣기 반론 2 다음으로, 강의자는 항균 처치법은 해결책이 아니라고 주장한다. 세부사항 그 약품들은 동굴 안에 사는 다른 이로운 곰팡이와 박테리아를 죽이는데, 이는 생태 균형을 붕괴시키고 박쥐 및 다른 종들을 위태롭게 할 것이다. 읽기 근거 2 이는 균을 죽이는 약품들이 박쥐괴질 균을 막는 좋은 방법이라는 읽기 지문의 주장에 반대한다.

듣기 반론 3 마지막으로, 강의자는 인공 서식지는 비현실적이라고 주장한다. 세부사항 온 나라에 걸쳐 살고 있는 모든 박쥐들에게 충분한 인공 서식지를 건설할 수 있는 방법은 없다. 게다가, 박쥐들이 야생으로 돌려보내지면, 그들은 또다시 그 균에 취약해질 것이다. 읽기 근거 3 이는 인공 서식지가 박쥐들이 균에 노출되는 것으로부터 보호할 것이라는 읽기 지문의 주장을 반박한다.

어휘 및 표현
reliably[rilái əbli] 확실히, 믿을 수 있게   halt[hɔːlt] 멈추다

Paraphrase된 표현
[1]stop WNS → [1]prevent the disease from spreading
[2]↑ acid. in caves → [2]making caves more acidic
[3]antifungal treat. → [3]fungus-killing drugs

읽기 지문

주제 박쥐괴질을 막는 방안들	A condition known as white-nose syndrome (WNS) is threatening North America's bat population. It is a contagious disease that is characterized by a fungus that grows on the snouts and wings of hibernating bats. With no treatment so far having proven effective, several plans of actions have been proposed to stop the spread of the fungus that causes WNS.	박쥐괴질(WNS)로 알려진 한 질환이 북아메리카의 박쥐 개체 수를 위협하고 있다. 그것은 동면하는 박쥐들의 코와 날개 위에 자라는 균으로 특징지어지는 전염병이다. 아직까지는 효과가 있는 것으로 입증된 치료법이 없는 가운데, 박쥐괴질을 일으키는 균의 확산을 막기 위한 몇 가지 대처 방안들이 제안되어 왔다.
근거 1 —— 동굴의 산성도를 높임 세부사항 균은 높은 산성에서 번식하지 못함 → 동굴에 산성 비료를 더함	The first strategy is to increase the acidity in bat caves. Previous scientific studies have demonstrated that fungus cannot thrive in highly acidic conditions, so one way to stop it would be to change the pH levels of bat habitats. Adding acidic fertilizers to caves could alter their acidity levels to the point where the fungus can no longer survive. Making bat habitats inhospitable in this way would discourage the fungus from growing and spreading.	첫 번째 전략은 박쥐 동굴 내 산성도를 높이는 것이다. 이전의 과학 연구들이 균은 산성이 높은 환경에서 번식할 수 없다는 것을 증명했기 때문에, 그것을 막을 수 있는 하나의 방법은 박쥐 서식지의 수소 이온 농도 수치를 바꾸는 방법일 것이다. 동굴에 산성 비료를 더하는 것은 그것의 산성 수치를 균이 더 이상 살아남을 수 없을 정도로 바꿀 수 있을 것이다. 이러한 방식으로 박쥐 서식지를 살기 힘든 곳으로 만드는 것은 균이 자라고 퍼지는 것을 막을 것이다.
근거 2 —— 항균 처치법 세부사항 감염에 사용되는 약품이 효과적임 / 지역을 정화함	A second tactic involves antifungal treatments. Scientists tested a variety of common drugs that are already used on animals and people to treat fungal infections to see if they would work on the WNS-causing fungus. Two major types of fungicides were found to be fairly effective. These drugs could be applied to the walls of the affected caves to decontaminate the areas where the fungus is currently thriving.	두 번째 작전은 항균 처치법이다. 과학자들은 균 감염을 치료하기 위해 이미 동물과 사람들에게 사용되는 다양한 일반 약품들이 박쥐괴질을 일으키는 균에 효과가 있는지 보기 위해 그것들을 실험했다. 두 가지 주요한 종류의 살균제는 상당히 효과적인 것으로 밝혀졌다. 이 약품들은 균이 현재 번식하고 있는 지역을 정화하기 위해 감염된 동굴 벽에 쓰일 수 있을 것이다.
근거 3 —— 인공 서식지 세부사항 박쥐들은 소독된 장소로 옮겨짐 / 보호하고 병의 조짐을 살핌	The final plan of action suggests providing artificial habitats for the bat species. During the hibernating season, the bats would be moved to simulated, cave-like settings that have been disinfected and are free from the deadly fungus. This would effectively protect the bats by isolating them during the time they are vulnerable to WNS. Additionally, having the bats in a controlled environment would allow scientists to monitor them for any signs of trouble. The information yielded by monitoring can be used to advance knowledge about bats and better protect them against the WNS fungus.	마지막 대처 방안은 박쥐 종에게 인공 서식지를 제공하는 것을 제안한다. 동면 기간 동안에, 박쥐들은 소독되고 치명적인 균이 없는 무주의 동굴처럼 생긴 장소로 옮겨질 것이다. 이는 박쥐들이 박쥐괴질에 취약한 기간에 격리를 시킴으로써 그것들을 효과적으로 보호해줄 것이다. 게다가, 박쥐들을 통제된 환경에 두는 것은 과학자들이 그것들의 병의 조짐을 살필 수 있게 할 것이다. 관찰로 얻어진 정보는 박쥐들에 대한 지식을 발전시키고 박쥐괴질 균으로부터 그들을 더 잘 보호하는 데 이용될 수 있다.

VOCABULARY LIST

condition[kəndíʃən] 질환, 상태   **white-nose syndrome** 박쥐괴질   **contagious**[kəntéidʒəs] 전염되는   **snout**[snaut] 코, 주둥이
hibernate[háibərnèit] 동면하다   **acidity**[əsídəti] 산성도   **fertilizer**[fɔ́ːrtəlàizər] 비료   **inhospitable**[ìnháːspitəble] 살기 힘든, 비호의적인
antifungal[æ̀ntifʌ́ŋgəl] 항균의   **fungicide**[fʌ́ndʒəsàid] 살균제   **decontaminate**[dìːkəntǽmənèit] 정화하다   **artificial**[ɑ̀ːrtəfíʃəl] 인공의
simulated[símjulèitid] 모조의   **disinfect**[dìsinfékt] 소독하다, 살균하다   **deadly**[dédli] 치명적인   **yield**[jiːld] 얻다, 산출하다

도입 실행될 수 없음	White-nose syndrome is killing off bats in record numbers and scientists are scrambling to figure out how to stop it. A lot of suggestions have been tossed around, but I'm going to explain why none of them can be implemented.	박쥐괴질은 기록적인 수치로 박쥐들을 죽게 만들고 있고 과학자들은 그것을 막는 방법을 알아내기 위해 급히 서두르고 있습니다. 수많은 제안들이 논의되어 왔지만, 저는 왜 그것들 중 어느 것도 실행될 수 없는지를 설명하려고 해요.
반론 1 동굴을 산성으로 만드는 것은 실행 불가능함 세부사항 특정 균은 환경에 내성이 있음 / 높은 산성도를 달성하고 유지하는 것이 불가능함	Consider the plan to make caves more acidic . . . It's just unworkable. A certain type of fungus that causes WNS is highly tolerant to a range of conditions—that's why eradicating it is so difficult. There was, um, a study that showed the fungus could grow under all kinds of conditions, even a wide range of acidic ones. Only the most extreme acidic environments have any effect on it. It would be nearly impossible to achieve and sustain a sufficiently high acidity level in all of the affected caves across the continent.	동굴을 더욱 산성으로 만드는 방안을 생각해보세요... 그건 전혀 실행 불가능해요. 박쥐괴질을 일으키는 특정 종류의 균은 다양한 환경에 내성이 높은데, 그 때문에 균을 퇴치하는 것이 굉장히 어려워요. 그 균이 모든 종류의 환경에서, 심지어 광범위한 산성 환경에서도 자랄 수 있다는 것을 보여준, 음, 한 연구가 있었어요. 가장 극단적인 산성의 환경만이 그것에 어느 정도 효과가 있습니다. 대륙 전역의 감염된 모든 동굴에서 충분히 높은 산성 수치를 달성하고 유지하는 것은 거의 불가능할 거예요.
반론 2 항균 처치법은 해결책이 아님 세부사항 이로운 균과 박테리아를 죽임 / 균형을 붕괴시켜 종을 위태롭게 함	And I know that antifungal treatments sound like a great idea, but I'm afraid they're not the answer. Even though there are fungicidal drugs that may stop the fungus that leads to WNS, they would cause more harm than good. We can't just go spraying fungus-killing compounds into the delicate ecosystems of caves. Doing so would destroy several other kinds of beneficial fungi and bacteria that are necessary to keep the cave environment healthy and functioning. I mean, to disrupt the entire ecological balance of these habitats would further endanger bats and other species as well.	그리고 항균 처치법이 좋은 생각처럼 들린다는 것은 알지만, 아쉽게도 그것은 해결책이 아니에요. 비록 박쥐괴질을 야기하는 균을 막을 수 있는 살균 약품이 있기는 하지만, 그것들은 이점보다 더 많은 피해를 일으킬 겁니다. 우리는 균을 죽이는 화합물을 민감한 동굴 생태계에 그저 뿌려댈 수는 없어요. 그렇게 하는 것은 동굴 환경이 건강하고 제대로 기능하도록 유지하는 데 필요한 여러 다른 종류의 이로운 균과 박테리아를 죽일 거예요. 제 말은, 이 서식지들의 전체 생태 균형을 붕괴시키는 것은 박쥐들뿐 아니라 다른 종들 또한 더욱 위태롭게 할 수 있다는 겁니다.
반론 3 인공 서식지는 비현실적임 세부사항 모두를 위한 건설 방법이 없음 / 박쥐는 돌려보내지면 다시 취약해짐	Moving on to artificial habitats . . . well, these are too impractical as a solution. There are millions of bats living in the wild, and there's no way to construct artificial habitats for all of them, let alone transport and care for them. Moreover, the bats may be safe while in captivity, but once they are returned to the wild, they'll be vulnerable to the fungus once again. As you can see, it's not a realistic solution.	인공 서식지로 넘어가면... 글쎄요, 이건 해결책으로서 너무 비현실적입니다. 야생에는 수백만 마리의 박쥐들이 살고 있고, 그것들을 옮기고 돌보는 것은 고사하고 모든 박쥐를 위한 인공 서식지를 건설할 수 있는 방법이 없어요. 게다가, 박쥐들은 갇혀있는 동안은 안전할지 모르지만, 야생으로 돌려보내졌을 때 그들은 또 다시 그 균에 취약해질 거예요. 보시다시피, 그것은 현실적인 해결책이 아닙니다.

VOCABULARY LIST

in record numbers 기록적인 수치로   scramble[skrǽmbl] 급히 서두르다   toss around 논의하다   implement[ímpləmènt] 실행하다
tolerant[tάːlərənt] 내성이 있는   eradicate[irǽdəkèit] 퇴치하다, 근절하다   a wide range of 광범위한   compound[kάːmpaund] 화합물
delicate[délikət] 민감한   disrupt[disrʌ́pt] 붕괴시키다   impractical[imprǽktikəl] 비현실적인, 실행 불가능한   transport[trænspɔ́ːrt] 옮기다, 나르다
in captivity 갇혀있는   vulnerable to ~ ~에 취약한

ACADEMIC DISCUSSION TASK
동물원은 문을 닫아야 함 vs. 아님

QUESTION

Watanabe 교수

Zoos have long been a part of human history, serving various purposes such as education and research. They provide opportunities for people to observe and learn about animals, which fosters a connection with the natural world. However, concerns have been raised about the quality of life for animals kept in captivity and whether the educational benefits of zoos truly outweigh the potential harm caused to these creatures. **Do you agree that zoos should be closed?** Why or why not?

동물원은 교육과 연구와 같은 다양한 목적을 수행하면서 오랫동안 인류 역사의 일부였습니다. 그것들은 사람들이 동물들을 관찰하고 배울 수 있는 기회를 제공하는데, 이는 자연 세계와의 교감을 촉진합니다. 하지만, 감금된 동물들의 삶의 질과 동물원의 교육적 이점이 이 동물들에게 야기하는 잠재적인 피해보다 정말로 더 큰지에 대한 우려가 제기되었습니다. 여러분은 동물원이 문을 닫아야 한다는 것에 동의합니까? 왜 그런가요, 혹은 왜 그렇지 않은가요?

Isaac

I think we should keep zoos open. Many zoos participate in breeding programs for endangered species, aiming to reintroduce them into the wild. They carefully select and pair animals to maintain genetic diversity within the population, which gets restricted in small populations. These efforts contribute to the preservation of endangered species that might otherwise go extinct.

저는 동물원을 계속 운영해야 한다고 생각합니다. 많은 동물원들은 멸종 위기에 처한 종들을 위한 번식 프로그램에 참여하며, 그것들을 야생에 다시 들여오는 것을 목표로 합니다. 소규모 개체에서는 제한되는 유전적 다양성을 개체 내에서 유지하기 위해 그들은 신중하게 동물들을 선택하고 짝을 지어줍니다. 이러한 노력들은 그렇게 하지 않고는 멸종할 수도 있는 멸종 위기에 처한 종들의 보존에 기여합니다.

Scarlett

Zoos should be abolished because animals in captivity may [1]suffer from inadequate living conditions. Limited access to suitable vegetation, hiding places, or climate conditions can lead to physiological and psychological stress. The inability to create suitable habitats is a fundamental ethical issue regarding the captivity of animals.

동물원은 감금된 동물들이 부적절한 생활 환경으로 고통받을 수 있기 때문에 폐지되어야 합니다. 적합한 초목, 은신처, 또는 기후 조건에 대한 제한적인 접근은 생리적 그리고 심리적 스트레스로 이어질 수 있습니다. 적절한 서식지를 조성할 수 없는 것은 동물의 포획과 관련된 근본적인 윤리적 문제입니다.

■ 아웃라인

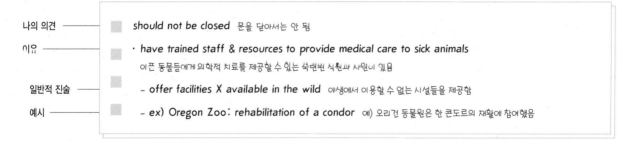

나의 의견 ——— should not be closed 문을 닫아서는 안 됨

이유 ——— • have trained staff & resources to provide medical care to sick animals
아픈 동물들에게 의학적 치료를 제공할 수 있는 숙련된 직원과 자원이 있음

일반적 진술 ——— - offer facilities X available in the wild 야생에서 이용할 수 없는 시설들을 제공함

예시 ——— - ex) Oregon Zoo: rehabilitation of a condor 예) 오리건 동물원은 한 콘도르의 재활에 참여했음

모범 답안

도입 저는 왜 Scarlett이 감금된 동물들이 열악한 생활 환경을 가질지도 모른다고 생각하는지 이해합니다. **나의 의견** 하지만, 제 생각에는 동물원은 문을 닫아서는 안 됩니다. **이유** 주된 이유는 동물원에는 부상을 입거나 아픈 동물들에게 의학적 치료를 제공할 수 있는 숙련된 직원과 자원이 있다는 것입니다. **일반적 진술** 사실, ⚙동물원은 야생에서 이용할 수 없는 시설들을 제공함으로써 동물 복지에 있어서 중요한 역할을 합니다. **예시** 예를 들어, 오리건 동물원은 이카루스라는 이름의 캘리포니아 콘도르의 성공적인 재활과 방생에 참여했습니다. 이카루스는 약했고 이 멸종 위기에 처한 새들에게 흔한 위협인 납 중독으로 고통받고 있었습니다. 그 동물원의 수의사 팀은 납을 제거하기 위해 전문적인 치료를 제공했습니다. 몇 달간의 치료 후, 이카루스는 야생으로 돌려보내졌습니다. **맺음말** 그러므로, 동물원을 계속 운영함으로써, 우리는 동물들의 행복에 기여할 수 있습니다.

어휘 및 표현

[문제] **observe**[əbzɔ́:rv] 관찰하다 **captivity**[kæptívəti] 감금, 포획 **outweigh**[àutwéi] ~보다 더 크다, 능가하다 **breeding**[brí:diŋ] 번식 **reintroduce**[rì:intrədjú:s] (동식물을 살던 지역으로) 다시 들여오다 **extinct**[ikstíŋkt] 멸종한 **abolish**[əbáliʃ] 폐지하다 **inadequate**[inǽdikwət] 부적절한 **vegetation**[vèdʒətéiʃən] 초목, 식물 **physiological**[fìziəládʒikəl] 생리학의 **ethical**[éθikəl] 윤리적인 [모범 답안] **medical attention** 의학적 치료 **welfare**[wélfeər] 복지 **rehabilitation**[rì:həbìlətéiʃən] 재활 **veterinary**[vétərənèri] 수의사의

Paraphrase된 표현

[1]suffer from inadequate living conditions → [1]have poor living environments
[2]animal welfare → [2]well-being of animals

고득점 필수 표현

~에(하는 데) 있어서 …한 역할을 하다
play a 형용사 role in ~

동물원은 야생에서 이용할 수 없는 시설들을 제공함으로써 동물 복지에 **있어서 중요한 역할**을 **합니다.**
⚙Zoos **play an important role in** animal welfare by offering facilities that are not available in the wild.

- 문학은 문화적 가치와 전통을 전달하는 **데 있어서 강력한 역할**을 **합니다.**
  Literature **plays a powerful role in** transmitting cultural values and traditions.

- 정치 운동은 사회 변화를 이끄는 **데 있어서 중요한 역할**을 **합니다.**
  Political movements **play an instrumental role in** driving social change.

SELF-EVALUATION LIST TEST 13

앞서 학습한 내용을 바탕으로 자신의 답안에 대해 다음 사항을 확인 후, 실력 향상을 위해 개선해야 할 점을 적어보세요.

통합형

1	강의에서 제시된 세 가지 반론을 요약문에 모두 포함하였다.	☐ Yes	☐ No
2	강의에서 제시된 각 반론을 읽기 지문의 대응되는 근거와 관련지어 제시하였다.	☐ Yes	☐ No
3	읽기 지문에 등장한 문장을 그대로 다시 사용하지 않았다.	☐ Yes	☐ No
4	적절한 어휘 및 표현을 사용하였다.	☐ Yes	☐ No
5	동일한 어휘 또는 표현을 반복적으로 사용하지 않았다.	☐ Yes	☐ No
6	문법 및 철자의 오류를 보이지 않는다.	☐ Yes	☐ No

토론형

1	나의 의견을 분명히 제시하였다.	☐ Yes	☐ No
2	나의 의견을 뒷받침하는 이유와, 이유에 대한 설득력 있고 구체적인 예를 제시하였다.	☐ Yes	☐ No
3	토론 주제를 벗어난 내용을 포함하지 않았다.	☐ Yes	☐ No
4	문제에 등장한 교수와 학생들의 문장을 그대로 사용하지 않았다.	☐ Yes	☐ No
5	다양한 어휘/표현/문장 구조를 사용하였다.	☐ Yes	☐ No
6	문법 및 철자의 오류를 보이지 않는다.	☐ Yes	☐ No

라이팅 실력 향상을 위해 개선해야 할 점

HACKERS TOEFL ACTUAL TEST WRITING

TEST 14

INTEGRATED TASK
모범 답안 · 지문 · 해석

ACADEMIC DISCUSSION TASK
모범 답안 · 해석

읽기 노트 및 듣기 노트

읽기 노트

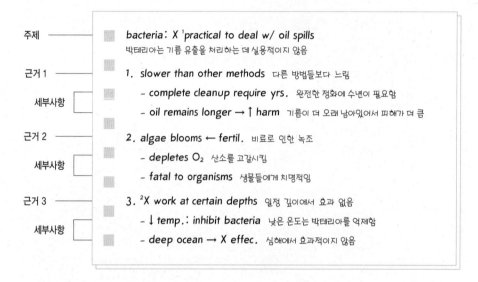

주제 — bacteria: X ¹practical to deal w/ oil spills
박테리아는 기름 유출을 처리하는 데 실용적이지 않음

근거 1 — 1. slower than other methods 다른 방법들보다 느림

세부사항 — - complete cleanup require yrs. 완전한 정화에 수년이 필요함
- oil remains longer → ↑ harm 기름이 더 오래 남아있어서 피해가 더 큼

근거 2 — 2. algae blooms ← fertil. 비료로 인한 녹조

세부사항 — - depletes O₂ 산소를 고갈시킴
- fatal to organisms 생물들에게 치명적임

근거 3 — 3. ²X work at certain depths 일정 깊이에서 효과 없음

세부사항 — - ↓ temp.: inhibit bacteria 낮은 온도는 박테리아를 억제함
- deep ocean → X effec. 심해에서 효과적이지 않음

듣기 노트

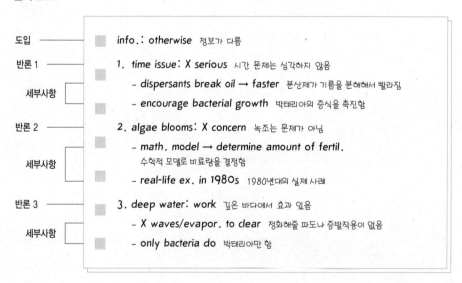

도입 — info.: otherwise 정보가 다름

반론 1 — 1. time issue: X serious 시간 문제는 심각하지 않음

세부사항 — - dispersants break oil → faster 분산제가 기름을 분해해서 빨라짐
- encourage bacterial growth 박테리아의 증식을 촉진함

반론 2 — 2. algae blooms: X concern 녹조는 문제가 아님

세부사항 — - math. model → determine amount of fertil.
수학적 모델로 비료량을 결정함
- real-life ex. in 1980s 1980년대의 실제 사례

반론 3 — 3. deep water: work 깊은 바다에서 효과 있음

세부사항 — - X waves/evapor. to clear 정화해줄 파도나 증발작용이 없음
- only bacteria do 박테리아만 함

서론
듣기 도입
읽기 주제

(듣기 도입) **The lecturer argues that** even though bacteria are seen as an unfeasible way to clean up oil spills, a lot of information says otherwise. (읽기 주제) **This contradicts the reading passage's claim that** bacteria are not a [1]useful method.

본론 1
듣기 반론 1
세부사항
읽기 근거 1

(듣기 반론 1) **First,** the lecturer contends that the time issue is not serious. (세부사항) Dispersants can be used to break the oil up, which makes the cleanup go faster. They also encourage the growth of more bacteria to consume more oil. (읽기 근거 1) **This casts doubt on the reading passage's claim that** bacteria take too much time.

본론 2
듣기 반론 2
세부사항
읽기 근거 2

(듣기 반론 2) **Next,** the lecturer asserts that algae blooms are not problematic. (세부사항) By using mathematical models, researchers can determine the proper amount of fertilizer to use to prevent algae blooms. Also, there is a real-life example of this in the oil spill from the 1980s. (읽기 근거 2) **This counters the reading passage's claim that** algae blooms caused by fertilizer pose a significant threat.

본론 3
듣기 반론 3
세부사항
읽기 근거 3

(듣기 반론 3) **Finally,** the lecturer insists that bacteria are the method that works in deep water. (세부사항) Far beneath the water, where there are no waves or evaporation to clear away the oil, only bacteria will do it. (읽기 근거 3) **This refutes the reading passage's claim that** bacteria will [2]be ineffective in certain parts of the oceans.

듣기 도입 강의자는 비록 박테리아가 기름 유출을 정화하는 데 있어서 실행 불가능한 방법으로 보일지라도, 많은 정보가 그것과 다르게 말하고 있다고 주장한다. 읽기 주제 이는 박테리아가 유용한 방법이 아니라는 읽기 지문의 주장을 반박한다.

듣기 반론 1 첫째로, 강의자는 시간 문제가 심각하지 않다고 주장한다. 세부사항 기름을 분해하기 위해 분산제가 사용될 수 있는데, 이는 정화가 더 빨라지게 만든다. 그것은 또한 더 많은 기름을 먹어 치울 더 많은 박테리아의 증식을 촉진한다. 읽기 근거 1 이는 박테리아가 시간이 너무 오래 걸린다는 읽기 지문의 주장에 의구심을 제기한다.

듣기 반론 2 다음으로, 강의자는 녹조가 문제 되지 않는다고 주장한다. 세부사항 수학적 모델을 이용함으로써, 연구원들은 녹조를 방지하기 위한 적절한 비료 사용량을 결정할 수 있다. 또한, 이것의 실제 사례가 1980년대의 기름 유출에 있다. 읽기 근거 2 이는 비료에 의해 야기된 녹조가 심각한 위협을 가한다는 읽기 지문의 주장에 반대한다.

듣기 반론 3 마지막으로, 강의자는 박테리아가 심해에서 효과가 있는 방법이라고 주장한다. 세부사항 기름을 정화해줄 파도나 증발작용이 없는 수면에서 멀리 떨어진 아래에서는, 오직 박테리아만이 정화를 할 수 있다. 읽기 근거 3 이는 박테리아가 바다의 일정 부분에서 효과가 없을 것이라는 읽기 지문의 주장을 반박한다.

어휘 및 표현
pose a threat 위협을 가하다   ineffective[ìniféktiv] 효과가 없는

Paraphrase된 표현
[1]practical to deal w/ → [1]useful method
[2]X work at → [2]be ineffective in

■ 읽기 지문 및 강의 스크립트

읽기 지문

주제 박테리아는 기름 유출을 처리하는 데 실용적이지 않음	Oil spills can cause severe damage to oceans and marine ecosystems. To combat this kind of pollution, scientists have identified bacteria that can break up and consume oil. While adding bacteria to oil-clogged waters does have some benefits, there are many factors that prevent it from being a practical way to deal with oil spills.	기름 유출은 바다와 해양생태계에 심각한 피해를 야기할 수 있다. 이러한 종류의 오염과 싸우기 위해, 과학자들은 기름을 분해하여 먹어 치우는 박테리아를 찾아냈다. 기름으로 막힌 바다에 박테리아를 넣는 것은 몇몇 이점들을 지니고 있기는 하지만, 그것이 기름 유출을 처리하는 실용적인 방법이 될 수 없게 하는 많은 요인들이 있다.
근거 1 다른 방법들보다 느림 **세부사항** 완전한 정화에 수년이 필요함 → 기름이 더 오래 남아있어서 피해가 더 큼	The main issue with using bacteria is the time it takes. The bacteria break down the oil bit by bit, and this process is much slower than other oil-removal methods. For instance, skimming, which uses special equipment to gather oil floating on the water, can clean up oil-polluted waters in a matter of weeks or months. A complete cleanup using bacteria, on the other hand, would require several years. This slow pace limits the method's effectiveness, since the longer the oil remains in the ocean, the more harm it does. As time goes on, the oil spreads over a greater area, eventually reaching the coastline.	박테리아를 사용하는 것의 가장 큰 문제는 그것에 걸리는 시간이다. 박테리아는 기름을 조금씩 분해하고, 이 과정은 다른 기름 제거 방법보다 훨씬 더 느리다. 예를 들어, 물 위에 떠다니는 기름을 모으기 위해 특별한 장비를 사용하는 스키밍은 기름에 오염된 바다를 몇 주 혹은 몇 달 만에 정화할 수 있다. 반면, 박테리아를 이용한 완전한 정화에는 수년이 필요할 것이다. 이 느린 속도는 그 방법의 효과성을 제한하는데, 기름이 바다에 더 오래 남아있을수록 더 큰 피해를 입히기 때문이다. 시간이 지남에 따라, 기름은 더 넓은 지역으로 퍼지고, 결국 해안 지대에 닿게 된다.
근거 2 비료로 인한 녹조 **세부사항** 산소를 고갈시킴 → 생물들에게 치명적임	The next complication is algae blooms. In order for the bacteria to function properly, fertilizer must be added to it. However, the fertilizer can cause algae blooms to form in the water, and it depletes the oxygen in the ocean. This is a serious concern because a lack of oxygen would be fatal to fish and other organisms, which would negate much of the benefit of using the bacteria.	다음 문제는 녹조이다. 박테리아가 제대로 기능하기 위해서는, 비료가 반드시 더해져야 한다. 그러나, 비료는 물속에 녹조가 형성되는 것을 야기할 수 있고, 그것은 바다의 산소를 고갈시킨다. 이것은 산소의 부족이 물고기와 다른 생물들에게 치명적일 수 있기 때문에 심각한 문제인데, 이는 박테리아를 사용하는 것의 이점 중 많은 부분을 무효화할 것이다.
근거 3 일정 깊이에서 효과 없음 **세부사항** 낮은 온도는 박테리아를 억제함 → 심해에서 효과적이지 않음	Another drawback is that this technique does not work well at certain depths. Deep water is cold, and low temperatures inhibit the growth of bacteria. This means that when oil spills occur in the deep ocean, such as spills caused by oil-drilling platforms, the use of bacteria is not an effective cleanup method.	또 다른 단점은 이 기법이 일정 깊이에서는 그다지 효과가 없다는 것이다. 심해는 차갑고, 낮은 온도는 박테리아의 증식을 억제한다. 이는 석유 시추 플랫폼에 의해 일어나는 유출과 같이 심해에서 기름 유출이 발생하는 경우에는, 박테리아의 사용이 효과적인 정화 방법이 아니라는 것을 의미한다.

VOCABULARY LIST

oil spill 기름 유출　**identify**[aidéntəfài] 찾다, 발견하다　**break up ~** ~을 분해하다　**consume**[kənsúːm] 먹어 치우다　**clog**[klɑːg] 막히게 하다, 메우다
bit by bit 조금씩, 서서히　**float**[flout] 떠다니다　**coastline**[kóustlàin] 해안 지대　**complication**[kàːmpləkéiʃən] 문제, 합병증　**deplete**[diplíːt] 고갈시키다
fatal[feitl] 치명적인　**negate**[nigéit] 무효화하다　**inhibit**[inhíbit] 억제하다　**oil-drilling platform** 석유 시추 플랫폼

도입 정보가 다름	I'd like to begin by discussing the reading about oil spills. Specifically, let's consider whether the use of bacteria is as unfeasible as the article indicates. There's a lot of information that says otherwise.	기름 유출에 대한 읽기 지문을 논하면서 시작하려고 합니다. 특히, 박테리아의 사용이 그 글이 나타내는 것만큼 실행 불가능한 것인지를 생각해봅시다. 그것과 다르게 말하고 있는 정보가 많이 있거든요.
반론 1 시간 문제는 심각하지 않음 **세부사항** 분산제가 기름을 분해해서 빨라짐 / 박테리아의 증식을 촉진함	First, the issue of time isn't really that serious. There are ways to speed up the process, such as using dispersants. To be specific, dispersants break the oil up into small pieces. And this makes the cleanup go much faster since the, um, bacteria consumes the smaller oil droplets more quickly. On top of that, dispersants actually encourage bacterial growth, which means they create more bacteria that can consume more oil. So, that's two ways these chemicals improve and, you know, accelerate the cleanup process.	첫째로, 시간의 문제는 그리 심각하지 않습니다. 분산제의 사용과 같은 그 과정의 속도를 높여줄 방법들이 있어요. 구체적으로 말하자면, 분산제는 기름을 작은 조각으로 분해합니다. 그리고 이것은 정화가 훨씬 더 빨라지게 하는데, 음, 이는 박테리아가 더 작은 기름 방울들을 더 빠르게 먹어치우기 때문이에요. 게다가, 분산제는 실제로 박테리아의 증식을 촉진하는데, 이는 그것이 더 많은 기름을 먹어 치울 수 있는 더 많은 박테리아를 만들어낸다는 의미에요. 따라서, 그것은 이 화학물질이 정화 과정을 개선하고, 그러니까, 가속화하는 두 가지 방법인 겁니다.
반론 2 녹조는 문제가 아님 **세부사항** 수학적 모델로 비료량을 결정함 / 1980년대의 실제 사례	Turning our attention to algae blooms, I need to point out they're not a huge concern, either. It's just a matter of managing the fertilizer correctly. In fact, we can factor in the type and size of the body of water where the oil spill occurred using mathematical models created for this purpose. Through this approach, we can determine the proper amount of fertilizer to use to ensure algae blooms don't happen. And, as you can see, we have a real-life example of this in the Exxon Valdez oil spill from the 1980s. Bacteria and fertilizer were used in carefully controlled amounts to clean the waters along the Alaskan coastline. And guess what? No algae blooms occurred.	녹조로 주의를 돌려서, 그것 또한 큰 문제가 아니라는 것을 지적해야겠네요. 그것은 단지 비료를 올바르게 조절하는 것의 문제일 뿐입니다. 사실, 우리는 이러한 목적으로 만들어진 수학적 모델을 이용해서 기름 유출이 일어난 수역의 종류와 크기를 고려할 수 있어요. 이러한 접근 방법을 통해, 우리는 녹조가 일어나지 않게 하기 위한 적절한 비료 사용량을 결정할 수 있습니다. 그리고, 보시다시피, 이것의 실제 사례가 1980년대의 엑손 밸디즈 기름 유출에 있습니다. 알래스카 해안 지대를 따라 위치한 바다를 정화하기 위해 박테리아와 비료가 정교하게 조절된 양으로 사용되었죠. 그리고는 어떻게 되었을까요? 녹조는 일어나지 않았습니다.
반론 3 깊은 바다에서 효과 있음 **세부사항** 정화해줄 파도나 증발 작용이 없음 → 박테리아만 함	OK, there's the matter of deep water. The truth is, bacteria are the only method that will work at such depths. That far below the ocean's surface, there are no waves or evaporation to clear away the oil. Only bacteria will do it. So, even though bacteria break down the oil more slowly in deep water due to low temperatures, they eventually get the job done.	좋아요, 이제 깊은 바다의 문제가 있네요. 진실은, 박테리아만이 그러한 깊이에서 효과가 있는 유일한 방법이라는 거예요. 해수면에서 그토록 멀리 떨어진 아래에는, 기름을 정화해줄 파도나 증발작용이 없습니다. 오직 박테리아만이 정화를 할 거예요. 따라서, 비록 박테리아가 심해에서 낮은 온도 때문에 기름을 더 느리게 분해하기는 하지만, 결국에는 그 일을 끝내요.

VOCABULARY LIST

unfeasible[ʌ̀nfíːzəbl] 실행 불가능한   indicate[índikèit] 나타내다   dispersant[dispə́ːrsnt] 분산제   droplet[drɑ́plit] 방울
encourage[inkə́ːridʒ] 촉진하다, 고무시키다   accelerate[æksélərèit] 가속화하다   a matter of ~ ~의 문제   factor in ~ ~을 고려하다, 감안하다
mathematical[mæ̀θəmǽtikəl] 수학적인   approach[əpróutʃ] 접근 방법   evaporation[ivæ̀pəréiʃən] 증발 (작용)

ACADEMIC DISCUSSION TASK
직장에서 다른 사람들과 비슷하게 행동해야 함 vs. 다르게 행동해야 함

QUESTION

Yang 박사

In the field of organizational behavior, scholars have long explored the dynamics of individual behavior in the workplace and its impact on professional success. In order to achieve professional success, some people make an effort to [1]fit in by [2]acting like everyone else. However, others try to stand out by being different. **In your opinion, which is the better way to behave in the workplace?** Why?

조직 행동 분야에서, 학자들은 오랫동안 직장에서의 개인행동의 역학과 그것이 직업적 성공에 미치는 영향을 탐구해 왔습니다. 직업적 성공을 이루기 위해, 어떤 사람들은 다른 사람들처럼 행동함으로써 잘 어울리기 위해 노력합니다. 하지만, 다른 사람들은 다르게 행동함으로써 돋보이기 위해 노력합니다. 여러분 생각에, 어떤 것이 직장에서 행동하는 더 나은 방법입니까? 그 이유는 무엇인가요?

Theresa

You can get ahead at work by [3]being different. It allows you to highlight your unique abilities, which raises your overall value. In fact, employers tend to reward workers who can perform tasks that others in the company cannot. So you have a much greater chance of receiving a salary increase if you stand out.

남들과 다르게 행동함으로써 직장에서 성공할 수 있습니다. 그것은 당신이 당신의 특별한 능력들을 강조할 수 있게 해주며, 이는 당신의 전체적인 가치를 높여줍니다. 실제로, 고용주들은 회사 내 다른 사람들이 할 수 없는 일을 수행할 수 있는 직원들에게 보상을 주는 경향이 있습니다. 따라서 만약 당신이 돋보이면 급여 인상을 받을 가능성이 훨씬 더 큽니다.

George

In a workplace where everyone acts similarly, conflicts and friction are reduced. So when you prioritize conformity, you minimize behaviors that might cause disruptions and create an atmosphere that features harmony and mutual respect. This allows for a more productive work environment, ultimately leading to greater success in the workplace.

모두가 비슷하게 행동하는 직장에서는, 갈등과 마찰이 줄어듭니다. 따라서 순응을 우선시하면, 혼란을 야기할 수 있는 행동을 최소화하고 조화와 상호 존중을 특징으로 하는 분위기를 조성할 수 있습니다. 이는 더 생산적인 업무 환경을 허용하고, 궁극적으로 직장에서의 더 큰 성공으로 이어집니다.

■ 아웃라인

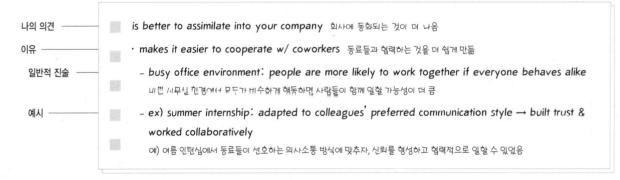

나의 의견	is better to assimilate into your company 회사에 동화되는 것이 더 나음
이유	· makes it easier to cooperate w/ coworkers 동료들과 협력하는 것을 더 쉽게 만듦
일반적 진술	- busy office environment: people are more likely to work together if everyone behaves alike 바쁜 사무실 환경에서 모두가 비슷하게 행동하면 사람들이 함께 일할 가능성이 더 큼
예시	- ex) summer internship: adapted to colleagues' preferred communication style → built trust & worked collaboratively 예) 여름 인턴십에서 동료들이 선호하는 의사소통 방식에 맞추자, 신뢰를 형성하고 협력적으로 일할 수 있었음

▰ 모범 답안

(도입) **I understand why** Theresa **thinks that** [3]differentiating yourself from others is crucial for success in your career. (나의 의견) **However, in my opinion,** it is better to [1]assimilate into your company by adopting the behaviors and attitudes of colleagues. (이유) **This is mainly because** ✿it is assimilation that makes it easier to cooperate with your coworkers. (일반적 진술) In a busy office environment, people are more likely to work together and share ideas if everyone [2]behaves alike. (예시) **For instance,** during my summer internship at an accounting company, I initially preferred face-to-face communication, but my colleagues preferred to communicate via e-mail. So I quickly adapted to their preferred communication style. I sent well-written emails with clear action items, which helped build trust among my colleagues and enabled us to work collaboratively towards achieving our goals. (맺음말) **Overall, I believe that** it is better to [2]be similar to others in your workplace.

도입 저는 왜 Theresa가 자신을 다른 사람과 차별화하는 것이 직장에서의 성공에 중요하다고 생각하는지 이해합니다. 나의 의견 하지만, 제 생각에는 동료들의 행동과 태도를 받아들여 회사에 동화되는 것이 더 낫다고 생각합니다. 이유 이는 주로 ✿동료들과 협력하는 것을 더 쉽게 만드는 것은 바로 동화이기 때문입니다. 일반적 진술 바쁜 사무실 환경에서, 모두가 비슷하게 행동하면 사람들은 함께 일하고 아이디어를 공유할 가능성이 더 큽니다. 예시 예를 들어, 회계 회사에서의 저의 여름 인턴십 기간 동안, 저는 처음에는 면대면 의사소통을 선호했지만, 저의 동료들은 이메일을 통해 의사소통하는 것을 선호했습니다. 그래서 저는 재빨리 그들이 선호하는 의사소통 방식에 맞췄습니다. 저는 명확한 업무 항목들이 포함된 잘 작성된 이메일을 보냈고, 이는 동료들 간 신뢰를 형성하는 데 도움이 되었고 저희가 목표 달성을 위해 협력적으로 일하게 해주었습니다. 맺음말 전반적으로, 저는 직장에서 다른 사람들과 비슷하게 행동하는 것이 더 낫다고 생각합니다.

어휘 및 표현

[문제] professional[prəféʃənl] 직업적인   get ahead 성공하다   reward[riwɔ́:rd] 보상을 주다   highlight[hàiláit] 강조하다
conformity[kənfɔ́:rməti] 순응, 따름   ultimately[ʌ́ltəmətli] 궁극적으로   [모범 답안] differentiate[dìfərénʃièit] 차별화하다   assimilate[əsíməlèit] 동화되다
attitude[ǽtitjù:d] 태도   behave[bihéiv] 행동하다   action item 업무 항목

Paraphrase된 표현

[1]fit in → [1]assimilate into your company
[2]acting like everyone else → [2]behaves alike / [2]be similar to others
[3]being different → [3]differentiating yourself from others

고득점 필수 표현	…는 바로 ~다
	it ~ that ...

동료들과 협력하는 것을 더 쉽게 만드는 것은 **바로** 동화**입니다.**
✿**It** is assimilation **that** makes it easier to cooperate with your coworkers.

• 그의 궁극적인 성공으로 이끈 것은 **바로** 그의 사업을 시작하기로 한 결정**이었습니다.**
  It was the decision to start his own business **that** led to his ultimate success.

• 나에게 계속 동기를 부여하고 의욕을 넘치게 해주는 것은 **바로** 그 목표**입니다.**
  It is that goal **that** keeps me motivated and driven.

SELF-EVALUATION LIST TEST 14

앞서 학습한 내용을 바탕으로 자신의 답안에 대해 다음 사항을 확인 후, 실력 향상을 위해 개선해야 할 점을 적어보세요.

통합형

1 강의에서 제시된 세 가지 반론을 요약문에 모두 포함하였다.　　　　　□ Yes　　□ No

2 강의에서 제시된 각 반론을 읽기 지문의 대응되는 근거와 관련지어 제시하였다.　□ Yes　　□ No

3 읽기 지문에 등장한 문장을 그대로 다시 사용하지 않았다.　　　　　　□ Yes　　□ No

4 적절한 어휘 및 표현을 사용하였다.　　　　　　　　　　　　　　□ Yes　　□ No

5 동일한 어휘 또는 표현을 반복적으로 사용하지 않았다.　　　　　　□ Yes　　□ No

6 문법 및 철자의 오류를 보이지 않는다.　　　　　　　　　　　　□ Yes　　□ No

토론형

1 나의 의견을 분명히 제시하였다.　　　　　　　　　　　　　　□ Yes　　□ No

2 나의 의견을 뒷받침하는 이유와, 이유에 대한 설득력 있고 구체적인 예를 제시하였다.　□ Yes　　□ No

3 토론 주제를 벗어난 내용을 포함하지 않았다.　　　　　　　　　□ Yes　　□ No

4 문제에 등장한 교수와 학생들의 문장을 그대로 사용하지 않았다.　□ Yes　　□ No

5 다양한 어휘/표현/문장 구조를 사용하였다.　　　　　　　　　　□ Yes　　□ No

6 문법 및 철자의 오류를 보이지 않는다.　　　　　　　　　　　　□ Yes　　□ No

라이팅 실력 향상을 위해 개선해야 할 점

TEST 15

INTEGRATED TASK
모범 답안 · 지문 · 해석

ACADEMIC DISCUSSION TASK
모범 답안 · 해석

INTEGRATED TASK
뇌 크기의 변화

■ 읽기 노트 및 듣기 노트

읽기 노트

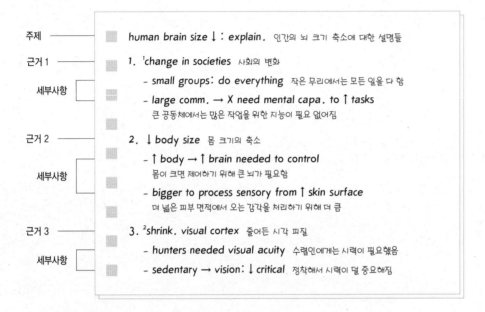

주제 ——— human brain size ↓ : explain. 인간의 뇌 크기 축소에 대한 설명들

근거 1 ——— 1. [1]change in societies 사회의 변화

세부사항 — - small groups: do everything 작은 무리에서는 모든 일을 다 함
- large comm. → X need mental capa. to ↑ tasks
큰 공동체에서는 많은 작업을 위한 지능이 필요 없어짐

근거 2 ——— 2. ↓ body size 몸 크기의 축소

세부사항 — - ↑ body → ↑ brain needed to control
몸이 크면 제어하기 위해 큰 뇌가 필요함
- bigger to process sensory from ↑ skin surface
더 넓은 피부 면적에서 오는 감각을 처리하기 위해 더 큼

근거 3 ——— 3. [2]shrink. visual cortex 줄어든 시각 피질

세부사항 — - hunters needed visual acuity 수렵인에게는 시력이 필요했음
- sedentary → vision: ↓ critical 정착해서 시력이 덜 중요해짐

듣기 노트

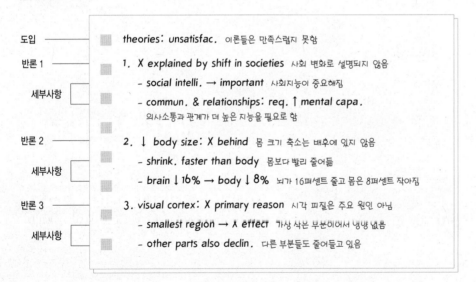

도입 ——— theories: unsatisfac. 이론들은 만족스럽지 못함

반론 1 ——— 1. X explained by shift in societies 사회 변화로 설명되지 않음

세부사항 — - social intelli. → important 사회지능이 중요해짐
- commun. & relationships: req. ↑ mental capa.
의사소통과 관계가 더 높은 지능을 필요로 함

반론 2 ——— 2. ↓ body size: X behind 몸 크기 축소는 배후에 있지 않음

세부사항 — - shrink. faster than body 몸보다 빨리 줄어듦
- brain ↓16% → body ↓8% 뇌가 16퍼센트 줄고 몸은 8퍼센트 작아짐

반론 3 ——— 3. visual cortex: X primary reason 시각 피질은 주요 원인 아님

세부사항 — - smallest region → X effect 가장 작은 부분이어서 냉냉 없음
- other parts also declin. 다른 부분들도 줄어들고 있음

모범 요약문

서론
듣기 도입
읽기 주제

(듣기 도입) **The lecturer argues that** all of the theories about the shrinking human brain offer unsatisfactory explanations. (읽기 주제) **This contradicts the reading passage's claim that** the decrease in brain size can be explained.

본론 1
듣기 반론 1
세부사항
읽기 근거 1

(듣기 반론 1) **First,** the lecturer points out that a shift in human societies does not explain the smaller brain. (세부사항) This is because new kinds of intelligence, like social intelligence, became important. Communicating and maintaining relationships must have required a lot of mental capacity. (읽기 근거 1) **This casts doubt on the reading passage's claim that** the brain shrank as [1]social groups evolved.

본론 2
듣기 반론 2
세부사항
읽기 근거 2

(듣기 반론 2) **Next,** the lecturer asserts that a decrease in body size is not behind the reduction in brain size. (세부사항) Studies have demonstrated that the brain has been shrinking faster than the body. The brain has shrunk by 16 percent, but the body is only 8 percent smaller. (읽기 근거 2) **This counters the reading passage's claim that** a decline in body size has made the brain shrink.

본론 3
듣기 반론 3
세부사항
읽기 근거 3

(듣기 반론 3) **Finally,** the lecturer contends that shrinking visual cortex is not the primary reason for the human brain growing smaller. (세부사항) The visual cortex is located in the smallest part of the brain, so it would have little effect on brain size. In addition, other parts of the brain are also declining. (읽기 근거 3) **This refutes the reading passage's claim that** the brain decreased in size because the [2]visual cortex got smaller.

듣기 도입 강의자는 인간의 뇌가 줄어드는 것에 대한 이론들이 모두 만족스럽지 못한 설명을 제공한다고 주장한다. 읽기 주제 이는 뇌 크기의 축소가 설명될 수 있다는 읽기 지문의 주장을 반박한다.

듣기 반론 1 첫째로, 강의자는 인간 사회의 변화가 작아진 뇌를 설명해주지 않는다고 지적한다. 세부사항 이것은 사회지능과 같은 새로운 종류의 지능이 중요해졌기 때문이다. 의사소통하고 관계를 유지하는 것은 틀림없이 많은 지능을 요구했을 것이다. 읽기 근거 1 이는 사회 집단이 발달하면서 뇌가 줄어들었다는 읽기 지문의 주장에 의구심을 제기한다.

듣기 반론 2 다음으로, 강의자는 몸 크기의 축소가 뇌 크기 감소의 배후에 있지 않다고 주장한다. 세부사항 연구들은 뇌가 몸보다 더 빠르게 줄어들어 왔다는 것을 보여주었다. 뇌는 16퍼센트 줄어들었지만, 몸은 단지 8퍼센트만 작아졌다. 읽기 근거 2 이는 몸 크기의 감소가 뇌를 줄어들게 만들었다는 읽기 지문의 주장에 반대한다.

듣기 반론 3 마지막으로, 강의자는 줄어든 시각 피질이 인간의 뇌가 점점 더 작아지는 것의 주요 원인이 아니라고 주장한다. 세부사항 시각 피질은 뇌의 가장 작은 부분에 위치하고 있기 때문에, 그것은 뇌 크기에 거의 영향을 미치지 않을 것이다. 게다가, 뇌의 다른 부분들 또한 줄어들고 있다. 읽기 근거 3 이는 시각 피질이 작아졌기 때문에 뇌 크기가 감소했다는 읽기 지문의 주장을 반박한다.

어휘 및 표현
evolve[ivá:lv] 발달하다

Paraphrase된 표현
[1]change in societies → [1]social groups evolved
[2]shrink. visual cortex → [2]visual cortex got smaller

■ 읽기 지문 및 강의 스크립트

읽기 지문

주제 인간의 뇌 크기 축소에 대한 설명들	Many people think that the brain has grown larger and larger over millions of years of human evolution. However, during the last 20,000 years, the average human brain size has actually been decreasing. A number of explanations for this phenomenon exist.	많은 사람들은 수백만 년의 인류 진화에 걸쳐 뇌가 점점 더 커졌다고 생각한다. 하지만, 지난 2만 년 동안, 인간의 뇌의 평균 크기는 사실 줄어들고 있다. 이 현상에 대한 수많은 설명들이 존재한다.
근거 1 사회의 변화 세부사항 작은 무리에서는 모든 일을 다 함 / 큰 공동체에서는 많은 작업을 위한 지능이 필요 없어짐	Some experts maintain that the decline in brain size resulted from a change in human societies. When humans lived on their own or in small groups, each person needed to be self-sufficient, doing everything from defending themselves from enemies to building shelters. However, as the population density increased, people began living in larger communities, allowing for a specialized division of labor. Since each individual no longer needed the mental capacity to accomplish such a wide range of tasks, a large brain was no longer required.	일부 전문가들은 뇌 크기의 축소가 인간 사회의 변화로부터 온 결과라고 주장한다. 인간이 혼자서 혹은 작은 무리에서 생활했을 때, 각 개인은 적으로부터 그들 자신을 방어하는 것에서부터 거처를 짓는 것까지 모든 일을 다 하면서 자급자족할 수 있어야 했다. 하지만, 인구 밀도가 높아지면서, 사람들은 더 큰 공동체에서 살기 시작했고, 이는 전문화된 노동 분화를 가능하게 했다. 각 개인이 더 이상 그러한 다양한 범위의 작업들을 해내기 위한 지능을 필요로 하지 않았기 때문에, 큰 뇌는 더 이상 필요하지 않았다.
근거 2 몸 크기의 축소 세부사항 몸이 크면 제어하기 위해 큰 뇌가 필요함 / 더 넓은 피부 면적에서 오는 감각을 처리하기 위해 더 큼	A second explanation is that the brain has shrunk due to a corresponding decrease in body size. Researchers have discovered that humans were much larger 20,000 years ago than they are today. They believe that when the human body was bigger, a larger brain was needed to control it. Moreover, there would have been a need for a bigger brain to process the extra sensory input coming from the greater amount of skin surface area. But as people became smaller, a big brain became unnecessary.	두 번째 설명은 몸 크기의 상응하는 축소로 인해 뇌가 줄어들었다는 것이다. 연구원들은 인간이 2만 년 전에 지금보다 훨씬 더 컸다는 것을 발견했다. 그들은 인간의 몸이 더 컸을 때, 이를 제어하기 위해 더 큰 뇌가 필요했다고 믿는다. 게다가, 더 넓은 피부 면적으로부터 오는 추가적인 감각 정보를 처리하기 위해 더 큰 뇌가 필요했을 것이다. 그러나 사람들이 더 작아지면서, 큰 뇌는 불필요해졌다.
근거 3 줄어든 시각 피질 세부사항 수렵인에게는 시력이 필요했음 / 정착해서 시력이 덜 중요해짐	Moreover, the reduction in brain mass may be accounted for by a shrinking visual cortex, the part of the brain responsible for processing visual information. When humans were hunter-gatherers, they needed exceptional visual acuity to locate food sources and avoid predators. That is why the visual cortex was quite large at that time. However, as sedentary lifestyles were adopted, sharp vision became less critical, and the visual cortex diminished in size. As a result, the human brain got smaller.	게다가, 뇌 크기의 축소는 시각 정보 처리를 담당하는 뇌의 부분인 시각 피질이 줄어드는 것에 의해 설명될 수 있다. 인간이 수렵 채집인이었을 때는, 음식이 있는 곳의 위치를 찾아내고 약탈자들을 피하기 위해 뛰어난 시력이 필요했다. 그것이 그 당시에 시각 피질이 상당히 컸던 이유이다. 그러나, 정착하는 생활양식을 취하게 되면서, 예리한 시력은 덜 중요해졌고, 시각 피질은 크기가 줄어들었다. 그 결과, 인간의 뇌는 더 작아졌다.

VOCABULARY LIST

evolution[èvəlú:ʃən] 진화, 발전   self-sufficient[sèlfsəfíʃənt] 자급자족할 수 있는   shelter[ʃéltər] 거처, 피신처   division[divíʒən] 분화
corresponding[kɔ̀:rəspá:ndiŋ] 상응하는   sensory input 감각 정보   shrink[ʃriŋk] 줄어들다   visual cortex 시각 피질   exceptional[iksépʃənl] 뛰어난
visual acuity 시력   locate[lóukeit] ~의 위치를 찾아내다   sedentary[sédntèri] 정착하는, 앉아있는   adopt[ədá:pt] 취하다, 선택하다

도입 이론들은 만족스럽지 못함	All right, the human brain is shrinking. And we now know that this has been going on for thousands of years. The obvious question is, why? Well, I'm afraid that all of the theories that have been proposed thus far are pretty unsatisfactory.	좋아요. 인간의 뇌는 줄어들고 있습니다. 그리고 이제 우리는 이것이 수천 년 동안 계속되고 있다는 것을 알아요. 당연한 질문은, 왜 그런 거죠? 글쎄요, 유감스럽게도 지금까지 제시된 이론들은 모두 상당히 만족스럽지 못합니다.
반론 1 사회 변화로 설명되지 않음 **세부사항** 사회지능이 중요해짐 / 의사소통과 관계가 더 높은 지능을 필요 로 함	Regardless of what you read, the decrease in brain size can't be explained by a shift in human societies. It's true that as humans began living in large groups, people didn't have to be able to do everything themselves. But at the same time, new kinds of intelligence were needed. In particular, uh, social intelligence became more important. The highly complex mental processes that are necessary to communicate and maintain relationships with other people would have required significant mental capacity. So, if anything, you might think that the brain would have gotten larger. In short, this theory can't account for the smaller brain.	여러분이 읽은 것과는 다르게, 뇌 크기의 축소는 인간 사회의 변화에 의해 설명될 수 없어요. 인간이 큰 집단에서 살기 시작하면서, 사람들이 그들 스스로 모든 것을 다 할 수 있을 필요가 없어진 것은 사실이에요. 하지만 동시에, 새로운 종류의 지능이 필요해졌죠. 특히, 어, 사회지능이 더 중요해졌어요. 다른 사람들과 소통하고 관계를 유지하는 데 필요한 매우 복잡한 정신 과정은 상당한 지능을 필요로 했을 겁니다. 그래서, 오히려, 뇌가 더 커졌을 거라고 생각할 수 있겠죠. 간단히 말하자면, 이 이론은 작아진 뇌를 설명할 수 없습니다.
반론 2 몸 크기 축소는 배후에 있지 않음 **세부사항** 몸보다 빨리 줄어듦 / 뇌가 16퍼센트 줄고 몸 은 8퍼센트 작아짐	Another point is that a decrease in body size isn't behind the reduction in brain volume. You see, recent studies of human fossils have shown that the brain has actually been shrinking quite a bit faster than the body. The, uh, average brain has decreased in volume by about 16 percent, while body sizes are only about 8 percent smaller. If body changes were the reason for the smaller brain, you'd expect the brain and body to be shrinking at similar rates.	또 다른 요점은 몸 크기의 축소가 뇌 부피 감소의 배후에 있지 않다는 겁니다. 있잖아요. 최근 인간 화석 연구들은 뇌가 사실 몸보다 상당히 더 빠르게 줄어들고 있다는 것을 보여주었습니다. 그, 어, 몸 크기가 단 8퍼센트만 작아진 반면에, 평균적인 뇌는 부피가 16퍼센트 정도 줄어들었죠. 만약 몸의 변화가 작아진 뇌의 원인이었다면, 여러분은 뇌와 몸이 비슷한 비율로 줄어들 것으로 예상할 겁니다.
반론 3 시각 피질은 주요 원인 아님 **세부사항** 가장 작은 부분이어서 영향 없음 / 다른 부분 들도 줄어들고 있음	I'd like to conclude today's lecture by pointing out that a shrinking visual cortex is not the primary reason that the average brain size has diminished. The visual cortex is found in the smallest of the four regions of the brain, so a decrease in its size would have little effect on the overall size of the brain. On top of that, a recent study showed that it's not just the visual cortex that's getting smaller. Other parts of the brain are also declining in size, which means that the visual cortex theory can't be the main reason for the shrinking brain.	줄어드는 시각 피질이 평균 뇌 크기가 감소한 것의 주요 원인이 아니라는 점을 지적하면서 오늘의 강의를 마무리하려고 합니다. 시각 피질은 뇌의 네 부분 중 가장 작은 곳에서 발견되기 때문에, 그것의 크기 감소는 뇌 전체 크기에는 거의 영향을 미치지 않을 겁니다. 게다가, 최근의 한 연구는 점점 더 작아지고 있는 것이 단지 시각 피질만이 아니라는 것을 보여주었어요. 뇌의 다른 부분들 또한 크기가 줄어들고 있는데, 이는 시각 피질 이론이 줄어드는 뇌의 주요 원인이 될 수 없음을 의미합니다.

VOCABULARY LIST

thus far 지금까지   unsatisfactory[ʌ̀nsæ̀tisfǽktəri] 만족스럽지 못한   shift[ʃift] 변화; 이동하다   social intelligence 사회지능   if anything 오히려
reduction[ridʌ́kʃən] 감소, 축소   volume[vɑ́:lju:m] 부피, 용량   fossil[fɑ́:səl] 화석   rate[reit] 비율   primary[práimeri] 주요의
diminish[dimíniʃ] 감소하다

ACADEMIC DISCUSSION TASK
관광 시설의 과잉 개발이 지역사회에 미치는 영향

QUESTION

Carter 교수

Tourism plays a critical role in the economic development of many countries. This has led to the constant development of new ¹tourist facilities to bring in visitors. However, these projects have drawn criticism because of their negative effects on the people living in the area. **I'd like you to think of one negative effect of the ²overdevelopment of tourist infrastructure on local communities. Then, explain what you think would be an effective way to minimize the effect.**

관광업은 많은 국가의 경제 발전에 중요한 역할을 합니다. 이것은 방문객을 유치하기 위한 새로운 관광 시설들의 지속적인 개발로 이어졌습니다. 하지만, 이러한 프로젝트들은 그 지역에 거주하는 사람들에게 끼치는 부정적인 영향 때문에 비난을 샀습니다. 여러분이 관광 시설의 과잉 개발이 지역사회에 미치는 부정적인 영향 한 가지를 생각해 보시기 바랍니다. 그런 다음, 그 영향을 최소화할 수 있는 효과적인 방법이 무엇이라고 생각하는지 설명하십시오.

Travis

Probably the biggest effect is increased pollution. As more and more tourists flock to an area, there is a rise in vehicle use that can worsen air quality. At the same time, visitors tend to produce large amounts of trash, such as plastic bags and bottles. One possible solution would be for the government to promote public transportation and recycling.

아마도 가장 큰 영향은 오염의 증가일 것입니다. 한 지역에 점점 더 많은 관광객이 몰려들면서, 대기질을 악화시킬 수 있는 차량 이용이 증가합니다. 동시에, 방문객들은 비닐봉지나 병과 같은 많은 양의 쓰레기를 발생시키는 경향이 있습니다. 한 가지 가능한 해결책은 정부가 대중교통과 재활용을 장려하는 것입니다.

Emily

I feel that the most serious concern is the loss of cultural identity. The overdevelopment of tourism infrastructure results in an influx of tourists with no connection to the region. Locals who interact with these tourists regularly may abandon or change many of their customs. Establishing cultural centers to preserve important traditions would help avoid this.

저는 가장 심각한 문제는 문화적 정체성의 상실이라고 생각합니다. 관광 시설의 과잉 개발은 그 지역과 아무 관련이 없는 관광객들의 유입을 초래합니다. 이러한 관광객들과 정기적으로 교류하는 지역 주민들은 그들의 많은 관습들을 포기하거나 바꿀지도 모릅니다. 중요한 전통을 보존하기 위한 문화 센터를 설립하는 것이 이를 방지하는 데 도움이 될 것입니다.

■ 아웃라인

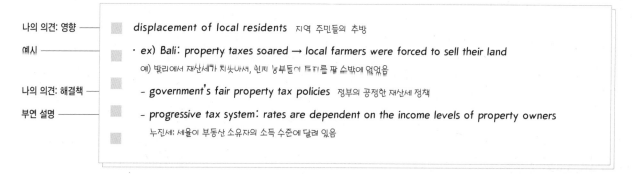

나의 의견: 영향 —— displacement of local residents 지역 주민들의 추방

예시 —— · ex) Bali: property taxes soared → local farmers were forced to sell their land
예) 발리에서 재산세가 치솟아서, 현지 농부들이 토지를 팔 수밖에 없었음

나의 의견: 해결책 —— - government's fair property tax policies 정부의 공정한 재산세 정책

부연 설명 —— - progressive tax system: rates are dependent on the income levels of property owners
누진세: 세율이 부동산 소유자의 소득 수준에 달려 있음

(도입) **I understand why** Travis **and** Emily **think that** pollution and a loss of culture are the most serious consequences of the [2]excessive expansion of tourist facilities. (나의 의견: 영향) **However, in my opinion,** the displacement of local residents due to rising property taxes is of greater concern. (예시) **For example,** take the popular tourist destination of Bali. The construction of [1]tourist amenities has increased the value of land, causing property taxes to soar. ⚙These taxes are too high for many of the local farmers to pay, so they are forced to sell their land. (나의 의견: 해결책) To prevent this, the government must ensure that property tax policies are fair for residents. (부연 설명) Specifically, it must implement a progressive tax system with rates that are dependent on the income levels of property owners.

도입 저는 왜 Travis와 Emily가 오염과 문화의 상실이 관광 시설의 과도한 확장에 대한 가장 심각한 결과라고 생각하는지 이해합니다. 나의 의견: 영향 하지만, 제 생각에는 재산세 상승으로 인한 지역 주민들의 추방이 더 큰 문제입니다. 예시 예를 들어, 인기 관광지인 발리를 생각해 보십시오. 관광 편의 시설의 건설은 토지의 가치를 증가시켰고, 재산세가 치솟게 했습니다. ⚙이 세금은 너무 높아서 많은 현지 농부들이 감당할 수 없기 때문에, 그들은 토지를 팔 수밖에 없습니다. 나의 의견: 해결책 이를 방지하기 위해, 정부는 재산세 정책이 주민들에게 공정할 것을 분명히 해야 합니다. 부연 설명 구체적으로, 세율이 부동산 소유자의 소득 수준에 달려 있는 누진세 제도를 시행해야 합니다.

어휘 및 표현

[문제] constant[kánstənt] 지속적인 development[divéləpmənt] 개발 facility[fəsíləti] 시설 criticism[krítəsìzm] 비난, 비판
influx[ínflʌks] 유입, 밀어닥침 flock[flɑːk] 몰려들다 abandon[əbǽndən] 포기하다 [모범 답안] consequence[kánsəkwèns] 결과
excessive[iksésiv] 과도한 expansion[ikspǽnʃən] 확장 displacement[displéismənt] 추방 resident[rézədənt] 주민
implement[ímpləmènt] 시행하다 progressive tax 누진세 dependent[dipéndənt] ~에 달려 있는

Paraphrase된 표현
[1]tourist facilities → [1]tourist amenities
[2]overdevelopment of tourist infrastructure → [2]excessive expansion of tourist facilities

고득점 필수 표현	너무 ~해서 …할 수 없다 **too ~ to …**

이 세금은 **너무 높아서** 많은 현지 농부들이 **감당할 수 없기 때문에**, 그들은 토지를 팔 수밖에 없습니다.
⚙These taxes are **too high** for many of the local farmers **to pay**, so they are forced to sell their land.

• 빈부 격차는 **너무 커져서 무시할 수 없고**, 사회에 큰 문제들을 제기하고 있습니다.
  The wealth gap has become **too wide to ignore**, and it is posing significant challenges to society.

• 어떤 사람들은 특정 신기술이 **너무 복잡해서 효과적으로 이해하고 사용하기 어렵다**고 생각합니다.
  Some people find certain new technologies **too complex to understand and use effectively**.

SELF-EVALUATION LIST TEST 15

앞서 학습한 내용을 바탕으로 자신의 답안에 대해 다음 사항을 확인 후, 실력 향상을 위해 개선해야 할 점을 적어보세요.

통합형

1 강의에서 제시된 세 가지 반론을 요약문에 모두 포함하였다. ☐ Yes ☐ No

2 강의에서 제시된 각 반론을 읽기 지문의 대응되는 근거와 관련지어 제시하였다. ☐ Yes ☐ No

3 읽기 지문에 등장한 문장을 그대로 다시 사용하지 않았다. ☐ Yes ☐ No

4 적절한 어휘 및 표현을 사용하였다. ☐ Yes ☐ No

5 동일한 어휘 또는 표현을 반복적으로 사용하지 않았다. ☐ Yes ☐ No

6 문법 및 철자의 오류를 보이지 않는다. ☐ Yes ☐ No

토론형

1 나의 의견을 분명히 제시하였다. ☐ Yes ☐ No

2 나의 의견을 뒷받침하는 이유와, 이유에 대한 설득력 있고 구체적인 예를 제시하였다. ☐ Yes ☐ No

3 토론 주제를 벗어난 내용을 포함하지 않았다. ☐ Yes ☐ No

4 문제에 등장한 교수와 학생들의 문장을 그대로 사용하지 않았다. ☐ Yes ☐ No

5 다양한 어휘/표현/문장 구조를 사용하였다. ☐ Yes ☐ No

6 문법 및 철자의 오류를 보이지 않는다. ☐ Yes ☐ No

라이팅 실력 향상을 위해 개선해야 할 점

INTEGRATED TASK
양식장

■ 읽기 노트 및 듣기 노트

읽기 노트

주제 ——————
근거 1 ——————
  세부사항
근거 2 ——————
  세부사항
근거 3 ——————
  세부사항

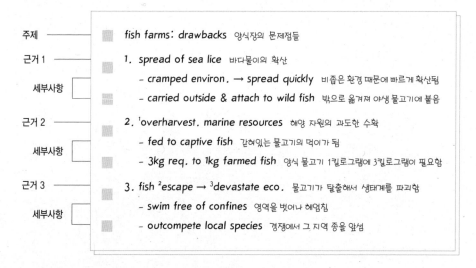

fish farms: drawbacks 양식장의 문제점들

1. spread of sea lice 바다물이의 확산
   - cramped environ. → spread quickly 비좁은 환경 때문에 빠르게 확산됨
   - carried outside & attach to wild fish 밖으로 옮겨져 야생 물고기에 붙음

2. [1]overharvest. marine resources 해양 자원의 과도한 수확
   - fed to captive fish 갇혀있는 물고기의 먹이가 됨
   - 3kg req. to 1kg farmed fish 양식 물고기 1킬로그램에 3킬로그램이 필요함

3. fish [2]escape → [3]devastate eco. 물고기가 탈출해서 생태계를 파괴함
   - swim free of confines 영역을 벗어나 헤엄침
   - outcompete local species 경쟁에서 그 지역 종을 앞섬

듣기 노트

도입 ——————
반론 1 ——————
  세부사항
반론 2 ——————
  세부사항
반론 3 ——————
  세부사항

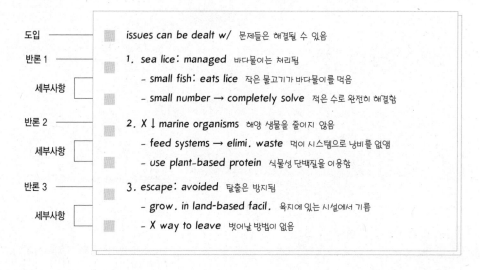

issues can be dealt w/ 문제들은 해결될 수 있음

1. sea lice: managed 바다물이는 처리됨
   - small fish: eats lice 작은 물고기가 바다물이를 먹음
   - small number → completely solve 적은 수로 완전히 해결함

2. X ↓ marine organisms 해양 생물을 줄이지 않음
   - feed systems → elimi. waste 먹이 시스템으로 낭비를 없앰
   - use plant-based protein 식물성 단백질을 이용함

3. escape: avoided 탈출은 방지됨
   - grow. in land-based facil. 육지에 있는 시설에서 기름
   - X way to leave 벗어날 방법이 없음

서론
듣기 도입
읽기 주제

(듣기 도입) **The lecturer argues that** the issues related to fish farms can be dealt with. (읽기 주제) **This contradicts the reading passage's claim that** the farms have major troubles.

본론 1
듣기 반론 1
세부사항
읽기 근거 1

(듣기 반론 1) **First,** the lecturer insists that the sea lice problem can be managed. (세부사항) Farmers can use a small fish species to eat the lice from the bodies of fish. By adding a small number to a farm, a sea lice problem can be completely solved. (읽기 근거 1) **This casts doubt on the reading passage's claim that** fish farms contribute to the spread of sea lice.

본론 2
듣기 반론 2
세부사항
읽기 근거 2

(듣기 반론 2) **Next,** the lecturer asserts that fish farms don't diminish the amount of marine organisms. (세부사항) Today, feed management systems eliminate waste, so not as many marine organisms need to be harvested. In addition, some fish farms now use plant-based protein to feed their fish. (읽기 근거 2) **This counters the reading passage's claim that** fish farms [1]cause too much ocean life to be harvested.

본론 3
듣기 반론 3
세부사항
읽기 근거 3

(듣기 반론 3) **Finally,** the lecturer maintains that fish escapes can be avoided. (세부사항) When grown in land-based facilities, fish cannot leave the farm and invade a natural habitat. (읽기 근거 3) **This refutes the reading passage's claim that** fish often [2]break out of farms and [3]harm the ocean environment.

듣기 도입 강의자는 양식장과 관련된 문제들은 해결될 수 있다고 주장한다. 읽기 주제 이는 양식장이 심각한 문제점들을 갖고 있다는 읽기 지문의 주장을 반박한다.

듣기 반론 1 첫째로, 강의자는 바다물이 문제가 처리될 수 있다고 주장한다. 세부사항 양식업자들은 다른 물고기의 몸에 있는 바다물이를 먹는 작은 물고기 종을 이용할 수 있다. 양식장에 적은 수를 넣음으로써, 바다물이 문제는 완전히 해결될 수 있다. 읽기 근거 1 이는 양식장이 바다물이 확산의 원인이 된다는 읽기 지문의 주장에 의구심을 제기한다.

듣기 반론 2 다음으로, 강의자는 양식장이 해양 생물의 수를 줄이지 않는다고 주장한다. 세부사항 오늘날에는, 많은 해양 생물이 수확될 필요가 없도록 먹이 관리 시스템이 낭비를 없애준다. 게다가, 일부 양식장들은 이제 그들의 물고기에게 먹이를 주기 위해 식물성 단백질을 이용한다. 읽기 근거 2 이는 양식장이 너무 많은 해양 생물이 수확되게 한다는 읽기 지문의 주장에 반대한다.

듣기 반론 3 마지막으로, 강의자는 물고기의 탈출이 방지될 수 있다고 주장한다. 세부사항 육지에 있는 시설 안에서 길러지면, 물고기들은 양식장을 떠나 자연 서식지를 침범할 수 없다. 읽기 근거 3 이는 물고기들이 종종 양식장에서 탈출하여 해양 환경을 해친다는 읽기 지문의 주장을 반박한다.

어휘 및 표현
break out of ~ ~에서 탈출하다

Paraphrase된 표현
[1]overharvest. marine resources → [1]cause too much ocean life to be harvested
[2]escape → [2]break out of
[3]devastate eco. → [3]harm the ocean environment

읽기 지문

주제 양식장의 문제점들	Fish farms are facilities where fish are raised in man-made enclosures and then harvested for food. Fish cultivation is an extremely fast-growing industry, with worldwide production of farmed fish now exceeding the amount of fish caught in the wild. Unfortunately, fish farms have some serious drawbacks that must be considered.	양식장은 물고기들이 인공 울타리 안에서 길러진 다음 식용으로 수확되는 시설이다. 물고기 양식은 매우 빠르게 성장하고 있는 산업으로, 양식 물고기의 전 세계 생산량은 이제 야생에서 잡히는 물고기의 양을 넘어섰다. 불행히도, 양식장에는 반드시 고려되어야 할 몇몇 심각한 문제점들이 있다.
근거 1 바다물이의 확산 세부사항 비좁은 환경 때문에 빠르게 확산됨 / 밖으로 옮겨져 야생 물고기에 붙음	First, fish farms contribute to the spread of sea lice. They are tiny marine parasites that latch on to fish in order to feed on their blood. Since fish farms tend to be very cramped environments, lice spread quickly from fish to fish. Moreover, some of the lice are carried outside the enclosures by currents and attach themselves to wild fish in the area, killing many of them. This can be fatal to juvenile fish that have thin skin and are easily damaged by a lice's bite.	첫째로, 양식장은 바다물이 확산의 원인이 된다. 그것은 피를 빨아먹기 위해 물고기에 달라붙는 작은 해양 기생충이다. 양식장은 대개 매우 비좁은 환경이기 때문에, 바다물이는 물고기들 사이에서 빠르게 확산된다. 게다가, 바다물이 일부는 해류에 의해 울타리 바깥으로 옮겨지고 그 지역의 야생 물고기들에게 달라붙어 수많은 물고기들을 죽게 한다. 껍질이 얇고 바다물이가 무는 것에 쉽게 손상을 입는 어린 물고기들에게 이는 치명적일 수 있다.
근거 2 해양 자원의 과도한 수확 세부사항 갇혀있는 물고기의 먹이가 됨 / 양식 물고기 1킬로그램에 먹이 3킬로그램이 필요함	Next, fish farming results in the overharvesting of marine resources. Marine life, including krill and squid, must be caught in large quantities and fed to captive fish in order to provide them with protein. The problem is that up to three kilograms of these organisms is required to produce one kilogram of farmed fish. Therefore, fish cultivation greatly contributes to the depletion of ocean life.	다음으로, 양식은 해양 자원의 과도한 수확을 가져온다. 크릴새우와 오징어를 포함한 해양 생물들은 갇혀있는 물고기들에게 단백질을 제공하기 위해 많은 양이 잡혀 그것들의 먹이가 된다. 문제는 1킬로그램의 양식 물고기를 생산하기 위해 이 생물들이 3킬로그램까지 필요하다는 것이다. 그러므로, 물고기 양식은 해양 생물 고갈의 중대한 원인이 된다.
근거 3 물고기가 탈출해서 생태계를 파괴함 세부사항 영역을 벗어나 헤엄침 → 경쟁에서 그 지역 종을 앞섬	A particularly troublesome aspect of fish farms is the tendency of captive fish to escape, which devastates marine ecosystems. Anything from extreme weather to equipment failure to human error can allow fish to swim free of the confines of a farm. Escapees that are not native to the area may then outcompete local species for food, habitats, and other resources, driving down the population of local fish.	양식장의 특히 골칫거리인 한 가지 측면은 갇혀있는 물고기들의 탈출하려는 경향인데, 이는 해양 생태계를 황폐시킨다. 극단적인 날씨에서부터 장치의 고장, 인간의 실수에 이르는 모든 것들이 물고기들이 양식장 영역을 벗어나 헤엄치게 만들 수 있다. 그 지역의 토종이 아닌 탈출한 물고기들은 식량, 서식지, 다른 자원들에 대한 경쟁에서 그 지역 종을 앞설 것이고, 이는 그 지역 물고기의 개체 수를 감소시킬 것이다.

VOCABULARY LIST

fish farm 양식장   man-made[mǽnmèid] 인공의   enclosure[inklóuʒər] 울타리   cultivation[kʌ̀ltəvéiʃən] 양식, 경작   wild[waild] 야생
sea lice 바다물이   latch on 달라붙다   cramped[kræmpt] 비좁은   current[kə́:rənt] 해류   captive[kǽptiv] 갇혀있는   depletion[diplí:ʃən] 고갈, 감소
troublesome[trʌ́blsəm] 골칫거리인, 고질적인   confines[kə́:nfainz] 영역, 한계, 범위   outcompete[àutkəmpí:t] 경쟁에서 앞서다

도입 문제들은 해결될 수 있음	Fish farms are an important and renewable source of seafood, but many people claim that there are a number of serious problems associated with them. However, the issues related to these facilities can be dealt with.	양식장은 중요하고 재생 가능한 수산식품 자원이지만, 많은 사람들은 그것과 관련된 수많은 심각한 문제들이 있다고 주장합니다. 하지만, 이 시설과 관련된 문제들은 해결될 수 있어요.
반론 1 바다물이는 처리됨 세부사항 작은 물고기가 바다이를 먹음 / 적은 수로 완전히 해결함	First, the problem of sea lice infestations in fish farms can be easily managed. Specifically, fish farmers have begun making use of a small fish species called wrasse in order to rid their farms of sea lice. The wrasse is a cleaner fish that eats lice found on the bodies of other fish. And even a very small number of wrasse—one for every fifty farmed fish—can completely solve the sea lice problem.	첫째로, 양식장에서 바다물이가 들끓는 문제는 쉽게 처리될 수 있습니다. 구체적으로 말하면, 물고기 양식업자들은 그들 양식장의 바다물이를 제거하기 위해 양놀래기라 불리는 작은 물고기 종을 이용하기 시작했어요. 양놀래기는 다른 물고기의 몸에서 발견되는 기생충을 먹는 청소부 물고기예요. 그리고 심지어 양식 물고기 50마리 당 한 마리라는 아주 적은 수의 양놀래기로도 바다물이 문제를 완전히 해결할 수 있습니다.
반론 2 해양 생물을 줄이지 않음 세부사항 먹이 시스템으로 낭비를 없앰 / 식물성 단백질을 이용함	My second point is that fish farms don't diminish stocks of marine organisms. That's because feed management systems are more efficient now. In the past, a lot of feed was provided once a day. As the fish could not eat it all, much of it fell to the ocean floor. Now, small amounts are given throughout the day, eliminating waste. This has reduced the amount of feed used overall by a fish farm. Another thing is that, um, farms don't rely exclusively on ocean creatures to feed their stocks anymore . . . They've also begun to use plant-based sources of protein, like soy and palm oil.	두 번째 요점은 양식장이 해양 생물의 저장분을 줄이지 않는다는 겁니다. 그것은 오늘날 먹이 관리 시스템이 더 효율적이기 때문이에요. 과거에는, 많은 양의 먹이가 하루에 한 번 제공되었습니다. 물고기들이 그것을 모두 먹을 수 없었기 때문에, 먹이의 대부분이 바다 밑으로 떨어졌죠. 오늘날에는, 적은 양이 하루에 걸쳐 주어지고, 이는 낭비를 없앱니다. 이것이 양식장에 의해 전체적으로 사용되는 먹이의 양을 줄여주었어요. 또 다른 점은, 음, 양식장들이 더 이상 그들의 물고기를 먹이기 위해 바다 생명체에만 전적으로 의존하지는 않는다는 거예요... 그들은 콩이나 팜유와 같은 식물성 단백질원도 이용하기 시작했습니다.
반론 3 탈출은 방지됨 세부사항 육지에 있는 시설에서 기름 → 벗어날 방법이 없음	The third objection to fish farms is that they allow captive fish to escape into the wild. However, this can be avoided by growing fish in land-based facilities instead of ones situated in natural bodies of water. You see, if fish are cultivated in artificial ponds or tanks built on land, there's obviously no way for them to leave the farm and enter natural environments. And this means that fish can be safely cultivated without harming marine ecosystems.	양식장에 대한 세 번째 반대 의견은 그것이 갇혀있는 물고기들을 야생으로 탈출하게 한다는 거예요. 하지만, 이것은 물고기들을 자연 수역에 위치해 있는 시설 대신 육지에 있는 시설에서 기름으로써 방지될 수 있어요. 그러니까, 만약 물고기들이 육지에 지어진 인공 연못이나 수족관에서 양식된다면, 그들이 양식장을 벗어나 자연환경으로 들어갈 방법은 분명 없는 거죠. 그리고 이는 물고기들이 자연 생태계에 피해를 주지 않고 안전하게 양식될 수 있다는 것을 의미합니다.

VOCABULARY LIST

associated with ~ ~와 관련된   infestation[ìnfestéiʃən] 들끓음, 기생   wrasse[ræs] 양놀래기   stock[stɑːk] 저장분, 비축물
feed management system 먹이 관리 시스템   eliminate[ilímənèit] 없애다, 제거하다   exclusively[iksklúːsivli] 전적으로
plant-based[plǽntbèist] 식물성의   palm oil 팜유   situated[sítʃuèitid] 위치해 있는   a body of water 수역   pond[pɑːnd] 연못

ACADEMIC DISCUSSION TASK
온라인 학습: 대면 학습에 대한 실행 가능한 대안임 vs. 아님

QUESTION

MacMillan 교수

The education system has developed alongside technology, and there have recently been a lot of changes to how we learn. In particular, online learning has become increasingly popular thanks to better devices and the widespread availability of the Internet. For today's class, I would like to ask you this question: **Is online learning [2]a viable alternative to traditional in-person learning, or does it fall short in terms of quality and outcome?** Why?

교육 체계는 기술과 함께 발전해 왔으며, 최근에는 우리가 학습하는 방식에 많은 변화가 있었습니다. 특히, 더 좋은 장치들과 인터넷의 광범위한 이용 가능성 덕분에 온라인 학습이 점점 더 인기를 얻었습니다. 오늘 수업에서는, 여러분께 이 질문을 하고자 합니다. 온라인 학습은 전통적인 대면 학습에 대한 실행 가능한 대안입니까, 아니면 학습의 질과 결과 면에서 부족합니까? 그 이유는 무엇인가요?

Anthony

When we go to school, it's not just about learning from books or lectures. We [1]interact with our classmates and build relationships. And we can discuss subjects with our teachers face-to-face. These interactions are an important part of our education, and we only get them with traditional learning.

우리가 학교에 갈 때, 그것은 단지 책이나 강의를 통해 배우는 것에 관한 것이 아닙니다. 우리는 반 친구들과 상호작용하고 관계를 맺습니다. 그리고 우리는 선생님들과 직접 만나서 주제에 대해 토론할 수 있습니다. 이러한 상호작용은 우리 교육의 중요한 부분이며, 우리는 오로지 전통적인 학습을 통해서 그것들을 얻습니다.

Sophie

I think online learning is not only viable, but it's absolutely necessary these days. All individuals deserve the chance to get an education, but it can be challenging for those who live in remote areas due to the distance involved in daily travel to and from school. Online learning makes education accessible to all people who want to learn.

저는 온라인 학습은 실행 가능할 뿐만 아니라, 요즘에는 절대적으로 필요하다고 생각합니다. 모든 사람은 교육을 받을 기회를 가질 자격이 있지만, 외딴 지역에 사는 사람들에게는 매일 학교에 오가는 거리 때문에 어려울 수 있습니다. 온라인 학습은 배우고 싶어 하는 모든 사람에게 교육을 접근 가능하게 만들어 줍니다.

■ 아웃라인

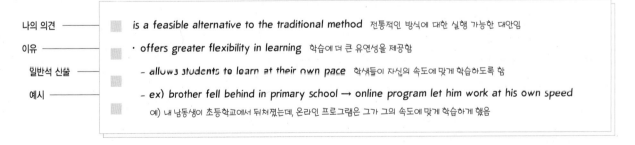

나의 의견 ——— ☐ is a feasible alternative to the traditional method 전통적인 방식에 대한 실행 가능한 대안임

이유 ——— ☐ • offers greater flexibility in learning 학습에 더 큰 유연성을 제공함

일반적 진술 ——— ☐ - allows students to learn at their own pace 학생들이 자신의 속도에 맞게 학습하도록 함

예시 ——— ☐ - ex) brother fell behind in primary school → online program let him work at his own speed
예) 내 남동생이 초등학교에서 뒤처졌는데, 온라인 프로그램은 그가 그의 속도에 맞게 학습하게 했음

■ 모범 답안

(도입) **I understand why** Anthony **thinks that** attending in-person classes provides opportunities to [1]communicate with classmates and teachers. (나의 의견) **However, in my opinion,** online learning is [2]a feasible alternative to the traditional method. (이유) **The primary reason is that** online learning offers greater flexibility in learning. ✿The information students must learn can be acquired at their own pace. (일반적 진술) In contrast, in a classroom environment, students must keep up with the rest of the class. (예시) **For instance,** my brother struggled to follow his teacher's lessons each day in primary school. The material was covered too quickly, and he was always falling behind. Fortunately, his school had a special program for students to study online. This allowed him to work at his own speed and made sure he fully understood a lesson before moving on to the next one. (맺음말) **Overall, I believe that** online learning is [2]a practical option to replace in-person learning.

도입 저는 왜 Anthony가 대면 수업에 참석하는 것이 반 친구들 및 선생님들과 소통할 수 있는 기회를 제공한다고 생각하는지 이해합니다. 나의 의견 하지만, 제 생각에는 온라인 학습은 전통적인 방식에 대한 실행 가능한 대안입니다. 이유 주된 이유는 온라인 학습이 학습에 있어서 더 큰 유연성을 제공한다는 것입니다. ✿학생들이 배워야 하는 정보가 그들의 속도에 맞게 습득될 수 있습니다. 일반적 진술 대조적으로, 교실 환경에서는, 학생들이 학급의 나머지 학생들을 따라가야 합니다. 예시 예를 들어, 제 동생은 초등학교에서 매일 선생님의 수업을 따라가는 데 어려움을 겪었습니다. 수업 내용이 너무 빨리 다루어졌고, 그는 항상 뒤처졌습니다. 다행히도, 그의 학교는 학생들이 온라인으로 공부할 수 있는 특별 프로그램을 갖추고 있었습니다. 이것은 그가 그의 속도에 맞게 공부할 수 있게 해주었고 다음 수업으로 넘어가기 전에 그가 수업 내용을 완전히 이해하는 것을 분명히 했습니다. 맺음말 전반적으로, 저는 온라인 학습이 대면 학습을 대체할 수 있는 실용적인 선택지라고 생각합니다.

어휘 및 표현
[문제] viable[váiəbl] 실행 가능한 alternative[ɔːltə́ːrnətiv] 대안 in-person learning 대면 학습 outcome[áutkʌm] 결과
deserve[dizə́ːrv] ~할 자격이 있다 remote[rimóut] 외딴, 멀리 떨어진 accessible[æksésəbl] 접근 가능한 [모범 답안] feasible[fíːzəbl] 실행 가능한
flexibility[flèksəbíləti] 유연성 acquire[əkwáiər] 습득하다 keep up (진도·속도 등을) 따라가다 primary school 초등학교 practical[prǽktikəl] 실용적인

Paraphrase된 표현
[1]interact → [1]communicate
[2]a viable alternative → [2]a feasible alternative / [2]a practical option

고득점 필수 표현	a가 b하는 A는 B한다 주어A + (주어a + 동사b) + 동사B

학생들이 배워야 하는 정보가 그들의 속도에 맞게 습득될 수 있습니다.
✿**The information (students must learn) can be acquired** at their own pace.

· 제작자가 아동 텔레비전 프로그램에 담는 내용은 그것을 더욱 효과적인 교육 매체로 만들 수 있습니다.
The content (a producer puts into a children's television program) can make it a more effective educational medium.

· 경제계가 혜택받지 못한 사람들에게 제공하는 재정 지원은 그들에게 더 밝은 미래를 줄 것입니다.
The financial support (the business community provides to the underprivileged) will give them a brighter future.

앞서 학습한 내용을 바탕으로 자신의 답안에 대해 다음 사항을 확인 후, 실력 향상을 위해 개선해야 할 점을 적어보세요.

통합형

1 강의에서 제시된 세 가지 반론을 요약문에 모두 포함하였다.　　　　□ Yes　　□ No

2 강의에서 제시된 각 반론을 읽기 지문의 대응되는 근거와 관련지어 제시하였다.　　□ Yes　　□ No

3 읽기 지문에 등장한 문장을 그대로 다시 사용하지 않았다.　　　　□ Yes　　□ No

4 적절한 어휘 및 표현을 사용하였다.　　　　□ Yes　　□ No

5 동일한 어휘 또는 표현을 반복적으로 사용하지 않았다.　　　　□ Yes　　□ No

6 문법 및 철자의 오류를 보이지 않는다.　　　　□ Yes　　□ No

토론형

1 나의 의견을 분명히 제시하였다.　　　　□ Yes　　□ No

2 나의 의견을 뒷받침하는 이유와, 이유에 대한 설득력 있고 구체적인 예를 제시하였다.　　□ Yes　　□ No

3 토론 주제를 벗어난 내용을 포함하지 않았다.　　　　□ Yes　　□ No

4 문제에 등장한 교수와 학생들의 문장을 그대로 사용하지 않았다.　　□ Yes　　□ No

5 다양한 어휘/표현/문장 구조를 사용하였다.　　　　□ Yes　　□ No

6 문법 및 철자의 오류를 보이지 않는다.　　　　□ Yes　　□ No

라이팅 실력 향상을 위해 개선해야 할 점

HACKERS TOEFL ACTUAL TEST WRITING

TEST 17

INTEGRATED TASK
모범 답안 · 지문 · 해석

ACADEMIC DISCUSSION TASK
모범 답안 · 해석

SELF-EVALUATION LIST

■ 읽기 노트 및 듣기 노트

읽기 노트

주제 ——

근거 1 ——

세부사항

근거 2 ——

세부사항

근거 3 ——

세부사항

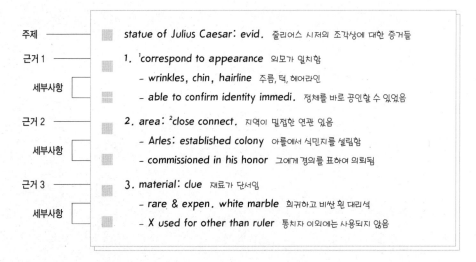

statue of Julius Caesar : evid. 줄리어스 시저의 조각상에 대한 증거들

1. ¹*correspond to appearance* 외모가 일치함
   - *wrinkles, chin, hairline* 주름, 턱, 헤어라인
   - *able to confirm identity immedi.* 정체를 바로 공인할 수 있었음

2. *area : ²close connect.* 지역이 밀접한 연관 있음
   - *Arles : established colony* 아를에서 식민지를 설립함
   - *commissioned in his honor* 그에게 경의를 표하여 의뢰됨

3. *material : clue* 재료가 단서임
   - *rare & expen. white marble* 희귀하고 비싼 흰 대리석
   - *X used for other than ruler* 통치자 이외에는 사용되지 않음

듣기 노트

도입 ——

반론 1 ——

세부사항

반론 2 ——

세부사항

반론 3 ——

세부사항

evid. : easily dismissed 증거는 쉽게 묵살됨

1. *X reason to suppose resembles* 닮았다고 가정할 근거 없음
   - *features : shared by many Romans* 특징은 많은 로마인들에게 공유됨
   - *X look like contemp. images* 그 당시 이미지들과 비슷하지 않음

2. *Arles : X special connect.* 아를은 특별한 연관 없음
   - *Nero set up colonies* 네로가 식민지를 세움
   - *considered true founder* 진정한 설립자로 여겨짐

3. *marble : X just for rulers* 대리석은 통치자만을 위한 것 아님
   - *artists & patrons highly valued* 예술가와 후원자들이 가치를 높이 여김
   - *wealthy indivi. would pay for stone*
     부유한 개인이 석재에 돈을 지불했을 것임

■ 모범 요약문

서론
듣기 도입
읽기 주제

(듣기 도입) **The lecturer argues that** the evidence in favor of the Arles bust being a depiction of Caesar can be easily dismissed. (읽기 주제) **This contradicts the reading passage's claim that** the evidence indicates it is a bust of Caesar.

본론 1
듣기 반론 1
세부사항
읽기 근거 1

(듣기 반론 1) **First,** the lecturer contends that there isn't any reason to suppose that the bust resembles Caesar. (세부사항) This is because the subject's features were shared by many Romans. Also, it doesn't look like other contemporary images of Caesar. (읽기 근거 1) **This casts doubt on the reading passage's claim that** the bust [1]matches with the available information about Caesar's physical traits.

본론 2
듣기 반론 2
세부사항
읽기 근거 2

(듣기 반론 2) **Next,** the lecturer maintains that Arles, where the bust was found, does not have a special connection to Caesar. (세부사항) Nero actually set up the colonies and was therefore considered the true founder of Arles. (읽기 근거 2) **This counters the reading passage's claim that** the site is [2]associated with Caesar.

본론 3
듣기 반론 3
세부사항
읽기 근거 3

(듣기 반론 3) **Finally,** the lecturer asserts that the white marble was not just for rulers and public figures. (세부사항) Many artists and patrons highly valued the stone, and wealthy individuals would have paid for it. (읽기 근거 3) **This refutes the reading passage's claim that** the material used to create the bust suggests that it depicts Caesar.

듣기 도입 강의자는 아를의 흉상이 시저의 묘사임을 지지하는 증거는 쉽게 묵살될 수 있다고 주장한다. **읽기 주제** 이는 그 증거가 그것이 시저의 흉상임을 가리킨다는 읽기 지문의 주장을 반박한다.

듣기 반론 1 첫째로, 강의자는 흉상이 시저를 닮았다고 가정할 어떤 근거도 없다고 주장한다. **세부사항** 이는 그 대상의 특징들이 많은 로마인들에게 공유되었기 때문이다. 또한, 그것은 그 당시 시저의 다른 이미지들과 비슷해 보이지 않는다. **읽기 근거 1** 이는 그 흉상이 시저의 신체적 특징에 대해 입수할 수 있는 정보와 일치한다는 읽기 지문의 주장에 의구심을 제기한다.

듣기 반론 2 다음으로, 강의자는 흉상이 발견된 곳인 아를은 시저와 특별한 연관이 없다고 주장한다. **세부사항** 네로가 사실상 그 식민지를 세웠고 따라서 아를의 진정한 설립자로 여겨졌다. **읽기 근거 2** 이는 그 장소가 시저와 관련되어 있다는 읽기 지문의 주장에 반대한다.

듣기 반론 3 마지막으로, 강의자는 흰 대리석이 통치자와 유명 인사들만을 위한 것은 아니었다고 주장한다. **세부사항** 많은 예술가와 후원자들이 그 석재의 가치를 높이 평가했고, 부유한 개인이 그것에 돈을 지불했을 것이다. **읽기 근거 3** 이는 흉상을 만드는 데 사용된 재료가 그것이 시저를 묘사하고 있음을 암시한다는 읽기 지문의 주장을 반박한다.

어휘 및 표현
depiction[dipíkʃən] 묘사   trait[treit] 특징

Paraphrase된 표현
[1]correspond to appearance → [1]matches with the available information about physical traits
[2]close connect. → [2]associated with

읽기 지문

주제 줄리어스 시저의 조각상에 대한 증거들	In 2007, a collection of artifacts was removed from the Rhone River in southern France that included a life-sized bust. There has been a great deal of debate about the identity of the person depicted, but the available evidence supports the claim that it is a statue of Julius Caesar.	2007년에, 남부 프랑스의 론강에서 실물 크기의 흉상 하나를 포함한 공예품 한 더미가 발굴되었다. 묘사된 인물의 정체에 대한 많은 논쟁이 있었지만, 입수할 수 있는 증거는 그것이 줄리어스 시저의 조각상이라는 주장을 뒷받침한다.
근거 1 외모가 일치함 세부사항 주름, 턱, 헤어라인 → 정체를 바로 공인할 수 있었음	The person depicted in the bust has features that correspond to what is known about Caesar's appearance from a variety of sources. These include deep wrinkles running along the side of the mouth, and a prominent chin that points forward. In addition, the person portrayed in the statue has a receding hairline, which also matches with all accounts of Caesar. This is why the French government was able to confirm the identity of the sculpture's subject almost immediately.	그 흉상에 묘사된 인물은 시저의 외모에 대해 다양한 출처로부터 알려진 것과 일치하는 특징들을 지닌다. 이는 입가를 따라 흐르는 깊은 주름과 앞으로 나온 두드러진 턱을 포함한다. 게다가, 조각상에 묘사된 인물은 벗겨진 헤어라인을 가지고 있는데, 이 또한 시저에 대한 모든 설명과 부합한다. 이것이 프랑스 정부가 그 조각의 대상의 정체를 거의 바로 공인할 수 있었던 이유이다.
근거 2 발견된 지역이 밀접한 연관 있음 세부사항 아를에서 식민지를 설립함 → 그에게 경의를 표하여 의뢰됨	Another point in favor of this being a bust of Caesar is that the area where it was found had a close connection to Caesar. It was discovered near Arles, where he established a Roman colony populated by veteran soldiers following his victory in a civil war. Giving land to soldiers was a common practice in ancient Rome. Therefore, it is likely that the statue was commissioned in his honor to celebrate the founding of the colony.	이것이 시저의 흉상임을 지지하는 또 하나의 요점은 그것이 발견된 지역이 시저와 밀접한 연관이 있다는 것이다. 그것은 아를 근처에서 발견되었는데, 그곳은 그가 시민 전쟁에서의 승리 이후 참전 군인들이 거주하는 로마의 식민지를 설립했던 곳이다. 고대 로마에서는 군인들에게 땅을 주는 것이 흔한 관행이었다. 따라서, 그 조각상은 식민지의 설립을 기념하고자 그에게 경의를 표하여 의뢰되었을 가능성이 높다.
근거 3 재료가 단서임 세부사항 희귀하고 비싼 흰 대리석 / 통치자 이외에는 사용되지 않음	Finally, the material used to create the statue is a clue that it is a depiction of Caesar. The bust is carved out of a rare and expensive type of white marble. It is unlikely that this stone would be used for anything other than a bust of an important ruler because of its great cost. This marble would have been too expensive even for the members of the nobility.	마지막으로, 그 조각상을 만드는 데 사용된 재료는 그것이 시저의 묘사라는 것에 대한 단서이다. 그 흉상은 희귀하고 비싼 종류의 흰 대리석으로 조각되었다. 이 석재는 엄청난 기격 때문에 영향력 있는 통치자의 흉상이 아닌 다른 그 어떤 것에 사용되었을 가능성은 없다. 이 대리석은 귀족들에게조차도 너무 비쌌을 것이다.

▨ VOCABULARY LIST

artifact[ɑ́ːrtəfæ̀kt] 공예품 life-sized[láifsàizd] 실물 크기의 bust[bʌst] 흉상 depict[dipíkt] 묘사하다 correspond to ~ ~와 일치하다
prominent[prɑ́ːmənənt] 두드러진 portray[pɔːrtréi] 묘사하다 recede[risíːd] (머리가) 벗겨지다 account[əkáunt] 설명 confirm[kənfə́ːrm] 공인하다
sculpture[skʌ́lptʃər] 조각 in favor of ~ ~을 지지하는 populate[pɑ́ːpjulèit] 거주하다, 식민하다 practice[præ̀ktis] 관행, 실행
commission[kəmíʃən] 의뢰하다 in one's honor ~에게 경의를 표하여 carve[kɑːrv] 조각하다 nobility[noubíləti] 귀족

도입 증거는 쉽게 묵살됨	The article I asked you to read over the weekend argues that the Arles bust portrays Julius Caesar. But, well . . . this is a controversial theory. Some historians maintain that the evidence in favor of this position can be easily dismissed.	제가 여러분에게 주말 동안 읽어보라고 했던 자료는 아를의 흉상이 줄리어스 시저를 묘사한다고 주장합니다. 하지만, 글쎄요... 이것은 논란이 많은 이론이에요. 일부 역사학자들은 이런 입장을 지지하는 증거가 쉽게 묵살될 수 있다고 주장합니다.
반론 1 닮았다고 가정할 근거 없음 세부사항 흉상의 특징은 많은 로마인들에게 공유됨 / 그 당시 이미지들과 비슷하지 않음	Despite what the proponents of this theory claim, there is no reason to suppose that the bust resembles Caesar. Although the bust has features that match with accounts of the Roman ruler, these were likely shared by many other Romans. I mean, wrinkles, prominent chin . . . uh, receding hairline . . . these aren't distinguishing characteristics. Plus, the person portrayed in the Arles bust doesn't look much like the few contemporary images of Caesar that are available, such as portraits on coins minted during his reign or another statue known as the Tusculum bust.	이 이론의 지지자들이 주장하는 것에도 불구하고, 그 흉상이 시저를 닮았다고 가정할 근거는 없어요. 비록 흉상이 그 로마인 통치자에 대한 설명과 부합하는 특징들을 갖고 있다 해도, 이것들은 다른 수 많은 로마인들에게 공유되었을 법한 것들이죠. 제 말은, 주름, 두드러진 턱... 어, 벗겨진 헤어라인... 이런 것들은 다른 사람과 구별되는 특징들이 아니에요. 게다가, 아를의 흉상에 묘사된 인물은 그의 통치 기간 동안 주조된 동전에 있는 초상이나 투스쿨룸 흉상으로 알려진 또 다른 조각상 같은 입수할 수 있는 몇 안 되는 그 당시 시저의 이미지들과 크게 비슷해 보이지 않아요.
반론 2 아를은 특별한 연관 없음 세부사항 네로가 식민지를 세움 → 진정한 설립자로 여겨짐	Second, where the bust was found isn't an issue because, well . . . Arles didn't have a special connection to Caesar. Even though the colony was established on Caesar's orders, it was, uh, Tiberius Claudius Nero who put the plan into action. Um, Nero was Caesar's subordinate, and he was placed in charge of setting up veterans' colonies in Gaul following the civil war. So he would have been considered the true founder of Arles by the residents of the city. This means that a statue to commemorate this event would probably depict Nero rather than Caesar.	둘째로, 그 흉상이 발견된 장소는, 글쎄요... 아를은 시저와 특별한 연관이 없었기 때문에 쟁점이 아닙니다. 비록 그 식민지가 시저의 명령에 의해 설립되었다 해도, 어, 그 계획을 실행에 옮긴 사람은 티베리우스 클라우디우스 네로였어요. 음, 네로는 시저의 부하였고, 그는 시민 전쟁 이후 갈리아에 참전 군인들의 식민지를 세우는 일을 담당하게 되었어요. 그래서 그가 이 도시의 주민들에게 아를의 진정한 설립자로 여겨졌을 겁니다. 이것은 이 사건을 기념하기 위한 조각상이 아마도 시저보다는 네로를 묘사했을 거라는 의미죠.
반론 3 대리석은 통치자만을 위한 것 아님 세부사항 예술가와 후원자들이 가치를 높이 여김 / 부유한 개인이 석재에 돈을 지불했을 것임	And the use of a rare and expensive type of marble doesn't mean that the bust portrays Caesar. I mean, this material wasn't just used for works of art that depicted rulers or other important public figures. Despite its great cost, artists and patrons alike highly valued it for its bright and uniform color. So it seems most likely that a wealthy individual commissioning a piece of art would have been willing to pay the price for such a desirable type of stone.	그리고 희귀하고 비싼 종류의 대리석을 사용한 것은 그 흉상이 시저를 묘사하고 있다는 의미가 아니에요. 제 말은, 이 재료가 통치자들이나 다른 영향력 있는 유명 인사들을 묘사했던 예술 작품들에만 사용된 건 아니라는 거예요. 그것의 높은 가격에도 불구하고, 예술가와 후원자들도 마찬가지로 밝고 균일한 색깔 때문에 그것의 가치를 높이 평가했습니다. 그러니까 작품을 의뢰한 부유한 개인이 그렇게 가치 있는 종류의 석재에 기꺼이 돈을 지불했을 가능성이 가장 높아 보여요.

VOCABULARY LIST

controversial[kὰːntrəvə́ːrʃəl] 논란이 많은   dismiss[dismís] 묵살하다   distinguishing[distíŋgwiʃiŋ] 다른 것과 구별되는
contemporary[kəntémpərèri] 그 당시의   portrait[pɔ́ːrtrit] 초상   mint[mint] (화폐를) 주조하다   reign[rein] 통치 기간   put into action 실행에 옮기다
subordinate[səbɔ́ːrdənət] 부하   in charge of ~ ~을 담당하는   founder[fáundər] 설립자   commemorate[kəmémərèit] 기념하다
patron[péitrən] 후원자   desirable[dizáiərəbl] 가치 있는

ACADEMIC DISCUSSION TASK
신제품 마케팅 계획을 세울 때 고려해야 할 가장 중요한 요소

QUESTION

Brown 박사

We read in the textbook about some successful marketing cases. Marketing plays a crucial role in selling a product, and a well-crafted marketing strategy can make the difference in determining a product's success. So **what is the most important element to consider when developing a [1]marketing plan for a new product? Should it be understanding the target consumer? Should it be selecting the proper routes for advertising? Should it be differentiating your product? Which approach is best, and why?**

우리는 교과서에서 몇 가지 성공적인 마케팅 사례에 대해 읽었습니다. 마케팅은 제품을 판매하는 데 중요한 역할을 하며, 잘 짜인 마케팅 전략은 제품의 성공을 결정하는 데 차이를 만들 수 있습니다. 그렇다면 신제품의 마케팅 계획을 세울 때 고려해야 할 가장 중요한 요소는 무엇입니까? 목표 소비자를 이해하는 것이어야 합니까? 광고에 대한 적절한 방법을 선택하는 것이어야 합니까? 제품을 차별화하는 것이어야 합니까? 어떤 접근 방식이 가장 좋으며, 그 이유는 무엇인가요?

Amelia

I believe that understanding the target consumer is the most important factor. You need to know who your potential customers are and what their needs and preferences are. By understanding the target consumer, you can tailor the product or service to meet their expectations. It will eventually lead to increased satisfaction among consumers and higher chances of success.

저는 목표 소비자를 이해하는 것이 가장 중요한 요소라고 생각합니다. 당신의 잠재 고객이 누구인지와 그들의 요구와 선호하는 것들이 무엇인지 알아야 합니다. 목표 소비자를 이해함으로써 그들의 기대에 부응하는 제품이나 서비스를 맞춤화 할 수 있습니다. 그것은 결국 소비자들의 만족도 증가로 이어지고 성공 가능성을 높일 것입니다.

James

I think differentiation is the most important factor. It is essential to differentiate your product from those of the competition and give consumers a reason to choose your product over others. This can be done through unique features, benefits, and messaging. Without differentiation, your product will just blend in with the others on the market.

저는 차별화가 가장 중요한 요소라고 생각합니다. 당신의 제품을 경쟁사의 제품들과 차별화하고 소비자들에게 다른 것들보다 당신의 제품을 선택할 이유를 제공하는 것이 필수적입니다. 이것은 특별한 기능, 혜택, 그리고 메시지 전달을 통해 이루어질 수 있습니다. 차별화 없이는, 당신의 제품은 그저 시장의 다른 것들과 섞여 들 것입니다.

아웃라인

나의 의견 — choosing the right channels for advertising 광고를 위한 올바른 방법을 선택하는 것

이유 — · affects how well a company can reach its target audience
기업이 목표 고객에게 얼마나 잘 다가갈 수 있는지에 영향을 미침

일반적 진술 — - eventually convert ppl. into paying customers 결국 사람들을 돈을 지불하는 고객으로 전환시킬 것임

예시 — - ex) millennials → social media marketing, older customer base → traditional forms (TV, print ads)
예) 밀레니얼 세대에게는 소셜 미디어 마케팅, 더 나이가 많은 고객층에게는 전통적인 형태가 효과적일 것임

모범 답안

(도입) **I understand why** Amelia **and** James **think that** 🌸knowing the ²intended consumer and standing out from the competition are important when it comes to developing your ¹approach to marketing. (나의 의견) **However, in my opinion,** choosing the right channels for advertising is crucial for success. (이유) **This is mainly because** going through the right channels can have a significant impact on how well a company is able to reach its ²target audience. (일반적 진술) It will eventually convert people into paying customers. (예시) **For example,** if the ²'target consumer consists mainly of millennials who spend a lot of time on social media, then social media marketing may be the best route. On the other hand, if the customer base is older and not as technologically savvy, more traditional forms of media such as television or print ads may be more effective.

도입 저는 왜 Amelia와 James가 🌸마케팅에 대한 접근법을 개발하는 데 있어서 목표로 삼은 소비자를 아는 것과 경쟁에서 두각을 나타내는 것이 중요하다고 생각하는지 이해합니다. **나의 의견** 하지만, 제 생각에는 광고를 위한 올바른 방법을 선택하는 것이 성공에 매우 중요합니다. **이유** 이는 주로 올바른 방법을 거치는 것은 기업이 목표 고객에게 얼마나 잘 다가갈 수 있는지에 상당한 영향을 미칠 수 있기 때문입니다. **일반적 진술** 그것은 결국 사람들을 돈을 지불하는 고객으로 전환시킬 것입니다. **예시** 예를 들어, 만약 목표 소비자가 주로 소셜 미디어에 많은 시간을 쓰는 밀레니얼 세대로 구성되어 있다면, 소셜 미디어 마케팅이 가장 좋은 방법일 수 있습니다. 반면에, 만약 고객층이 더 나이가 많고 기술적으로 잘 알지 못한다면, 텔레비전이나 지면 광고와 같은 더 전통적인 형태의 매체가 더 효과적일 수 있습니다.

어휘 및 표현

[문제] strategy[strǽtədʒi] 전략 determine[ditə́:rmin] 결정하다 target consumer 목표 소비자 route[ru:t] 방법, 수단
tailor[téilər] (요구·조건 등에) 맞추다 feature[fí:tʃər] 기능, 특징 blend in (주변 환경에) 섞여 들다 [모범 답안] intended[inténdid] 목표로 삼은, 의도하는
channel[tʃǽnl] 방법, 경로 convert A into B A를 B로 전환하다 customer base 고객층 savvy[sǽvi] 잘 아는, 지식이 있는

Paraphrase된 표현
¹marketing plan → ¹'approach to marketing
²intended consumer → ²'target audience / ²'target consumer

고득점 필수 표현	~(하는) 데 있어서, ~에 관한 한 **when it comes to (동)명사**

마케팅에 대한 접근법을 **개발하는 데 있어서** 목표로 삼은 소비자를 알고 경쟁에서 두각을 나타내는 것이 중요합니다.
🌸Knowing the intended consumer and standing out from the competition are important **when it comes to developing** your approach to marketing.

· **직장 문화에 있어서**, 개방적이고 투명한 소통은 신뢰를 키워줍니다.
  When it comes to workplace culture, open and transparent communication fosters trust.

· **평생 학습에 있어서**, 사람들은 끊임없이 진화하는 현대 사회의 요구에 적응해야 합니다.
  When it comes to lifelong learning, individuals should adapt to the ever-evolving demands of modern society.

SELF-EVALUATION LIST TEST 17

앞서 학습한 내용을 바탕으로 자신의 답안에 대해 다음 사항을 확인 후, 실력 향상을 위해 개선해야 할 점을 적어보세요.

통합형

1	강의에서 제시된 세 가지 반론을 요약문에 모두 포함하였다.	☐ Yes	☐ No
2	강의에서 제시된 각 반론을 읽기 지문의 대응되는 근거와 관련지어 제시하였다.	☐ Yes	☐ No
3	읽기 지문에 등장한 문장을 그대로 다시 사용하지 않았다.	☐ Yes	☐ No
4	적절한 어휘 및 표현을 사용하였다.	☐ Yes	☐ No
5	동일한 어휘 또는 표현을 반복적으로 사용하지 않았다.	☐ Yes	☐ No
6	문법 및 철자의 오류를 보이지 않는다.	☐ Yes	☐ No

토론형

1	나의 의견을 분명히 제시하였다.	☐ Yes	☐ No
2	나의 의견을 뒷받침하는 이유와, 이유에 대한 설득력 있고 구체적인 예를 제시하였다.	☐ Yes	☐ No
3	토론 주제를 벗어난 내용을 포함하지 않았다.	☐ Yes	☐ No
4	문제에 등장한 교수와 학생들의 문장을 그대로 사용하지 않았다.	☐ Yes	☐ No
5	다양한 어휘/표현/문장 구조를 사용하였다.	☐ Yes	☐ No
6	문법 및 철자의 오류를 보이지 않는다.	☐ Yes	☐ No

라이팅 실력 향상을 위해 개선해야 할 점

HACKERS TOEFL ACTUAL TEST WRITING

출제 예상 토픽 리스트

INTEGRATED TASK

ACADEMIC DISCUSSION TASK

INTEGRATED TASK

Integrated Task(통합형 문제)에서는 학술적이거나 전문적인 토픽을 다루는 읽기 지문 및 강의가 출제된다. 다음의 출제 예상 토픽에 제시된 키워드를 토대로 관련 정보를 찾아 배경지식을 쌓아두면, 실전에서 유사한 토픽이 출제되었을 때 읽기 지문 및 강의의 내용을 더욱 쉽게 이해할 수 있을 것이다.

I. 생물

읽기 지문		강의
사람이 잠을 자는 이유를 설명하는 세 가지 이론이 있다.	↔	세 가지 이론은 잘못되었다.
사람이 하품을 하는 이유를 설명하는 세 가지 이론이 있다.	↔	세 가지 이론은 잘못되었다.
바다소(manatee)는 지적 생물이 아니다.	↔	바다소는 지적 생물이다.
도도새(dodo)가 인간에 의해 멸종했음을 뒷받침하는 세 가지 이론이 있다.	↔	세 가지 이론은 잘못되었다.
여러 거미줄 중 둥근 그물(orb-web)이 거미에게 더 이롭다는 세 가지 근거가 있다.	↔	세 가지 근거는 잘못되었다.
아메리카 북부의 삼나무(cedar)가 감소하게 된 원인을 설명하는 세 가지 이론이 있다.	↔	세 가지 이론은 잘못되었다.
줄무늬는 얼룩말을 적으로부터 보호하는 기능을 한다.	↔	보호하는 기능을 하지 않는다.
바다거북(turtle)을 보호하기 위한 세 가지 효과적인 방법이 있다.	↔	세 가지 방법에는 문제점이 있다.
비자나무(torreya)가 멸종 직전에 있는데 이를 막을 세 가지 방법이 있다.	↔	세 가지 방법에는 문제점이 있다.
늑대가 사육되어서 오늘날의 개가 되었다.	↔	아시아에서 온 야생 개가 오늘날 개의 조상이다.
동물들이 놀이를 하는 이유를 설명하는 세 가지 이론이 있다.	↔	세 가지 이론은 잘못되었다.
벌 춤은 효과가 없다는 실험 결과가 있다.	↔	실험 결과는 잘못되었다.
새의 개체 수가 줄어드는 원인을 설명하는 세 가지 이론이 있다.	↔	세 가지 이론은 잘못되었다.
생물 고분자 물질(biopolymer)은 좋다.	↔	좋지 않다.
고래가 표류하는 원인을 설명하는 세 가지 이론이 있다.	↔	세 가지 이론은 잘못되었다.
유전자 재조합 나무가 유익한 세 가지 이유가 있다.	↔	세 가지 이유는 잘못되었다.
철갑상어(sturgeon)가 뛰어오르는 이유를 설명하는 세 가지 이론이 있다.	↔	세 가지 이론은 잘못되었다.
보노보(bonobo)는 침팬지와 달리 유순한 동물이다.	↔	유순한 동물이 아니다.

2. 사회

읽기 지문		강의
동물원이 사회에 여러모로 도움이 되는 세 가지 이유가 있다.	↔	세 가지 이유는 잘못되었다.
기존의 백과사전(traditional encyclopedia)이 더 좋다.	↔	온라인 백과사전(online encyclopedia)이 더 좋다.
아이가 부모와 보내는 시간이 많으면 도움이 되는 세 가지 이유가 있다.	↔	세 가지 이유는 잘못되었다.
조깅이 현대인에게 좋지 않은 세 가지 이유가 있다.	↔	세 가지 이유는 잘못되었다.

	읽기 지문	강의
☐	청어(menhaden)의 포획을 금지하는 법안은 좋지 않다.	⟷ 이 법안은 효과적이다.
☐	미국의 목재 회사들은 자사 제품에 친환경 보증(eco-certified)을 받지 않아도 된다.	⟷ 받아야 한다.
☐	미국 정부가 철도청을 소유할 이유가 없다.	⟷ 소유하면 좋다.
☐	약품 광고를 허용하면 도움이 되는 세 가지 이유가 있다.	⟷ 세 가지 이유는 잘못되었다.
☐	화석을 개인에게 판매해서는 안 되는 세 가지 이유가 있다.	⟷ 세 가지 이유는 잘못되었다.
☐	국립공원이 입장료를 부과해서는 안 되는 세 가지 이유가 있다.	⟷ 세 가지 이유는 잘못되었다.
☐	온라인으로 약을 구매하는 것을 허용해도 되는 세 가지 이유가 있다.	⟷ 세 가지 이유는 잘못되었다.
☐	지역 식품(local food)이 제조 식품(industrialized food)보다 더 이롭다는 것을 뒷받침하는 세 가지 근거가 있다.	⟷ 세 가지 근거는 잘못되었다.
☐	기계음을 사용하여 녹음된 설문조사 방법은 좋다.	⟷ 좋지 않다.
☐	핵 발전소 건설에는 세 가지 단점이 있다.	⟷ 세 가지 단점은 잘못되었다.
☐	교사가 능력제로 봉급을 받아야 하는 세 가지 이유가 있다.	⟷ 세 가지 이유는 잘못되었다.

3. 역사/인류학

	읽기 지문	강의
☐	퉁구스카(Tunguska)의 대폭발은 가스 폭발이었다.	⟷ 소행성의 충돌이었다.
☐	Seingald의 회고록에서 그의 삶은 부풀려졌다.	⟷ 회고록의 내용은 모두 사실이다.
☐	18세기 영국에서 공장들이 발전한 세 가지 이유가 있다.	⟷ 세 가지 이유는 잘못되었다.
☐	고대 이집트 왕국이 멸망한 이유를 설명해주는 세 가지 이론이 있다.	⟷ 세 가지 이유는 잘못되었다.
☐	그리스인이 배를 불태우기 위해 불타는 거울(buring mirror)을 사용했다는 것은 미신이다.	⟷ 미신이 아니라 사실이다.
☐	에트루리아인들이 터키에서 왔음을 뒷받침하는 세 가지 이론이 있다.	⟷ 세 가지 이론은 잘못되었다.

4. 환경/지구과학

	읽기 지문	강의
☐	화성에서 가져온 운석이 화성의 생명체 존재에 대한 증거가 되는 세 가지 이유가 있다.	⟷ 세 가지 이유는 잘못되었다.
☐	에탄올은 대체 에너지로서 좋지 않다.	⟷ 좋다.
☐	수소 에너지(hydrogen energy)가 화석 연료보다 더 좋은 세 가지 이유가 있다.	⟷ 세 가지 이유는 잘못되었다.
☐	구조 벌목(salvage logging)에는 세 가지 장점이 있다.	⟷ 세 가지 장점은 잘못되었다.
☐	사전 입화(prescribed burning)는 필요하다.	⟷ 필요하지 않다.
☐	소빙기(Little Ice Age)가 일어난 이유를 설명하는 세 가지 이론이 있다.	⟷ 세 가지 이론은 잘못되었다.
☐	에버글레이즈(Everglades)는 환경 문제로 인해 사라질 것이다.	⟷ 환경 문제는 해결할 수 있다.
☐	거대 충격 이론(giant impact theory)은 달이 생성된 이유를 설명하지 못한다.	⟷ 달이 생성된 이유를 설명한다.

	읽기 지문		강의
☐	기후 변화에 대처하기 위해 철분 비옥화(iron fertilization)를 이용하는 것은 효과적이지 않다.	↔	철분 비옥화는 효과적인 방법이다.
☐	페루의 나즈카 라인(Nazca Lines)이 생겨나게 된 배경을 설명하는 세 가지 이론이 있다.	↔	세 가지 이론은 잘못되었다.

5. 경영/경제

	읽기 지문		강의
☐	기업 설립은 지역 경제에 도움이 된다.	↔	도움이 되지 않는다.
☐	사업의 지속적인 성공을 위한 세 가지 비즈니스 전략이 있다.	↔	세 가지 전략은 위험하고 약점이 있다.
☐	회사원이 감소하고 자영업자가 증가하는 세 가지 이유가 있다.	↔	세 가지 이유는 잘못되었다.
☐	육아 비용이 계속해서 증가하는 세 가지 이유가 있다.	↔	세 가지 이유는 잘못되었다.
☐	한 상품으로만 성공한 회사를 발달시키기 위한 세 가지 방법이 있다.	↔	세 가지 방법은 잘못되었다.
☐	기업이 직원들을 통제하기 위해 사용하는 세 가지 방법이 있다.	↔	세 가지 방법은 효과가 없거나 역효과가 일어난다.

6. 과학기술

	읽기 지문		강의
☐	CFL 전구를 사용하는 것보다 표준 전구를 사용하는 것이 더 낫다.	↔	CFL 전구를 사용하는 것이 더 낫다.
☐	뇌지문 검사(brain fingerprint)는 전통적인 거짓말 탐지기(lie detector)보다 더 좋지 않다.	↔	더 좋다.
☐	전자 의무 기록(electronic medical record)이 전통적인 방식보다 더 좋은 세 가지 이유가 있다.	↔	세 가지 이유는 잘못되었다.

7. 예술/건축

	읽기 지문		강의
☐	캘리포니아에서 발견된 음화가 안셀 애덤스의 작품이라는 세 가지 증거가 있다.	↔	세 가지 증거는 잘못되었다.
☐	스코틀랜드의 유리화된 요새(vitrified forts)의 기원을 설명하는 세 가지 이론이 있다.	↔	세 가지 이론은 잘못되었다.
☐	고대 바빌론에 공중 정원(hanging gardens)이 존재했음을 뒷받침하는 세 가지 증거가 있다.	↔	세 가지 증거는 잘못되었다.
☐	미켈란젤로의 작품이 사실은 위조품이었음을 뒷받침하는 세 가지 증거가 있다.	↔	세 가지 증거는 잘못되었다.
☐	피라미드가 콘크리트로 축조되었음을 뒷받침하는 세 가지 이론이 있다.	↔	세 가지 이론은 잘못되었다.

ACADEMIC DISCUSSION TASK

Academic Discussion Task(토론형 문제)에서는 사회, 교육, 경제 등의 분야에서 학술적인 토픽이 출제된다. 다음의 출제 예상 토픽에 대해 미리 아웃라인을 잡고 글의 전개 방식을 구상해 두면, 실전에서 유사한 토픽이 출제되었을 때 더욱 쉽게 자신의 입장을 전개할 수 있을 것이다.

Ⅰ. 사회

- [ ] 이미 잘하는 것을 꾸준히 하는 것과 위험을 감수하며 새로운 일을 시도하는 것 중 어느 것이 더 중요한가?
- [ ] 사람들은 평생 직업을 갖기 전에 여러 가지 다양한 단기 직업을 시도해야 하는가, 아니면 목표하는 직업을 바로 갖는 것에 전념해야 하는가?
- [ ] 성공하는 것과 실패했을 때 긍정적인 생각을 가지는 것 중 어느 것이 더 중요한가?
- [ ] 오늘날 읽고 쓰는 능력과 말하는 능력 중 어느 것이 더 중요한가?
- [ ] 신중하게 계획하는 것과 창의력을 발휘하는 것 중 문제를 해결하는 데 더 좋은 방법은 무엇인가?
- [ ] 결정을 내리기 위해 혼자 심사숙고하는 것과 타인에게 의견을 묻는 것 중 더 좋은 방법은 무엇인가?
- [ ] 정부는 오래된 건물을 보존해야 하는가, 아니면 오래된 건물을 허물고 새로운 현대적인 건물을 건설해야 하는가?
- [ ] 정부는 경제 개발과 환경 보호 중 어느 것에 더 중점을 두어야 하는가?
- [ ] 리더에게 가장 중요한 자질은 무엇인가?
- [ ] 단기적인 즐거움을 주는 것과 즐거움이 오랫동안 지속되는 것 중 어느 것에 돈을 써야 하는가?
- [ ] 한 도시나 마을에서 평생을 사는 것과 이곳저곳으로 옮겨 다니는 것 중 어느 것이 더 나은가?
- [ ] 야심 찬 목표를 가지는 것과 현실적인 포부를 추구하는 것 중 어느 것이 더 나은가?
- [ ] 중요한 결정을 내릴 때 연장자의 의견을 듣는 것과 또래의 의견을 듣는 것 중 어느 것이 더 효과적인가?
- [ ] 여러 가지 일을 동시에 하는 것과 다른 일을 시작하기 전에 한 가지 일을 완벽하게 끝내는 것 중 어느 것이 더 효율적인가?
- [ ] 교통량이 많은 시간대에 혼잡 통행료를 부과해야 한다는 것에 동의하는가?
- [ ] 성공하기 위해 자신의 능력을 키우는 것과 인간관계를 넓히는 것 중 어느 것이 더 중요한가?
- [ ] 문제를 해결하기 위해 자신의 지식과 경험을 사용하는 것과 다른 사람들에게 조언을 구하는 것 중 어느 것이 더 나은가?
- [ ] 정부가 경제 위기의 상황에서 지출을 줄여야 한다면 대중교통과 경찰 인력 중 어느 부분의 돈을 줄여야 하는가?
- [ ] 학생들이 대학을 졸업하기 전에 1년 정도 쉬면서 여행이나 일을 경험해보는 것과 바로 취직하는 것 중 무엇이 더 나은가?
- [ ] 비록 세계에서 일어나는 일들이 일상생활에 영향을 미칠 가능성이 적더라도, 그 일들을 알고 있는 것이 중요한가, 아니면 알 필요가 없는가?
- [ ] 스포츠 경기를 보는 데 많은 시간을 쓰는 것은 긍정적인 영향과 부정적인 영향 중 무엇이 더 큰가?
- [ ] 일을 천천히 하고 모든 것을 정확하게 하는 것과 일을 빨리 하고 실수의 위험을 감수하는 것 중 무엇이 더 중요한가?
- [ ] 오늘날 복잡해진 삶을 영위하기 위해 가장 필요한 능력은 무엇인가?
- [ ] 자신의 경험이나 사진을 소셜 네트워크에 올리는 것과 개인적으로 간직하는 것 중 어느 것이 더 좋은가?
- [ ] 잘 모르는 도시로 여행을 간다면 가이드를 동반해서 여행하는 것과 가이드 없이 스스로 계획하여 여행하는 것 중 무엇이 더 좋은가?
- [ ] 오늘날 학교나 직장에서 프로젝트를 완수하는 데에 있어 창의성은 점점 더 중요해지고 있는데, 이를 위해 개인 혼자 프로젝트를 수행하는 것과 팀을 구성하여 프로젝트를 수행하는 것 중 어느 것이 더 나은가?

- [ ] 학교에서 토론을 하거나 회사에서 회의를 할 때 자신감을 가지기 위한 방법으로, 경험자에게 조언을 구하는 것과 사전 자료 준비를 철저하게 하는 것 중 무엇이 더 낫다고 생각하는가?
- [ ] 아이들은 부모의 영향을 많이 받는가, 아니면 텔레비전이나 영화 등 가정 외의 요소들의 영향을 많이 받는가?
- [ ] 소셜 네트워크의 사용은 사람들을 더 연결시키는가, 아니면 고립시키는가?
- [ ] 국민들의 건강을 개선하기 위한 정부의 최선책은 무엇인가?
- [ ] 정부는 도로와 고속도로를 개선하는 것과 대중교통을 개선하는 것 중 어디에 더 많이 투자해야 하는가?
- [ ] 글로벌 시장에서 기업들이 직면하는 가장 큰 도전 과제는 무엇인가?
- [ ] 20년 후 사람들은 오늘날보다 운동하는 시간이 더 많아질 것인가?

2. 교육

- [ ] 고등학교에서 컴퓨터 프로그래밍은 필수 과목이어야 하는가, 아니면 선택 과목이어야 하는가?
- [ ] 아이들이 스포츠를 재미로 하는 것과 경쟁이나 시합을 위해 하는 것 중 어느 것이 더 중요한가?
- [ ] 학생들이 외국어 수업을 적어도 한 개는 의무적으로 듣게 하는 것과 선택할 수 있게 하는 것 중 어느 것이 더 나은가?
- [ ] 모든 대학생들은 예술 분야로 진출할 계획이 없더라도 예술 관련 수업을 듣도록 요구받아야 하는가, 아니면 선택 사항이어야 하는가?
- [ ] 학생들의 학습을 촉진하기 위해 학기를 연장해야 하는가, 아니면 하교 시간을 늦춰야 하는가?
- [ ] 학생들이 사실을 배우는 것과 개념을 이해하는 것 중 어느 것이 더 중요한가?
- [ ] 시험을 보는 것과 보지 않는 것 중 학생들의 학습 동기에 어느 것이 더 효과적인가?
- [ ] 같은 집단의 모든 구성원에게 동일한 점수를 주는 것과 다른 점수를 주는 것 중 학생들의 평가에 어느 것이 더 효과적인가?
- [ ] 자신이 가장 관심 있는 수업을 듣는 것과 좋은 성적을 받을 수 있는 수업을 듣는 것 중 어느 것이 더 중요한가?
- [ ] 학생들에게 성과에 따른 보상을 주는 것과 노력에 따른 보상을 주는 것 중 어느 것이 더 중요한가?
- [ ] 교사들이 그들의 지식을 갱신하기 위해 5년마다 교육을 받도록 의무화하는 것과 선택할 수 있게 하는 것 중 어느 것이 더 나은가?
- [ ] 학생들의 마음을 잘 헤아리는 교사와 실력 있는 교사 중 어떤 유형의 교사가 교육에 더 효과적인가?
- [ ] 학생들의 학습에 가장 효과적인 평가 방식은 무엇인가?
- [ ] 교사에게는 학생들과 잘 지내는 능력을 지니는 것과 지식이 많은 것 중 어느 것이 더 중요한가?
- [ ] 교육의 질을 향상시키기 위한 가장 좋은 방법은 무엇인가?
- [ ] 다양한 활동을 경험하면서 학습하는 것과 책을 읽으면서 학습하는 것 중 어느 것이 더 중요한가?
- [ ] 공부를 할 때 교육용 애플리케이션을 사용하는 것은 학습에 도움이 되는가, 아니면 방해가 되는가?
- [ ] 고등학생들에게 교복 착용을 의무화하는 것과 선택할 수 있게 하는 것 중 무엇이 더 나은가?
- [ ] 교사는 학습 능력이 뛰어난 학생과 부진한 학생 중, 누구에게 더 많은 관심을 주어야 하는가?
- [ ] 학생회나 클럽의 리더를 뽑을 때 가장 중요한 요소는 무엇인가?
- [ ] 대학은 유명 강사를 고용하는 것과 시설을 개선하는 것 중 어느 것에 더 많은 돈을 써야 하는가?
- [ ] 학생들(12세~16세)의 학습량을 늘리기 위해 다른 학생들과 함께 공부하게 하는 것과 혼자 공부하게 하는 것 중 어느 것이 더 나은가?
- [ ] 대학생들이 졸업 전에 인턴십을 할 것을 의무화하는 것과 전공 분야와 관련된 공모전에 참여할 것을 의무화하는 것 중 어느 것이 그들이 미래에 좋은 직업을 가지는 데에 더 도움이 되는가?

☐ 학생들(15세~18세)이 미래에 좋은 직업을 가지도록 돕기 위해 토론 수업을 늘려 학생들이 직접 토론하는 기회를 늘리는 것과 강의식 수업을 늘려 더 많은 내용을 학습하게 하는 것 중 어느 것이 더 나은가?

☐ 특별 활동으로 한 가지를 선택하여 일 년간 참가해야 한다면 운동과 음악 활동 중 무엇이 더 유익한가?

☐ 어린 아이들(6세~12세)에게 가장 우선으로 가르쳐야 할 것은 정직함과 끈기 중 무엇이라고 생각하는가?

☐ 교사가 학생이 수업에 더 흥미를 갖도록 하는 가장 좋은 방법은 무엇인가?

☐ 기존의 교실 수업만 진행하는 것과 온라인 수업과 교실 수업을 병행하는 것 중 어느 것이 학생들의 학습에 더 효과적인가?

☐ 미술, 음악, 체육과 같은 과외 활동이 학생들에게 미치는 가장 큰 영향은 무엇인가?

☐ 학생들의 성적을 점수로 매기는 것은 학습을 촉진하는가, 아니면 방해하는가?

☐ 교사와 또래 학생들 중, 누가 학생들의 학습에 더 큰 영향을 미치는가?

3. 문화

☐ 비디오 게임을 하는 것이 아이들에게 초래할 수 있는 가장 큰 문제점은 무엇인가?

☐ 다른 나라의 문화에 대해 배울 수 있는 가장 좋은 방법은 무엇인가?

☐ 영화와 텔레비전 프로그램은 성공하는 것과 실패를 극복하는 것의 중요성 중 어느 것을 보여주어야 하는가?

☐ 오늘날 고전문학을 읽는 것과 실용 서적을 읽는 것 중 어느 것이 더 중요한가?

☐ 텔레비전 뉴스를 보는 것과 신문을 읽는 것 중 세계의 사건들을 정확하게 이해하는 데에 어느 것이 더 효과적인가?

☐ 인쇄된 책과 텔레비전 중 사회에 더 큰 영향을 미쳐온 것은 무엇인가?

☐ 뉴스로 인해 쌓이는 정신적 피로를 완화하기 위해 일정 기간 동안 뉴스로부터 멀어지는 것과 매일의 사건을 알기 위해 매일 뉴스를 보는 것 중 어느 것이 더 중요한가?

☐ 학교 내에서 문화적 다양성이 중요한 이유는 무엇인가?

☐ 언론은 객관적인 정보를 제공하는 신뢰할 만한 출처인가, 아니면 언론이 제공하는 정보는 신뢰할 수 없는가?

☐ 자신의 문화를 알리는 것과 다른 나라의 문화를 배우는 것 중 어느 것이 더 중요한가?

☐ 언론 매체의 즉각적인 뉴스 전달이 대중에게 미치는 가장 큰 영향은 무엇인가?

☐ 다른 나라의 문화에 대해 배우기 위해서 그 나라를 직접 방문하는 것과 책이나 영상 매체를 활용하는 것 중 어느 것이 더 효과적인가?

☐ 기술의 발전이 지역 문화와 관습에 미치는 가장 큰 영향은 무엇인가?

☐ 반려동물을 기르는 것은 아이들의 정서 발달에 도움이 된다는 것에 동의하는가?

4. 경제

☐ 직원들 간의 화합을 장려하는 것 외에, 회사의 가장 중요한 책임은 무엇인가?

☐ 사람들은 주로 자신이 정말 필요해서 제품을 구매하는가, 아니면 다른 사람들이 가지고 있기 때문에 구매하는가?

☐ 기업이 많은 이윤을 얻으려면 상품에 예술적 가치를 더해야 하는가, 아니면 이는 불필요한 일인가?

☐ 외국 제품과 국산 제품을 구매하는 것 중 어느 것이 더 나은가?

- [ ] 유명 운동선수와 연예인들은 그들이 지급받는 거액의 돈을 받을 자격이 있는가, 아니면 그들은 더 적은 돈을 받아야 하는가?
- [ ] 돈에 대한 갈망 외에, 많은 사업가들에게 동기를 부여하는 것은 무엇인가?
- [ ] 주말에 일과 관련된 연락을 하지 않는 제도를 실시하는 것은 회사의 생산성에 긍정적인 영향을 미치는가, 아니면 부정적인 영향을 미치는가?
- [ ] 특정한 분야의 직업을 얻고자 한다면 관심 있는 회사에 근무하는 사람에게 취업 기회를 물어보는 것과 관심 있는 회사에 직접 이력서를 보내는 것 중 어느 것이 더 효과적인가?
- [ ] 업무 효율을 높이기 위해 좋은 직장 동료로서 가져야 할 가장 중요한 자질은 무엇인가?
- [ ] 기업들은 광고하는 것과 더 많은 제품들을 생산하는 것 중 어느 것에 더 많이 투자해야 하는가?
- [ ] 유연 근무제와 고정 근무제 중 어느 것이 업무 효율성을 더 증진시킨다고 생각하는가?

5. 기술/과학

- [ ] 학생들의 학습에 인터넷을 사용하는 것은 학습을 촉진하는가, 아니면 학습을 저해하는가?
- [ ] 기술은 인간의 삶을 더 쉽게 만드는가, 아니면 더 복잡하게 만드는가?
- [ ] 인터넷의 발달은 대인 관계에 긍정적인 영향을 미치는가, 아니면 부정적인 영향을 미치는가?
- [ ] 기술의 발전이 아이들의 창의성 증진에 도움이 되는가, 아니면 방해가 되는가?
- [ ] 과학자들은 그들이 발견한 것의 부정적인 영향에 책임을 져야 하는가, 아니면 그들은 책임이 없는가?
- [ ] 정부는 기초 과학 분야와 실용적인 연구 중 어느 것에 자금을 대야 하는가?
- [ ] 컴퓨터는 사람들을 즐겁게 하는 것과 교육하는 것 중 어느 것에 이용되어야 하는가?
- [ ] 과학 기술의 발달은 사람들의 상상력에 긍정적인 영향을 미쳤는가, 아니면 부정적인 영향을 미쳤는가?
- [ ] 인공지능의 발전은 일자리의 증가로 이어질 것인가, 아니면 감소로 이어질 것인가?
- [ ] 자율 주행차의 상용화가 사회에 미치는 가장 큰 영향은 무엇인가?
- [ ] 정부는 혁신적인 기술과 아이디어를 어떻게 발굴하고 지원할 수 있는가?

6. 환경

- [ ] 정부의 노력과 개개인의 노력 중 환경 문제를 해결하는 데 어느 것이 더 중요한가?
- [ ] 일부 농업 방식이 환경을 파괴한다고 가정할 때, 세계 인구에 식량을 공급하는 것과 환경을 보호하는 것 중 어느 것이 더 중요한가?
- [ ] 대기 오염을 막기 위한 정부의 최선책은 무엇인가?
- [ ] 해양 생태계의 파괴를 막기 위한 가장 좋은 방법은 무엇이라고 생각하는가?
- [ ] 환경을 보호하기 위한 가장 좋은 방법은 무엇이라고 생각하는가?
- [ ] 플라스틱 사용량을 줄이기 위해 개인이 할 수 있는 가장 중요한 일은 무엇인가?
- [ ] 농지, 주택, 산업 등에 대한 인간의 욕구를 충족시키는 것과 멸종 위기에 처한 동물을 위한 땅을 보존하는 것 중 어느 것이 더 중요한가?
- [ ] 태양, 물, 바람과 같은 재생 에너지가 가스, 석유, 석탄과 같은 화석 에너지를 대체할 것인가?

고득점을 위한 토플 마무리 실전서

HACKERS TOEFL
ACTUAL TEST WRITING

개정 4판 3쇄 발행 2024년 11월 18일
개정 4판 1쇄 발행 2023년 6월 30일

지은이	해커스 어학연구소
펴낸곳	㈜해커스 어학연구소
펴낸이	해커스 어학연구소 출판팀

주소	서울특별시 서초구 강남대로61길 23 ㈜해커스 어학연구소
고객센터	02-537-5000
교재 관련 문의	publishing@hackers.com
동영상강의	HackersIngang.com

ISBN	978-89-6542-603-5 (13740)
Serial Number	04-03-01

**외국어인강 1위,
해커스인강(HackersIngang.com)**

해커스인강

- 실전 감각을 극대화하는 iBT 라이팅 실전모의고사 및 답안 작성 프로그램
- 효과적인 라이팅 학습을 돕는 통합형 문제학습 MP3
- 해커스 토플 스타강사의 본 교재 인강

**전세계 유학정보의 중심,
고우해커스(goHackers.com)**

고우해커스

- 토플 스피킹/라이팅 첨삭 게시판 등 무료 학습 콘텐츠
- 고득점을 위한 토플 공부전략 강의
- 국가별 대학 및 전공별 정보, 유학 Q&A 게시판 등 다양한 유학정보

[외국어인강 1위] 헤럴드 선정 2018 대학생 선호브랜드 대상 '대학생이 선정한 외국어인강' 부문 1위

전세계 유학정보의 중심
고우해커스

goHackers.com

TOEFL iBT
최신출제경향
반영

HACKERS
TOEFL
ACTUAL TEST

WRITING

HACKERS

TOEFL
ACTUAL TEST
WRITING

문제집

해커스 어학연구소

HACKERS TOEFL ACTUAL TEST WRITING

CONTENTS

HACKERS TOEFL ACTUAL TEST WRITING

TEST 01

INTEGRATED TASK

ACADEMIC DISCUSSION TASK

SELF-CHECK LIST

🎧 강의 음성은 TEST01.mp3에 수록되어 있습니다.

테스트 전 확인사항

☐ 휴대전화의 전원을 껐습니다.
☐ 메모할 종이와 연필이 준비되었습니다.
☐ 통합형 강의 mp3를 들을 준비가 되었습니다.
☐ 답안 작성 프로그램을 실행할 준비가 되었습니다.
☐ 시간을 체크할 시계가 준비되었습니다.

Directions You have 20 minutes to plan and write your response. Your response will be judged according to the overall quality of the writing and how well you link the points in the lecture and the reading passage. Typically, an effective response is between 150 and 225 words in length.

읽기 제한 시간: 3분

With fossil fuel reserves beginning to dwindle, there is a great deal of academic and commercial interest in the exploitation of alternative energy. Due to their many advantages, wave-energy facilities—commonly referred to as wave farms—will be increasingly common in the future.

One basis for this position is that wave farms are incredibly reliable generators of power. The reason is they make use of waves that are constant and predictable. Coastal areas generally experience the same seasonal variations in wave frequency and intensity each year, and these annual patterns are well documented by oceanographers. This means that it is possible to accurately predict the generation capacity of a wave-power facility.

Furthermore, wave-energy facilities have been proven to be environmentally friendly. As the process of harnessing the energy of waves does not involve the burning of fossil fuels like oil, coal, or natural gas, greenhouse gasses and other pollutants are not emitted into the atmosphere. There is also no risk of contaminating the ocean because the floating convertors use the movement of the waves to turn their turbines, meaning that they do not contain any harmful fuels that can leak into the water.

Lastly, wave farms do not have a negative impact on the natural beauty of the surrounding landscape. While other types of power, like coal and nuclear energy, are generated by large, conspicuous power plants, wave-power convertors are fairly small and usually float on or just below the surface of the water. Therefore, even if many are installed in a single location, they will not be noticeable to anyone in the area.

Now listen to part of a lecture on the topic you just read about.

HIDE TIME   20:00

Question   Summarize the points made in the lecture, being sure to explain how they oppose the specific points made in the reading passage.

Cut   Paste   Undo   Redo   Hide Word Count   0

Directions   Your professor is teaching a class on business. You must post a written response to your professor's question.

In your response, make sure to:

• state your opinion and support it

• contribute meaningfully to the discussion

A minimum of 100 words is required for a response to be effective. The time allotted for your response is 10 minutes.

Professor Arden

Once a company has established itself, customer retention and acquisition become crucial. According to some business advisors, having loyal customers is the key to upholding a company's reputation and increasing revenues. But others argue that even established companies should continue trying to acquire new customers. I want to hear your thoughts. Should companies prioritize retaining current customers, or should they focus on attracting new ones? Why do you think so?

Kyle D.

Companies should focus on customer retention. I heard it's cheaper to keep current customers than to attract new ones because marketing is expensive. The former is already familiar with the company's products and services, so the company doesn't have to spend much on advertising. I have a class to attend now, but I'll post the exact figures later.

Hannah K.

I disagree with Kyle that companies should rely solely on customer retention. I think acquiring new customers can be a powerful way for a company to expand because its reputation can be enhanced through new customers' positive word-of-mouth referrals. Thus, the new customers will help the company gain an advantage over its competitors.

| Cut | Paste | Undo | Redo | | Hide Word Count | 0 |

모범 답안 · 지문 · 해석 p.37

이번 테스트는 어땠나요?
다음 체크 리스트로 자신의 테스트 진행 내용을 점검해 볼까요?

▌통합형

1 나는 주어진 시간 내에 요약문을 완성했다. ☐ Yes ☐ No
완성하지 못했다면, 그 이유는?

2 나는 주어진 읽기 지문과 강의의 내용을 모두 이해하고 노트테이킹했다. ☐ Yes ☐ No
그러지 못했다면, 그 이유는?

3 문제 풀이 중 유난히 어렵거나 부족하다고 생각되는 부분이 있었다. ☐ Yes ☐ No
있었다면, 어려웠던 부분과 그 이유는? (예: 읽기 지문에 모르는 어휘가 많았음)

4 나는 요약문 작성을 완료한 후 작성한 글을 다시 읽으며 검토했다. ☐ Yes ☐ No

▌토론형

1 나는 주어진 시간 내에 답안을 완성했다. ☐ Yes ☐ No
완성하지 못했다면, 그 이유는?

2 나는 답안 작성 전 아웃라인을 통해 글에서 전개할 내용을 명확히 정리했다. ☐ Yes ☐ No
정리하지 못했다면, 그 이유는?

3 답안 작성 중 미처 쓰지 못한 내용이 있다. ☐ Yes ☐ No
있었다면, 그 이유는? (예: 단어가 생각나지 않았음)

4 나는 답안 작성을 완료한 후 작성한 글을 다시 읽으며 검토했다. ☐ Yes ☐ No

라이팅 실력 향상을 위해 개선해야 할 점

HACKERS TOEFL ACTUAL TEST WRITING

TEST 02

INTEGRATED TASK

ACADEMIC DISCUSSION TASK

🎧 강의 음성은 TEST02.mp3에 수록되어 있습니다.

테스트 전 확인사항

☐ 휴대전화의 전원을 껐습니다.
☐ 메모할 종이와 연필이 준비되었습니다.
☐ 통합형 강의 mp3를 들을 준비가 되었습니다.
☐ 답안 작성 프로그램을 실행할 준비가 되었습니다.
☐ 시간을 체크할 시계가 준비되었습니다.

Directions   You have 20 minutes to plan and write your response. Your response will be judged according to the overall quality of the writing and how well you link the points in the lecture and the reading passage. Typically, an effective response is between 150 and 225 words in length.

🕐 읽기 제한 시간: 3분

Numerous astronomers over the years have reported seeing brief changes in the color or brightness of small areas of the Moon from time to time. Known as transient lunar phenomena, or TLPs, the cause of these events is the subject of a number of interesting and plausible hypotheses.

One possibility is that clouds of lunar gas are causing the phenomena. Many researchers believe that gases beneath the surface of the Moon are occasionally expelled into the thin lunar atmosphere. The resulting gas clouds are visible from Earth as reddish or white hues. This theory is consistent with the fact that most TLPs are seen in the vicinity of craters with large fractures, where the gas would be able to escape to the surface. In fact, a probe sent by NASA to the Moon detected the emission of radon gas in the vicinity of Aristarchus, a lunar crater where many TLPs have been observed.

Next, some experts believe that TLPs are illuminated clouds of dust floating above the lunar landscape. They posit that particles from space strike the Moon's surface, causing lunar dust to levitate above the ground. Light is then reflected off the suspended dust, creating glows that are visible from Earth.

A third theory holds that TLPs are caused by solar radiation. Occasionally, magnetic storms on the Sun's surface release intense bursts of radiation called solar flares, and it is argued that these flares can illuminate portions of the Moon's surface. Many astronomers have reported a greater incidence of TLPs during the peak of the solar cycle when the highest number of flares is emitted, a fact that strongly supports the solar flare hypothesis.

Now listen to part of a lecture on the topic you just read about.

HIDE TIME 20:00

Question Summarize the points made in the lecture, being sure to explain how they cast doubt on the specific theories discussed in the reading passage.

Cut　　　Paste　　　Undo　　　Redo

Hide Word Count 　0

Directions Your professor is teaching a class on technology. You must post a written response to your professor's question.

In your response, make sure to:
• state your opinion and support it
• contribute meaningfully to the discussion

A minimum of 100 words is required for a response to be effective. The time allotted for your response is 10 minutes.

Professor Choi

This week, I would like to look at how technology has revolutionized the way we live, work, and interact with the world around us. From the moment we wake up to the time we go to bed, technology surrounds us, permeating every aspect of our existence. Other than smartphones, what technology would you choose as the one that has made our lives more convenient? Why?

VOLUME   HELP   NEXT

HIDE TIME   10:00

GPS navigation devices are, without a doubt, the technology that has made our lives easier and more convenient. They provide us with accurate, real-time information about our location and the best routes to our desired destinations. They have revolutionized how we navigate and explore the world.

Emily

I think smart home devices provide a level of convenience and efficiency that greatly enhances our daily lives. Smart home devices, such as voice-activated assistants and automated thermostats, allow us to control various aspects of our homes with just a few taps or voice commands, saving us time and effort.

Miles

| Cut | Paste | Undo | Redo | Hide Word Count | 0 |

모범 답안 · 지문 · 해석 p.45

SELF-CHECK LIST TEST 02

이번 테스트는 어땠나요?
다음 체크 리스트로 자신의 테스트 진행 내용을 점검해 볼까요?

통합형

1 나는 주어진 시간 내에 요약문을 완성했다. □ Yes □ No
완성하지 못했다면, 그 이유는?

2 나는 주어진 읽기 지문과 강의의 내용을 모두 이해하고 노트테이킹했다. □ Yes □ No
그러지 못했다면, 그 이유는?

3 문제 풀이 중 유난히 어렵거나 부족하다고 생각되는 부분이 있었다. □ Yes □ No
있었다면, 어려웠던 부분과 그 이유는? (예: 읽기 지문에 모르는 어휘가 많았음)

4 나는 요약문 작성을 완료한 후 작성한 글을 다시 읽으며 검토했다. □ Yes □ No

토론형

1 나는 주어진 시간 내에 답안을 완성했다. □ Yes □ No
완성하지 못했다면, 그 이유는?

2 나는 답안 작성 전 아웃라인을 통해 글에서 전개할 내용을 명확히 정리했다. □ Yes □ No
정리하지 못했다면, 그 이유는?

3 답안 작성 중 미처 쓰지 못한 내용이 있다. □ Yes □ No
있었다면, 그 이유는? (예: 단어가 생각나지 않았음)

4 나는 답안 작성을 완료한 후 작성한 글을 다시 읽으며 검토했다. □ Yes □ No

라이팅 실력 향상을 위해 개선해야 할 점

HACKERS TOEFL ACTUAL TEST WRITING

TEST 03

INTEGRATED TASK

ACADEMIC DISCUSSION TASK

🎧 강의 음성은 TEST03.mp3에 수록되어 있습니다.

테스트 전 확인사항

☐ 휴대전화의 전원을 껐습니다.
☐ 메모할 종이와 연필이 준비되었습니다.
☐ 통합형 강의 mp3를 들을 준비가 되었습니다.
☐ 답안 작성 프로그램을 실행할 준비가 되었습니다.
☐ 시간을 체크할 시계가 준비되었습니다.

Directions   You have 20 minutes to plan and write your response. Your response will be judged according to the overall quality of the writing and how well you link the points in the lecture and the reading passage. Typically, an effective response is between 150 and 225 words in length.

읽기 제한 시간: 3분

For hundreds of years, the Anasazi civilization flourished in the Four Corners area of the American Southwest. However, near the end of the 13th century, the Anasazi mysteriously disappeared. Many experts agree that they abandoned their homeland in response to a severe drought.

The first indication that drought caused this migration is that bones from Anasazi graves show clear signs of malnutrition. When researchers tested human remains from a number of sites, they found evidence of inadequate diet, such as vitamin deficiencies and stunted growth in children. This suggests that the lack of rainfall made it impossible to grow sufficient crops to feed the large population, forcing them to leave their homes.

A second reason to believe that they were responding to a drought is the condition of the abandoned settlements. Archaeological excavations have revealed that the Anasazi sealed up the granaries with clay and blocked off the town entrances with wooden beams. The Anasazi probably took these significant steps to preserve their communities because they planned to reoccupy them later. This is consistent with what the Anasazi had done in response to earlier dry spells. In fact, many experts believe that vacating and reclaiming individual settlements is a strategy that was commonly used by the Anasazi to cope with droughts.

Finally, the fact that most of the Anasazi eventually resettled in areas with reliable water supplies demonstrates that drought was the motivation for the journey. The new settlements were founded in regions with dependable streams and more favorable rainfall, such as the drainage basin of the Rio Grande River. This movement towards places with more abundant water indicates that the Anasazi were trying to escape drought conditions.

Now listen to part of a lecture on the topic you just read about.

Question Summarize the points made in the lecture, being sure to explain how they challenge the specific points made in the reading passage.

Cut	Paste	Undo	Redo		Hide Word Count	0

Directions   Your professor is teaching a class on urban art. You must post a written response to your professor's question.

In your response, make sure to:
• state your opinion and support it
• contribute meaningfully to the discussion

A minimum of 100 words is required for a response to be effective. The time allotted for your response is 10 minutes.

Doctor Dubois

Street art has become popular in recent decades. It can be seen in major cities around the world, and some works are even displayed in galleries. In fact, works by the street artist Banksy have sold at auctions for millions of dollars. But there is a lot of controversy surrounding street art as an art form. Do you think street art is a valid form of artistic expression, or is it a problem for property owners?

VOLUME HELP NEXT

HIDE TIME 10:00

Leslie

It is definitely a valid art form, and I am a big fan! One of the reasons Banksy is so popular is because of the powerful messages his works convey. Also, I visited Venice Beach last summer and was amazed by the graffiti walls there. I have a sculpture class to attend now, but I'll post some photos here later.

Finn

I'm not convinced that street art is actually art. Some street art contains violent or inappropriate imagery, and this can be offensive to both property owners and the other members of society. It can lead to rising tensions in the community, which can lower property values and make it difficult to attract new businesses.

| Cut | Paste | Undo | Redo | | Hide Word Count | 0 |

모범 답안 · 지문 · 해석 p.53

SELF-CHECK LIST TEST 03

이번 테스트는 어땠나요?
다음 체크 리스트로 자신의 테스트 진행 내용을 점검해 볼까요?

▌통합형

1 나는 주어진 시간 내에 요약문을 완성했다. □ Yes □ No
완성하지 못했다면, 그 이유는?

2 나는 주어진 읽기 지문과 강의의 내용을 모두 이해하고 노트테이킹했다. □ Yes □ No
그러지 못했다면, 그 이유는?

3 문제 풀이 중 유난히 어렵거나 부족하다고 생각되는 부분이 있었다. □ Yes □ No
있었다면, 어려웠던 부분과 그 이유는? (예: 읽기 지문에 모르는 어휘가 많았음)

4 나는 요약문 작성을 완료한 후 작성한 글을 다시 읽으며 검토했다. □ Yes □ No

▌토론형

1 나는 주어진 시간 내에 답안을 완성했다. □ Yes □ No
완성하지 못했다면, 그 이유는?

2 나는 답안 작성 전 아웃라인을 통해 글에서 전개할 내용을 명확히 정리했다. □ Yes □ No
정리하지 못했다면, 그 이유는?

3 답안 작성 중 미처 쓰지 못한 내용이 있다. □ Yes □ No
있었다면, 그 이유는? (예: 단어가 생각나지 않았음)

4 나는 답안 작성을 완료한 후 작성한 글을 다시 읽으며 검토했다. □ Yes □ No

라이팅 실력 향상을 위해 개선해야 할 점

HACKERS TOEFL ACTUAL TEST WRITING

TEST 04

INTEGRATED TASK

ACADEMIC DISCUSSION TASK

SELF-CHECK LIST

🎧 강의 음성은 TEST04.mp3에 수록되어 있습니다.

테스트 전 확인사항

☐ 휴대전화의 전원을 껐습니다.
☐ 메모할 종이와 연필이 준비되었습니다.
☐ 통합형 강의 mp3를 들을 준비가 되었습니다.
☐ 답안 작성 프로그램을 실행할 준비가 되었습니다.
☐ 시간을 체크할 시계가 준비되었습니다.

Directions   You have 20 minutes to plan and write your response. Your response will be judged according to the overall quality of the writing and how well you link the points in the lecture and the reading passage. Typically, an effective response is between 150 and 225 words in length.

🕐 읽기 제한 시간: 3분

Congestion pricing—a system of charges imposed on vehicles entering or leaving certain areas of a city at peak times—has generated a great deal of controversy among the residents of the urban areas in which it has been implemented. Nevertheless, it offers significant benefits.

First, congestion pricing makes driving much safer. The reason is that a reduction in the volume of traffic leads to a decrease in the number of accidents. According to a study conducted by the Royal Institute of Technology, personal injury accidents declined by up to 10 percent during a seven-month trial period of congestion pricing in Stockholm. This is directly attributable to the sharp drop in traffic that occurred while the trial program was in effect.

Another advantage of this system is that it results in a city's public transportation network becoming more convenient to use. With a lower number of cars and trucks on the road, buses are able to stay on schedule, which means that people experience fewer delays when using this form of public transit. For example, bus delays in London dropped by over 50 percent once congestion pricing was put in place. As a result, people had shorter wait times at bus stops and were able to reach their destinations more quickly.

Furthermore, congestion pricing has a positive impact on businesses within a city. This is because traffic congestion causes excessive fuel consumption and delays in the delivery of goods, all of which are significant financial burdens for companies. In fact, Partnership for New York City, an economic advisory group, maintains that local businesses in New York lose a combined total of $13 billion each year due to the extra costs of operating in a city with high traffic congestion.

Now listen to part of a lecture on the topic you just read about. 🎧

HIDE TIME   20:00

Question   Summarize the points made in the lecture, being sure to explain how they challenge the specific points made in the reading passage.

| Cut | Paste | Undo | Redo | | Hide Word Count | 0 |

Directions   Your professor is teaching a class on business administration. You must post a written response to your professor's question.

In your response, make sure to:

• state your opinion and support it

• contribute meaningfully to the discussion

A minimum of 100 words is required for a response to be effective. The time allotted for your response is 10 minutes.

Dr. Meyer

Over the next few weeks, we will be discussing several business management theories and concepts relevant to selecting the ideal location for a restaurant. If you are an owner, you must make informed decisions and increase your chances of success in the highly competitive restaurant industry. Apart from rent, what do you think is the most important thing to consider when choosing a location for a restaurant? Why?

Sonia

It has to be accessibility. The restaurant should be located in a place that is easy to find and get to. That means it should be situated in a busy area that is convenient for public transportation. Ideally, it would be on a main street so that lots of people can access it without trouble.

Mark

I would think about who my main customers would be. Then I would find a place where they frequently visit. If I'm opening a stylish Italian restaurant for young professionals, I wouldn't want to open it in a school district. I would look for places downtown or in a commercial district.

| Cut | Paste | Undo | Redo | | Hide Word Count | 0 |

모범 답안 · 지문 · 해석 p.61

SELF-CHECK LIST TEST 04

이번 테스트는 어땠나요?
다음 체크 리스트로 자신의 테스트 진행 내용을 점검해 볼까요?

▍통합형

1 나는 주어진 시간 내에 요약문을 완성했다. ☐ Yes ☐ No
완성하지 못했다면, 그 이유는?

2 나는 주어진 읽기 지문과 강의의 내용을 모두 이해하고 노트테이킹했다. ☐ Yes ☐ No
그러지 못했다면, 그 이유는?

3 문제 풀이 중 유난히 어렵거나 부족하다고 생각되는 부분이 있었다. ☐ Yes ☐ No
있었다면, 어려웠던 부분과 그 이유는? (예: 읽기 지문에 모르는 어휘가 많았음)

4 나는 요약문 작성을 완료한 후 작성한 글을 다시 읽으며 검토했다. ☐ Yes ☐ No

▍토론형

1 나는 주어진 시간 내에 답안을 완성했다. ☐ Yes ☐ No
완성하지 못했다면, 그 이유는?

2 나는 답안 작성 전 아웃라인을 통해 글에서 전개할 내용을 명확히 정리했다. ☐ Yes ☐ No
정리하지 못했다면, 그 이유는?

3 답안 작성 중 미처 쓰지 못한 내용이 있다. ☐ Yes ☐ No
있었다면, 그 이유는? (예: 단어가 생각나지 않았음)

4 나는 답안 작성을 완료한 후 작성한 글을 다시 읽으며 검토했다. ☐ Yes ☐ No

라이팅 실력 향상을 위해 개선해야 할 점

HACKERS TOEFL ACTUAL TEST WRITING

TEST 05

INTEGRATED TASK

ACADEMIC DISCUSSION TASK

SELF-CHECK LIST

🎧 강의 음성은 TEST05.mp3에 수록되어 있습니다.

테스트 전 확인사항

☐ 휴대전화의 전원을 껐습니다.
☐ 메모할 종이와 연필이 준비되었습니다.
☐ 통합형 강의 mp3를 들을 준비가 되었습니다.
☐ 답안 작성 프로그램을 실행할 준비가 되었습니다.
☐ 시간을 체크할 시계가 준비되었습니다.

Directions   You have 20 minutes to plan and write your response. Your response will be judged according to the overall quality of the writing and how well you link the points in the lecture and the reading passage. Typically, an effective response is between 150 and 225 words in length.

🕐 읽기 제한 시간: 3분

The phenomenon known as "will-o'-the-wisp," in which eerie glowing lights appear to hover over marshes, bogs, and other wetlands, eluded scientific explanation for years. Some even think that it is caused by supernatural activity. Although the will o' the wisp has a certain mystical quality, scientists have advanced several likely hypotheses to explain its existence.

One possible explanation is that the lights are a form of chemical illumination. When organic matter decays in swampy areas, it emits a gas called phosphine. As that gas rises from the rotting materials on the ground and mingles with other gases in the air, a chemical reaction is initiated that results in a faint glow being produced. This would account for the fact that will-o'-the-wisps are almost always seen hovering over wetlands.

Second, flying insects might be the source of the mysterious light. Fireflies have glimmering abdomens that radiate brightly in the dark. In addition, they are frequently found in marshy wetlands, since those areas have larvae for the fireflies to feed on. Thus, it is highly possible that swarms of fireflies hovering over swamps at night have been mistakenly identified as the will-o'-the-wisp.

Lastly, barn owls may be to blame for the anomalous lights. As nocturnal animals, they are active at night, and their white plumage is reflective even in dim conditions. Therefore, it is conceivable that light bouncing off the barn owls' feathers could account for the mysterious glow. There is one more piece of evidence that supports this theory, which is that barn owls hunt in near-total silence. This explains why sounds were never reported to accompany sightings of the will-o'-the-wisp.

> Now listen to part of a lecture on the topic you just read about. 🎧

HIDE TIME   20:00

Question   Summarize the points made in the lecture, being sure to explain how they challenge the specific theories discussed in the reading passage.

| Cut | Paste | Undo | Redo |

Hide Word Count   0

Directions Your professor is teaching a class on economics. You must post a written response to your professor's question.

In your response, make sure to:
• state your opinion and support it
• contribute meaningfully to the discussion

A minimum of 100 words is required for a response to be effective. The time allotted for your response is 10 minutes.

Professor Douglas

In the past, people were often persuaded to make purchases after watching advertisements. But now, people do not watch TV as much as they used to. Most people rely on online research and collect information from various sources when considering a major expenditure. The rise in online research indicates that consumers have more control over their choices. Other than online reviews, what do you think has the greatest impact on your choice of what to buy?

Minji L.

Personally, digital magazines are important to me when purchasing a product. Nowadays, there are so many online ads and shopping sites that shopping online can be quite overwhelming. So I prefer to browse digital magazines about fashion and lifestyle. When I see something I like, I find the best price for it online and order it.

Terence C.

When it comes to purchases, brand reputation is a major factor for me. Whether it is clothing, shoes, or electronic devices, I tend to purchase products from reputable companies, even if they cost more than other brands. After all, many trusted brands have stayed in business for so long because they produce quality products.

| Cut | Paste | Undo | Redo | | Hide Word Count | 0 |

모범 답안 · 지문 · 해석 p.69

이번 테스트는 어땠나요?
다음 체크 리스트로 자신의 테스트 진행 내용을 점검해 볼까요?

통합형

1 나는 주어진 시간 내에 요약문을 완성했다.　　　　　　　　　　　　　□ Yes　　□ No
완성하지 못했다면, 그 이유는?

2 나는 주어진 읽기 지문과 강의의 내용을 모두 이해하고 노트테이킹했다.　□ Yes　　□ No
그러지 못했다면, 그 이유는?

3 문제 풀이 중 유난히 어렵거나 부족하다고 생각되는 부분이 있었다.　　　□ Yes　　□ No
있었다면, 어려웠던 부분과 그 이유는? (예: 읽기 지문에 모르는 어휘가 많았음)

4 나는 요약문 작성을 완료한 후 작성한 글을 다시 읽으며 검토했다.　　　□ Yes　　□ No

토론형

1 나는 주어진 시간 내에 답안을 완성했다.　　　　　　　　　　　　　　□ Yes　　□ No
완성하지 못했다면, 그 이유는?

2 나는 답안 작성 전 아웃라인을 통해 글에서 전개할 내용을 명확히 정리했다.　□ Yes　　□ No
정리하지 못했다면, 그 이유는?

3 답안 작성 중 미처 쓰지 못한 내용이 있다.　　　　　　　　　　　　　□ Yes　　□ No
있었다면, 그 이유는? (예: 단어가 생각나지 않았음)

4 나는 답안 작성을 완료한 후 작성한 글을 다시 읽으며 검토했다.　　　　□ Yes　　□ No

라이팅 실력 향상을 위해 개선해야 할 점

HACKERS TOEFL ACTUAL TEST WRITING

TEST 06

INTEGRATED TASK

ACADEMIC DISCUSSION TASK

SELF-CHECK LIST

🎧 강의 음성은 TEST06.mp3에 수록되어 있습니다.

테스트 전 확인사항

☐ 휴대전화의 전원을 껐습니다.
☐ 메모할 종이와 연필이 준비되었습니다.
☐ 통합형 강의 mp3를 들을 준비가 되었습니다.
☐ 답안 작성 프로그램을 실행할 준비가 되었습니다.
☐ 시간을 체크할 시계가 준비되었습니다.

Directions   You have 20 minutes to plan and write your response. Your response will be judged according to the overall quality of the writing and how well you link the points in the lecture and the reading passage. Typically, an effective response is between 150 and 225 words in length.

🕐 읽기 제한 시간: 3분

For decades, there has been talk about having astronauts travel to Mars. Since 2012 and the successful landing of the robotic rover Curiosity to explore the planet, excitement about a human expedition has grown even more. However, a manned mission to Mars poses several insurmountable problems.

First of all, Mars is covered in dust that poses a serious threat to the spaceship and astronauts. The planet experiences month-long dust storms that blanket the entire surface. The miniscule dust particles, which are a product of Mars' extreme aridity, would attach to the ship's solar panels and the crew's spacesuits, interfering significantly with the machinery. Martian dust is also dangerous to human health, since it contains highly chlorinated salts that can damage the body when breathed in.

The psychological impact of the lengthy trip to Mars is an additional obstacle to overcome. Reaching Mars could take up to 300 days, which means the astronauts would be isolated for extended periods of time, without real-time communication with Earth. Such prolonged separation puts them at risk of anxiety and depression, and could negatively impact their ability to carry out their duties. What is more, evacuation will not be possible should any serious psychiatric problems arise during a Mars mission. The logistics and the expense involved in evacuating an astronaut who is experiencing a mental health crisis are simply unfeasible.

Third, the financial burden of a manned Mars expedition would be quite difficult for a country to bear. Estimates place the cost at as much as $500 billion, and manned missions are about 100 times more costly than sending robotic rovers. This is because supporting human life in space would take resources, and therefore incur costs, that robot-led missions would not. Such a sum is prohibitive, especially considering that a nation has no guarantee of receiving any immediate benefit from funding a voyage to the red planet.

Now listen to part of a lecture on the topic you just read about.

Question   Summarize the points made in the lecture, being sure to explain how they answer the specific problems presented in the reading passage.

| Cut | Paste | Undo | Redo | | Hide Word Count | 0 |

Directions   Your professor is teaching a class on journalism. You must post a written response to your professor's question.

In your response, make sure to:
• state your opinion and support it
• contribute meaningfully to the discussion

A minimum of 100 words is required for a response to be effective. The time allotted for your response is 10 minutes.

Professor Kim

We've been discussing the trend of news programs placing more emphasis on entertaining their viewers than on keeping them informed. The term *infotainment* has been used to describe this trend, implying that being interesting and fun is of greater importance than being informative. But not everyone agrees that this is a positive development. In your opinion, is it acceptable for media outlets to focus on entertaining their audiences, or should this practice be avoided? Why?

Amanda

I have no objection to the idea of making the news more entertaining. People are much more likely to pay attention to media reports that are presented in a fun and interesting way. This allows the public to be well aware of various international and domestic events that affect them.

Matthew

From my perspective, news broadcasters should try to avoid the temptation to entertain viewers and instead focus on presenting accurate and unbiased stories. The problem is that the news is often distorted to make it more interesting. A reporter might present unproven yet entertaining theories about a crime as fact to attract more viewers.

| Cut | Paste | Undo | Redo | Hide Word Count | 0 |

모범 답안 · 지문 · 해석 p.77

이번 테스트는 어땠나요?
다음 체크 리스트로 자신의 테스트 진행 내용을 점검해 볼까요?

통합형

1 나는 주어진 시간 내에 요약문을 완성했다.　　　　　　　　　　□ Yes　　□ No
　　완성하지 못했다면, 그 이유는?

2 나는 주어진 읽기 지문과 강의의 내용을 모두 이해하고 노트테이킹했다.　□ Yes　　□ No
　　그러지 못했다면, 그 이유는?

3 문제 풀이 중 유난히 어렵거나 부족하다고 생각되는 부분이 있었다.　　□ Yes　　□ No
　　있었다면, 어려웠던 부분과 그 이유는? (예: 읽기 지문에 모르는 어휘가 많았음)

4 나는 요약문 작성을 완료한 후 작성한 글을 다시 읽으며 검토했다.　　□ Yes　　□ No

토론형

1 나는 주어진 시간 내에 답안을 완성했다.　　　　　　　　　　　□ Yes　　□ No
　　완성하지 못했다면, 그 이유는?

2 나는 답안 작성 전 아웃라인을 통해 글에서 전개할 내용을 명확히 정리했다.　□ Yes　　□ No
　　정리하지 못했다면, 그 이유는?

3 답안 작성 중 미처 쓰지 못한 내용이 있다.　　　　　　　　　　□ Yes　　□ No
　　있었다면, 그 이유는? (예: 단어가 생각나지 않았음)

4 나는 답안 작성을 완료한 후 작성한 글을 다시 읽으며 검토했다.　　□ Yes　　□ No

라이팅 실력 향상을 위해 개선해야 할 점

HACKERS TOEFL ACTUAL TEST WRITING

TEST 07

INTEGRATED TASK

ACADEMIC DISCUSSION TASK

SELF-CHECK LIST

🎧 강의 음성은 TEST07.mp3에 수록되어 있습니다.

테스트 전 확인사항

☐ 휴대전화의 전원을 껐습니다.
☐ 메모할 종이와 연필이 준비되었습니다.
☐ 통합형 강의 mp3를 들을 준비가 되었습니다.
☐ 답안 작성 프로그램을 실행할 준비가 되었습니다.
☐ 시간을 체크할 시계가 준비되었습니다.

Directions   You have 20 minutes to plan and write your response. Your response will be judged according to the overall quality of the writing and how well you link the points in the lecture and the reading passage. Typically, an effective response is between 150 and 225 words in length.

읽기 제한 시간: 3분

Sucralose is a chemical that has an extremely sweet taste, but contains no calories. As a result, it is promoted as a weight-loss aid and is used as an artificial sweetener in a wide range of products. However, this substance should be banned because of the health issues associated with it.

To begin with, people who consume sucralose have a greater risk of developing diabetes. Sucralose can trigger a 20 percent increase in the production of insulin, the chemical in the body that processes sugar. Exposure to the excess of insulin may cause the cells in the body to become resistant to this chemical, and insulin resistance is the underlying cause of diabetes. Furthermore, studies have shown that people who consume diet soda with sucralose regularly are more likely to develop diabetes than those who drink regular soda.

Another significant issue regarding sucralose is that it produces harmful substances when used for cooking. Researchers have found that once sucralose reaches a high enough temperature, it combines with other chemicals to create substances known as chloropropanols. A connection between these toxic compounds and cancer has been proven. Therefore, baked goods or other foods cooked with sucralose have the potential to lead to lasting health problems for the people who consume them.

The final drawback of sucralose is that it can set off intense allergic reactions. There have been numerous accounts of people experiencing a variety of symptoms shortly after consuming food or beverages containing sucralose. Some said that they felt dizzy and had headaches, while others reported more severe symptoms such as seizures. These reactions are attributed to the fact that sucralose is a synthetic substance that the body is incapable of processing.

Now listen to part of a lecture on the topic you just read about.

Question Summarize the points made in the lecture, being sure to explain how they challenge the specific points made in the reading passage.

| Cut | Paste | Undo | Redo | | Hide Word Count | 0 |

Directions   Your professor is teaching a class on business. You must post a written response to your professor's question.

In your response, make sure to:
• state your opinion and support it
• contribute meaningfully to the discussion

A minimum of 100 words is required for a response to be effective. The time allotted for your response is 10 minutes.

Professor Jung

On-site jobs have been the norm for decades, but with technological advancements and changing attitudes towards work-life balance, remote jobs are emerging. Cloud-based software, video conferencing tools, and project management platforms have made it possible for teams to work together effectively from different locations. But there is a lot of debate surrounding the efficiency of remote workers. Do you think that remote work is an effective alternative to traditional office-based work? Why or why not?

Cindy H.

Remote work is less efficient than working in an office. A recent study supports the idea that it is not conducive to productivity. It decreases real-time communication, including chats with colleagues and supervisors, so everything progresses slowly. I'm late for my sociology lecture, so I have to go. But I will post a link to the study later.

Stella Y.

I get Cindy's point, but I think remote work makes more sense in certain situations. For instance, an app developer needs time to work on the project independently. In addition, remote work alleviates the burden of commuting for employees, providing them with more flexibility and reducing the time and stress associated with daily travel.

| Cut | Paste | Undo | Redo | Hide Word Count | 0 |

모범 답안 · 지문 · 해석 p.85

이번 테스트는 어땠나요?
다음 체크 리스트로 자신의 테스트 진행 내용을 점검해 볼까요?

▌통합형

1 나는 주어진 시간 내에 요약문을 완성했다.　　☐ Yes　☐ No
완성하지 못했다면, 그 이유는?

2 나는 주어진 읽기 지문과 강의의 내용을 모두 이해하고 노트테이킹했다.　　☐ Yes　☐ No
그러지 못했다면, 그 이유는?

3 문제 풀이 중 유난히 어렵거나 부족하다고 생각되는 부분이 있었다.　　☐ Yes　☐ No
있었다면, 어려웠던 부분과 그 이유는? (예: 읽기 지문에 모르는 어휘가 많았음)

4 나는 요약문 작성을 완료한 후 작성한 글을 다시 읽으며 검토했다.　　☐ Yes　☐ No

▌토론형

1 나는 주어진 시간 내에 답안을 완성했다.　　☐ Yes　☐ No
완성하지 못했다면, 그 이유는?

2 나는 답안 작성 전 아웃라인을 통해 글에서 전개할 내용을 명확히 정리했다.　　☐ Yes　☐ No
정리하지 못했다면, 그 이유는?

3 답안 작성 중 미처 쓰지 못한 내용이 있다.　　☐ Yes　☐ No
있었다면, 그 이유는? (예: 단어가 생각나지 않았음)

4 나는 답안 작성을 완료한 후 작성한 글을 다시 읽으며 검토했다.　　☐ Yes　☐ No

라이팅 실력 향상을 위해 개선해야 할 점

HACKERS TOEFL ACTUAL TEST WRITING

TEST 08

INTEGRATED TASK

ACADEMIC DISCUSSION TASK

🎧 강의 음성은 TEST08.mp3에 수록되어 있습니다.

테스트 전 확인사항

☐ 휴대전화의 전원을 껐습니다.
☐ 메모할 종이와 연필이 준비되었습니다.
☐ 통합형 강의 mp3를 들을 준비가 되었습니다.
☐ 답안 작성 프로그램을 실행할 준비가 되었습니다.
☐ 시간을 체크할 시계가 준비되었습니다.

Directions   You have 20 minutes to plan and write your response. Your response will be judged according to the overall quality of the writing and how well you link the points in the lecture and the reading passage. Typically, an effective response is between 150 and 225 words in length.

🕐 읽기 제한 시간: 3분

Coal is an important but environmentally detrimental energy source. On the one hand, it is responsible for half of the electricity production in the US. On the other hand, it is a significant cause of air pollution. Efforts are being made to reduce its impact. In fact, several methods are now being pursued that make using coal without harming the environment a realistic goal.

Converting coal into a gas is a promising development. Gasification transforms the coal into a kind of gas called syngas. One major benefit of this process is that it removes virtually all of the impurities from the coal. As a result, syngas generates almost no emissions when burned. This stands in sharp contrast to traditional coal technology, which significantly pollutes the air.

An alternative method is to use a form of static electricity. It can extract the pollutants produced by coal out of the air. The process has an effect similar to that of rubbing a plastic spoon against a wool sweater to attract positively charged grains of salt and pepper to the spoon. Specifically, a charge pulls fine particles of dust from the coal smoke and traps them in a collection plate. This keeps them from polluting the air.

Finally, fabric filters are one more option for reducing coal's impact. This strategy involves using tightly woven fabric bags that can collect liquid and solid waste. These bags are installed in the vents of coal power stations. Coal emissions get pushed through the fabric bags, which filter out harmful particles before they can be released into the air. The filters remove over 99 percent of emissions, making it a highly effective technique.

Now listen to part of a lecture on the topic you just read about.

Question   Summarize the points made in the lecture, being sure to explain how they cast doubt on the specific solutions presented in the reading passage.

| Cut | Paste | Undo | Redo | | Hide Word Count | 0 |

Directions   Your professor is teaching a class on culture. You must post a written response to your professor's question.

In your response, make sure to:
• state your opinion and support it
• contribute meaningfully to the discussion

A minimum of 100 words is required for a response to be effective. The time allotted for your response is 10 minutes.

Doctor Fillmore

Traditions are passed down from one generation to the next. They preserve our history and help us to connect with our heritage. However, as the years go by, our thoughts and beliefs change. This might make some older traditions feel outdated and improper in the modern world. So, let me ask you this: Should cultural traditions be preserved exactly as they are, or should they be adapted to the changing times?

Nathaniel

There is no point to having traditions if we don't keep them the way they are. The real question is finding the best ways to preserve them. Even now, so many unique traditions are being lost because fewer people from the younger generation pass them on. We need to do something about it in order not to let our cultural heritage fade away.

Wendy

I disagree with Nathaniel. Culture itself is always changing, so traditions should evolve with it. Some traditions can be a barrier to progress, particularly if they discriminate against certain groups of people based on race or gender. In these cases, adaptation of traditions may be necessary to ensure that they align with modern values of inclusivity and diversity.

| Cut | Paste | Undo | Redo | | Hide Word Count | 0 |

모범 답안 · 지문 · 해석 p.93

SELF-CHECK LIST　　　TEST 08

이번 테스트는 어땠나요?
다음 체크 리스트로 자신의 테스트 진행 내용을 점검해 볼까요?

통합형

1 나는 주어진 시간 내에 요약문을 완성했다.　　　　　　　　　　　　　☐ Yes　☐ No
　　완성하지 못했다면, 그 이유는?

2 나는 주어진 읽기 지문과 강의의 내용을 모두 이해하고 노트테이킹했다.　　☐ Yes　☐ No
　　그러지 못했다면, 그 이유는?

3 문제 풀이 중 유난히 어렵거나 부족하다고 생각되는 부분이 있었다.　　　☐ Yes　☐ No
　　있었다면, 어려웠던 부분과 그 이유는? (예: 읽기 지문에 모르는 어휘가 많았음)

4 나는 요약문 작성을 완료한 후 작성한 글을 다시 읽으며 검토했다.　　　☐ Yes　☐ No

토론형

1 나는 주어진 시간 내에 답안을 완성했다.　　　　　　　　　　　　　☐ Yes　☐ No
　　완성하지 못했다면, 그 이유는?

2 나는 답안 작성 전 아웃라인을 통해 글에서 전개할 내용을 명확히 정리했다.　☐ Yes　☐ No
　　정리하지 못했다면, 그 이유는?

3 답안 작성 중 미처 쓰지 못한 내용이 있다.　　　　　　　　　　　　☐ Yes　☐ No
　　있었다면, 그 이유는? (예: 단어가 생각나지 않았음)

4 나는 답안 작성을 완료한 후 작성한 글을 다시 읽으며 검토했다.　　　　☐ Yes　☐ No

라이팅 실력 향상을 위해 개선해야 할 점

HACKERS TOEFL ACTUAL TEST WRITING

TEST 09

INTEGRATED TASK

ACADEMIC DISCUSSION TASK

SELF-CHECK LIST

🎧 강의 음성은 TEST09.mp3에 수록되어 있습니다.

테스트 전 확인사항

☐ 휴대전화의 전원을 껐습니다.
☐ 메모할 종이와 연필이 준비되었습니다.
☐ 통합형 강의 mp3를 들을 준비가 되었습니다.
☐ 답안 작성 프로그램을 실행할 준비가 되었습니다.
☐ 시간을 체크할 시계가 준비되었습니다.

Directions You have 20 minutes to plan and write your response. Your response will be judged according to the overall quality of the writing and how well you link the points in the lecture and the reading passage. Typically, an effective response is between 150 and 225 words in length.

🕐 읽기 제한 시간: 3분

The ancient Khmer Empire was a powerful civilization in Southeast Asia. It revolved around Angkor, a sprawling urban area with 750,000 residents, until the 15th century when the city was inexplicably deserted. The suddenness and mysteriousness of Angkor's demise has given rise to a few ideas about what happened to the area and its citizens.

A compelling argument has attributed Angkor's ruin to plague. The Black Death, an extremely deadly disease that caused up to 200 million deaths, was active at this time in China. Since Angkor traded commodities such as spices with China, the disease could have easily come to the empire by way of trade routes. The Black Death is known to spread quickly and to decimate populations, which would explain why the city's inhabitants suffered such a drastic decline. The reduced population would have spelled the end of Angkor as a major urban center.

Others see Angkor's fall as resulting from its failed water system. The city relied on a network of canals and reservoirs to provide a steady source of water. However, modern archaeological surveys have identified a number of engineering faults in the system. These flaws would have reduced water levels in the reservoirs and jeopardized the supply of water needed for crops. As a result, rice harvests were likely diminished, leaving the population insufficient food to live on.

A third view points to the rise of maritime trade as being fatal to Angkor's economy. At the time of Angkor's fall, Chinese maritime trade was increasing significantly. As sea trade flourished in Asia, coastal cities started to grow while inland areas, such as Angkor, began to decline. Since Angkor was heavily reliant on trade, this shift of economic power must have weakened the city to the point of collapse.

Now listen to part of a lecture on the topic you just read about.

Question Summarize the points made in the lecture, being sure to explain how they challenge the specific theories presented in the reading passage.

Cut   Paste   Undo   Redo

Hide Word Count   0

Directions   Your professor is teaching a class on psychology. You must post a written response to your professor's question.

In your response, make sure to:
• state your opinion and support it
• contribute meaningfully to the discussion

A minimum of 100 words is required for a response to be effective. The time allotted for your response is 10 minutes.

Professor Elliot

Social media has become an integral part of our daily lives, enabling us to easily access information and connect with friends and family members. Considering social media is inseparable from our lives, we should take into account its impact on mental health. In your opinion, does social media have a positive or negative effect on our mental health? Why?

Scott A.

Social media platforms can be a space for individuals to express themselves creatively and engage in different forms of self-expression. Some people may write about their personal experiences or share their artwork. This can be helpful because receiving positive feedback from others can boost self-esteem.

Maya S.

I think social media has a mostly negative impact on mental health, particularly that of young people. Studies have found that when teens spend over three hours a day on social media, their mental health and well-being suffer. High levels of social media use have also been linked to depression and anxiety in teens.

| Cut | Paste | Undo | Redo | | Hide Word Count | 0 |

모범 답안 · 지문 · 해석 p.101

이번 테스트는 어땠나요?
다음 체크 리스트로 자신의 테스트 진행 내용을 점검해 볼까요?

통합형

1 나는 주어진 시간 내에 요약문을 완성했다.   ☐ Yes   ☐ No
　완성하지 못했다면, 그 이유는?

2 나는 주어진 읽기 지문과 강의의 내용을 모두 이해하고 노트테이킹했다.   ☐ Yes   ☐ No
　그러지 못했다면, 그 이유는?

3 문제 풀이 중 유난히 어렵거나 부족하다고 생각되는 부분이 있었다.   ☐ Yes   ☐ No
　있었다면, 어려웠던 부분과 그 이유는? (예: 읽기 지문에 모르는 어휘가 많았음)

4 나는 요약문 작성을 완료한 후 작성한 글을 다시 읽으며 검토했다.   ☐ Yes   ☐ No

토론형

1 나는 주어진 시간 내에 답안을 완성했다.   ☐ Yes   ☐ No
　완성하지 못했다면, 그 이유는?

2 나는 답안 작성 전 아웃라인을 통해 글에서 전개할 내용을 명확히 정리했다.   ☐ Yes   ☐ No
　정리하지 못했다면, 그 이유는?

3 답안 작성 중 미처 쓰지 못한 내용이 있다.   ☐ Yes   ☐ No
　있었다면, 그 이유는? (예: 단어가 생각나지 않았음)

4 나는 답안 작성을 완료한 후 작성한 글을 다시 읽으며 검토했다.   ☐ Yes   ☐ No

라이팅 실력 향상을 위해 개선해야 할 점

HACKERS TOEFL ACTUAL TEST WRITING

TEST 10

INTEGRATED TASK

ACADEMIC DISCUSSION TASK

SELF-CHECK LIST

🎧 강의 음성은 TEST10.mp3에 수록되어 있습니다.

테스트 전 확인사항

☐ 휴대전화의 전원을 껐습니다.
☐ 메모할 종이와 연필이 준비되었습니다.
☐ 통합형 강의 mp3를 들을 준비가 되었습니다.
☐ 답안 작성 프로그램을 실행할 준비가 되었습니다.
☐ 시간을 체크할 시계가 준비되었습니다.

Directions   You have 20 minutes to plan and write your response. Your response will be judged according to the overall quality of the writing and how well you link the points in the lecture and the reading passage. Typically, an effective response is between 150 and 225 words in length.

🕐 읽기 제한 시간: 3분

The tamarisk tree is an invasive species that has caused significant problems in the American Southwest because it consumes large quantities of water, a scarce commodity in this arid region. The tamarisk beetle, a type of insect that feeds on this tree, is being used as a natural method of eradication, but there is justifiable opposition to this strategy.

First, the fact that it is impossible to control the spread of the tamarisk beetle is a cause for concern among environmentalists. Although this beetle was initially released only in Colorado, Utah, and Nevada, it has since migrated to the nearby states of Arizona and New Mexico. Given that this insect is an invasive species, its unchecked spread across the Southwest and the rest of the US poses a significant ecological threat.

A second problem is that these insects take a long time to kill a tamarisk tree, and during this period the tree will continue to make use of any available water. Tamarisk beetles inflict only a small amount of damage each spring and summer, and this process takes three to five years to cause the tree's death. Until the tree is completely destroyed, it remains a drain on water resources.

The tamarisk beetle also increases the risk of wildfires. When these insects kill off a tamarisk tree, the dead wood falls to the ground where it is dried by the sun. This debris is much more flammable than the wood of living trees. Having a large quantity of such material concentrated in one area poses a significant fire hazard, making wildfires a common occurrence.

Now listen to part of a lecture on the topic you just read about.

Question Summarize the points made in the lecture, being sure to explain how they challenge the specific points made in the reading passage.

| Cut | Paste | Undo | Redo | | Hide Word Count | 0 |

Directions   Your professor is teaching a class on business administration. You must post a written response to your professor's question.

In your response, make sure to:

• state your opinion and support it

• contribute meaningfully to the discussion

A minimum of 100 words is required for a response to be effective. The time allotted for your response is 10 minutes.

Dr. Carleton

You may have heard the expression "innovate or die." It reflects the widely held belief in the business world that innovation is the key to success. Companies that constantly develop new products tend to outperform those that never change their offerings. Given this, it is important for corporate executives to encourage employees to think outside the box. What do you think is the best way to foster innovation in the workplace? Why?

Brandon

For me, collaboration is the essential factor. Team members must share their insights with one another and work together to come up with innovative product ideas. The best way to promote collaboration is by conducting team-building exercises and organizing brainstorming sessions that allow for free communication between managers and workers.

Tanya

I feel that innovation is only possible if a company allows its workers a high degree of autonomy. Employees need the freedom to set their own goals, choose their own methods, and manage their own schedules. This will make them feel a sense of ownership toward their work and motivate them to explore new ideas and approaches for their projects.

| Cut | Paste | Undo | Redo | Hide Word Count | 0 |

모범 답안 · 지문 · 해석 p.109

이번 테스트는 어땠나요?
다음 체크 리스트로 자신의 테스트 진행 내용을 점검해 볼까요?

통합형

1 나는 주어진 시간 내에 요약문을 완성했다.　　　　　　　　□ Yes　　□ No
　　완성하지 못했다면, 그 이유는?

2 나는 주어진 읽기 지문과 강의의 내용을 모두 이해하고 노트테이킹했다.　　□ Yes　　□ No
　　그러지 못했다면, 그 이유는?

3 문제 풀이 중 유난히 어렵거나 부족하다고 생각되는 부분이 있었다.　　　□ Yes　　□ No
　　있었다면, 어려웠던 부분과 그 이유는? (예: 읽기 지문에 모르는 어휘가 많았음)

4 나는 요약문 작성을 완료한 후 작성한 글을 다시 읽으며 검토했다.　　　□ Yes　　□ No

토론형

1 나는 주어진 시간 내에 답안을 완성했다.　　　　　　　　　　□ Yes　　□ No
　　완성하지 못했다면, 그 이유는?

2 나는 답안 작성 전 아웃라인을 통해 글에서 전개할 내용을 명확히 정리했다.　□ Yes　　□ No
　　정리하지 못했다면, 그 이유는?

3 답안 작성 중 미처 쓰지 못한 내용이 있다.　　　　　　　　　□ Yes　　□ No
　　있었다면, 그 이유는? (예: 단어가 생각나지 않았음)

4 나는 답안 작성을 완료한 후 작성한 글을 다시 읽으며 검토했다.　　　□ Yes　　□ No

라이팅 실력 향상을 위해 개선해야 할 점

HACKERS TOEFL ACTUAL TEST WRITING

TEST 11

INTEGRATED TASK

ACADEMIC DISCUSSION TASK

SELF-CHECK LIST

🎧 강의 음성은 TEST11.mp3에 수록되어 있습니다.

테스트 전 확인사항

☐ 휴대전화의 전원을 껐습니다.
☐ 메모할 종이와 연필이 준비되었습니다.
☐ 통합형 강의 mp3를 들을 준비가 되었습니다.
☐ 답안 작성 프로그램을 실행할 준비가 되었습니다.
☐ 시간을 체크할 시계가 준비되었습니다.

Directions   You have 20 minutes to plan and write your response. Your response will be judged according to the overall quality of the writing and how well you link the points in the lecture and the reading passage. Typically, an effective response is between 150 and 225 words in length.

읽기 제한 시간: 3분

Great Zimbabwe is a historical site comprising numerous stone structures located in the southwest part of the modern-day nation of Zimbabwe. Scholars who study the ruins have been engaged in a fierce debate over the primary function of the site.

One intriguing possibility is that Great Zimbabwe served as a defensive fortress to protect people who lived in the area from outside invaders. This theory is supported by the large stone walls composed of huge granite blocks that surround the area. Reaching twelve meters tall and six meters thick in some places, the walls would have been very difficult for an attacking force to breach. Thus, Great Zimbabwe may have been built as a refuge for citizens in times of war.

The next theory is that the site was a palace built to house the royal family. The word "zimbabwe" comes from the phrase *dzimba woye*, which means "venerated houses." This was an expression used by local people in reference to the houses or gravesites of important persons. Moreover, it is doubtful that such a large complex, which required enormous resources to build, would have been constructed for anyone other than royalty.

Some experts believe that Great Zimbabwe was originally intended as a religious center. This is because some of the most prominent features of the site had spiritual significance. For example, there is a cave on a nearby hill that causes one's voice to echo across the surrounding area. The acoustic properties of the cave would have added a mystical quality to a religious leader's words, making it sound as if he were channeling the voice of a god.

Now listen to part of a lecture on the topic you just read about. 🎧

Question   Summarize the points made in the lecture, being sure to explain how they cast doubt on the specific theories presented in the reading passage.

| Cut | Paste | Undo | Redo | | Hide Word Count | 0 |

Directions   Your professor is teaching a class on education. You must post a written response to your professor's question.

In your response, make sure to:
• state your opinion and support it
• contribute meaningfully to the discussion

A minimum of 100 words is required for a response to be effective. The time allotted for your response is 10 minutes.

Professor Wright

Students between the ages of 13 and 18 are taught a number of subjects in school. The debate on how to organize students' schedules touches upon fundamental questions about the essence of learning, such as the role of repetition and the importance of context switching. Which approach do you think is better to increase students' concentration, offering several lessons in a row on the same subject or having each lesson be on a different subject?

HIDE TIME 10:00

Yumi

Having each lesson be about a different topic seems like the best way to help students concentrate. Young students tend to get bored easily when they spend too much time studying one subject. Offering students lessons on a variety of topics will keep them interested in their schoolwork, which means they will be much more focused.

Greg

While I get Yumi's point, I have to disagree with her. It is much better for students to have several lessons on the same subject. By exploring a single topic over an extended period, students can cultivate an in-depth understanding of it. And the more knowledge they have of a subject, the easier it is for them to concentrate.

| Cut | Paste | Undo | Redo | Hide Word Count | 0 |

모범 답안·지문·해석 p.117

SELF-CHECK LIST　TEST 11

이번 테스트는 어땠나요?
다음 체크 리스트로 자신의 테스트 진행 내용을 점검해 볼까요?

통합형

1 나는 주어진 시간 내에 요약문을 완성했다.　　　　　　　　　　□ Yes　　□ No
　　완성하지 못했다면, 그 이유는?

2 나는 주어진 읽기 지문과 강의의 내용을 모두 이해하고 노트테이킹했다.　　□ Yes　　□ No
　　그러지 못했다면, 그 이유는?

3 문제 풀이 중 유난히 어렵거나 부족하다고 생각되는 부분이 있었다.　　　□ Yes　　□ No
　　있었다면, 어려웠던 부분과 그 이유는? (예: 읽기 지문에 모르는 어휘가 많았음)

4 나는 요약문 작성을 완료한 후 작성한 글을 다시 읽으며 검토했다.　　　□ Yes　　□ No

토론형

1 나는 주어진 시간 내에 답안을 완성했다.　　　　　　　　　　　□ Yes　　□ No
　　완성하지 못했다면, 그 이유는?

2 나는 답안 작성 전 아웃라인을 통해 글에서 전개할 내용을 명확히 정리했다.　□ Yes　　□ No
　　정리하지 못했다면, 그 이유는?

3 답안 작성 중 미처 쓰지 못한 내용이 있다.　　　　　　　　　　□ Yes　　□ No
　　있었다면, 그 이유는? (예: 단어가 생각나지 않았음)

4 나는 답안 작성을 완료한 후 작성한 글을 다시 읽으며 검토했다.　　　□ Yes　　□ No

라이팅 실력 향상을 위해 개선해야 할 점

HACKERS TOEFL ACTUAL TEST WRITING

TEST 12

INTEGRATED TASK

ACADEMIC DISCUSSION TASK

SELF-CHECK LIST

🎧 강의 음성은 TEST12.mp3에 수록되어 있습니다.

테스트 전 확인사항

☐ 휴대전화의 전원을 껐습니다.
☐ 메모할 종이와 연필이 준비되었습니다.
☐ 통합형 강의 mp3를 들을 준비가 되었습니다.
☐ 답안 작성 프로그램을 실행할 준비가 되었습니다.
☐ 시간을 체크할 시계가 준비되었습니다.

Directions   You have 20 minutes to plan and write your response. Your response will be judged according to the overall quality of the writing and how well you link the points in the lecture and the reading passage. Typically, an effective response is between 150 and 225 words in length.

🕐 읽기 제한 시간: 3분

Scattered throughout the eastern seaboard of the United States are thousands of shallow depressions called Carolina Bays. Their origin has been debated since the 1800s, but only one explanation can fully account for their unique features. The available evidence clearly shows that they were created as a result of meteorite impacts.

First, the oval shape of these geological formations is a strong indication that they were made by meteorites. The most likely explanation for this distinctive shape is a meteorite striking the Earth at a sharp angle. When one hits at such an angle, its horizontal momentum causes it to move both forward and downward into the ground. The rock and soil layers are pushed forward as well, with the end result being the formation of an elliptical crater that is consistent with a Carolina Bay.

Second, the fact that researchers detected magnetic irregularities close to many of the bays is further proof that meteorites are responsible for their creation. During field research conducted in the 1930s, the magnetic data gathered at the bays was different from that collected from the surrounding land. Unusual magnetic activity is common at craters formed by meteorites. This is because the force of a meteorite collision alters the magnetic properties of the underlying rock.

Third, the presence of nanodiamonds, which are diamonds with a diameter of less than 5 nanometers, is another indication that the bays were created by meteorites. A very large number of nanodiamonds have been discovered in the soil in and around the bays. Since nanodiamonds are known to be abundant in meteorites, scientists believe that the miniscule particles were deposited when meteorites struck the Earth and created the bays.

Now listen to part of a lecture on the topic you just read about.

Question   Summarize the points made in the lecture, being sure to explain how they challenge the specific points made in the reading passage.

| Cut | Paste | Undo | Redo |

Hide Word Count   0

Directions   Your professor is teaching a class on business administration. You must post a written response to your professor's question.

In your response, make sure to:

• state your opinion and support it

• contribute meaningfully to the discussion

A minimum of 100 words is required for a response to be effective. The time allotted for your response is 10 minutes.

Doctor Sharma

Once a company has grown sufficiently and is in a good position financially, its management may decide to expand into other countries. International expansion can help a company gain access to opportunities in new markets and diversify its income streams. In your post, I would like you to indicate one strategy for a company to consider when expanding internationally. Please explain why you think so.

Lilian S.

Conducting a thorough analysis of the competitive environment is crucial. The company should identify the needs of consumers in the new market. If there's a need that's unmet, the company should try to fulfill it. This could give them an edge over the competition.

Diego C.

I think it's important to study the local culture. Say a company sells clothing. The way people dress in some countries might be a lot more conservative than in other countries, so the company would have to make some adjustments to its products. Also, advertisements that are perceived as humorous in one country might be considered offensive somewhere else.

| Cut | Paste | Undo | Redo | | Hide Word Count | 0 |

모범 답안 · 지문 · 해석 p.125

SELF-CHECK LIST TEST 12

이번 테스트는 어땠나요?
다음 체크 리스트로 자신의 테스트 진행 내용을 점검해 볼까요?

통합형

1 나는 주어진 시간 내에 요약문을 완성했다.　　　　　　　　　□ Yes　□ No
완성하지 못했다면, 그 이유는?

2 나는 주어진 읽기 지문과 강의의 내용을 모두 이해하고 노트테이킹했다.　□ Yes　□ No
그러지 못했다면, 그 이유는?

3 문제 풀이 중 유난히 어렵거나 부족하다고 생각되는 부분이 있었다.　　□ Yes　□ No
있었다면, 어려웠던 부분과 그 이유는? (예: 읽기 지문에 모르는 어휘가 많았음)

4 나는 요약문 작성을 완료한 후 작성한 글을 다시 읽으며 검토했다.　　□ Yes　□ No

토론형

1 나는 주어진 시간 내에 답안을 완성했다.　　　　　　　　　　　□ Yes　□ No
완성하지 못했다면, 그 이유는?

2 나는 답안 작성 전 아웃라인을 통해 글에서 전개할 내용을 명확히 정리했다.　□ Yes　□ No
정리하지 못했다면, 그 이유는?

3 답안 작성 중 미처 쓰지 못한 내용이 있다.　　　　　　　　　□ Yes　□ No
있었다면, 그 이유는? (예: 단어가 생각나지 않았음)

4 나는 답안 작성을 완료한 후 작성한 글을 다시 읽으며 검토했다.　　□ Yes　□ No

라이팅 실력 향상을 위해 개선해야 할 점

TEST 13

INTEGRATED TASK

ACADEMIC DISCUSSION TASK

🎧 강의 음성은 TEST13.mp3에 수록되어 있습니다.

테스트 전 확인사항

☐ 휴대전화의 전원을 껐습니다.
☐ 메모할 종이와 연필이 준비되었습니다.
☐ 통합형 강의 mp3를 들을 준비가 되었습니다.
☐ 답안 작성 프로그램을 실행할 준비가 되었습니다.
☐ 시간을 체크할 시계가 준비되었습니다.

Directions   You have 20 minutes to plan and write your response. Your response will be judged according to the overall quality of the writing and how well you link the points in the lecture and the reading passage. Typically, an effective response is between 150 and 225 words in length.

🕐 읽기 제한 시간: 3분

A condition known as white-nose syndrome (WNS) is threatening North America's bat population. It is a contagious disease that is characterized by a fungus that grows on the snouts and wings of hibernating bats. With no treatment so far having proven effective, several plans of actions have been proposed to stop the spread of the fungus that causes WNS.

The first strategy is to increase the acidity in bat caves. Previous scientific studies have demonstrated that fungus cannot thrive in highly acidic conditions, so one way to stop it would be to change the pH levels of bat habitats. Adding acidic fertilizers to caves could alter their acidity levels to the point where the fungus can no longer survive. Making bat habitats inhospitable in this way would discourage the fungus from growing and spreading.

A second tactic involves antifungal treatments. Scientists tested a variety of common drugs that are already used on animals and people to treat fungal infections to see if they would work on the WNS-causing fungus. Two major types of fungicides were found to be fairly effective. These drugs could be applied to the walls of the affected caves to decontaminate the areas where the fungus is currently thriving.

The final plan of action suggests providing artificial habitats for the bat species. During the hibernating season, the bats would be moved to simulated, cave-like settings that have been disinfected and are free from the deadly fungus. This would effectively protect the bats by isolating them during the time they are vulnerable to WNS. Additionally, having the bats in a controlled environment would allow scientists to monitor them for any signs of trouble. The information yielded by monitoring can be used to advance knowledge about bats and better protect them against the WNS fungus.

Now listen to part of a lecture on the topic you just read about.

VOLUME

HELP

?

NEXT

HIDE TIME   20:00

Question   Summarize the points made in the lecture, being sure to explain how they cast doubt on the specific solutions presented in the reading passage.

| Cut | Paste | Undo | Redo | Hide Word Count | 0 |

Directions   Your professor is teaching a class on sociology. You must post a written response to your professor's question.

In your response, make sure to:

• state your opinion and support it

• contribute meaningfully to the discussion

A minimum of 100 words is required for a response to be effective. The time allotted for your response is 10 minutes.

Professor Watanabe

Zoos have long been a part of human history, serving various purposes such as education and research. They provide opportunities for people to observe and learn about animals, which fosters a connection with the natural world. However, concerns have been raised about the quality of life for animals kept in captivity and whether the educational benefits of zoos truly outweigh the potential harm caused to these creatures. Do you agree that zoos should be closed? Why or why not?

Isaac

I think we should keep zoos open. Many zoos participate in breeding programs for endangered species, aiming to reintroduce them into the wild. They carefully select and pair animals to maintain genetic diversity within the population, which gets restricted in small populations. These efforts contribute to the preservation of endangered species that might otherwise go extinct.

Scarlett

Zoos should be abolished because animals in captivity may suffer from inadequate living conditions. Limited access to suitable vegetation, hiding places, or climate conditions can lead to physiological and psychological stress. The inability to create suitable habitats is a fundamental ethical issue regarding the captivity of animals.

| Cut | Paste | Undo | Redo | | Hide Word Count | 0 |

모범 답안 · 지문 · 해석 p.133

SELF-CHECK LIST

TEST 13

이번 테스트는 어땠나요?
다음 체크 리스트로 자신의 테스트 진행 내용을 점검해 볼까요?

통합형

1 나는 주어진 시간 내에 요약문을 완성했다.　　　　　　　　　　　□ Yes　　□ No
완성하지 못했다면, 그 이유는?

2 나는 주어진 읽기 지문과 강의의 내용을 모두 이해하고 노트테이킹했다.　□ Yes　　□ No
그러지 못했다면, 그 이유는?

3 문제 풀이 중 유난히 어렵거나 부족하다고 생각되는 부분이 있었다.　　　□ Yes　　□ No
있었다면, 어려웠던 부분과 그 이유는? (예: 읽기 지문에 모르는 어휘가 많았음)

4 나는 요약문 작성을 완료한 후 작성한 글을 다시 읽으며 검토했다.　　　□ Yes　　□ No

토론형

1 나는 주어진 시간 내에 답안을 완성했다.　　　　　　　　　　　　　□ Yes　　□ No
완성하지 못했다면, 그 이유는?

2 나는 답안 작성 전 아웃라인을 통해 글에서 전개할 내용을 명확히 정리했다.□ Yes　　□ No
정리하지 못했다면, 그 이유는?

3 답안 작성 중 미처 쓰지 못한 내용이 있다.　　　　　　　　　　　　□ Yes　　□ No
있었다면, 그 이유는? (예: 단어가 생각나지 않았음)

4 나는 답안 작성을 완료한 후 작성한 글을 다시 읽으며 검토했다.　　　□ Yes　　□ No

라이팅 실력 향상을 위해 개선해야 할 점

HACKERS TOEFL ACTUAL TEST WRITING

TEST 14

INTEGRATED TASK

ACADEMIC DISCUSSION TASK

SELF-CHECK LIST

🎧 강의 음성은 TEST14.mp3에 수록되어 있습니다.

테스트 전 확인사항

☐ 휴대전화의 전원을 껐습니다.
☐ 메모할 종이와 연필이 준비되었습니다.
☐ 통합형 강의 mp3를 들을 준비가 되었습니다.
☐ 답안 작성 프로그램을 실행할 준비가 되었습니다.
☐ 시간을 체크할 시계가 준비되었습니다.

Directions   You have 20 minutes to plan and write your response. Your response will be judged according to the overall quality of the writing and how well you link the points in the lecture and the reading passage. Typically, an effective response is between 150 and 225 words in length.

🕐 읽기 제한 시간: 3분

Oil spills can cause severe damage to oceans and marine ecosystems. To combat this kind of pollution, scientists have identified bacteria that can break up and consume oil. While adding bacteria to oil-clogged waters does have some benefits, there are many factors that prevent it from being a practical way to deal with oil spills.

The main issue with using bacteria is the time it takes. The bacteria break down the oil bit by bit, and this process is much slower than other oil-removal methods. For instance, skimming, which uses special equipment to gather oil floating on the water, can clean up oil-polluted waters in a matter of weeks or months. A complete cleanup using bacteria, on the other hand, would require several years. This slow pace limits the method's effectiveness, since the longer the oil remains in the ocean, the more harm it does. As time goes on, the oil spreads over a greater area, eventually reaching the coastline.

The next complication is algae blooms. In order for the bacteria to function properly, fertilizer must be added to it. However, the fertilizer can cause algae blooms to form in the water, and it depletes the oxygen in the ocean. This is a serious concern because a lack of oxygen would be fatal to fish and other organisms, which would negate much of the benefit of using the bacteria.

Another drawback is that this technique does not work well at certain depths. Deep water is cold, and low temperatures inhibit the growth of bacteria. This means that when oil spills occur in the deep ocean, such as spills caused by oil-drilling platforms, the use of bacteria is not an effective cleanup method.

Now listen to part of a lecture on the topic you just read about.

Question Summarize the points made in the lecture, being sure to explain how they oppose the specific points made in the reading passage.

| Cut | Paste | Undo | Redo | | Hide Word Count | 0 |

Directions   Your professor is teaching a class on business administration. You must post a written response to your professor's question.

In your response, make sure to:

• state your opinion and support it

• contribute meaningfully to the discussion

A minimum of 100 words is required for a response to be effective. The time allotted for your response is 10 minutes.

Dr. Yang

In the field of organizational behavior, scholars have long explored the dynamics of individual behavior in the workplace and its impact on professional success. In order to achieve professional success, some people make an effort to fit in by acting like everyone else. However, others try to stand out by being different. In your opinion, which is the better way to behave in the workplace? Why?

Theresa

You can get ahead at work by being different. It allows you to highlight your unique abilities, which raises your overall value. In fact, employers tend to reward workers who can perform tasks that others in the company cannot. So you have a much greater chance of receiving a salary increase if you stand out.

George

In a workplace where everyone acts similarly, conflicts and friction are reduced. So when you prioritize conformity, you minimize behaviors that might cause disruptions and create an atmosphere that features harmony and mutual respect. This allows for a more productive work environment, ultimately leading to greater success in the workplace.

| Cut | Paste | Undo | Redo | | Hide Word Count | 0 |

모범 답안 · 지문 · 해석 p.141

SELF-CHECK LIST

TEST 14

이번 테스트는 어땠나요?
다음 체크 리스트로 자신의 테스트 진행 내용을 점검해 볼까요?

▌통합형

1 나는 주어진 시간 내에 요약문을 완성했다. ☐ Yes ☐ No
완성하지 못했다면, 그 이유는?

2 나는 주어진 읽기 지문과 강의의 내용을 모두 이해하고 노트테이킹했다. ☐ Yes ☐ No
그러지 못했다면, 그 이유는?

3 문제 풀이 중 유난히 어렵거나 부족하다고 생각되는 부분이 있었다. ☐ Yes ☐ No
있었다면, 어려웠던 부분과 그 이유는? (예: 읽기 지문에 모르는 어휘가 많았음)

4 나는 요약문 작성을 완료한 후 작성한 글을 다시 읽으며 검토했다. ☐ Yes ☐ No

▌토론형

1 나는 주어진 시간 내에 답안을 완성했다. ☐ Yes ☐ No
완성하지 못했다면, 그 이유는?

2 나는 답안 작성 전 아웃라인을 통해 글에서 전개할 내용을 명확히 정리했다. ☐ Yes ☐ No
정리하지 못했다면, 그 이유는?

3 답안 작성 중 미처 쓰지 못한 내용이 있다. ☐ Yes ☐ No
있었다면, 그 이유는? (예: 단어가 생각나지 않았음)

4 나는 답안 작성을 완료한 후 작성한 글을 다시 읽으며 검토했다. ☐ Yes ☐ No

라이팅 실력 향상을 위해 개선해야 할 점

HACKERS TOEFL ACTUAL TEST WRITING

TEST 15

INTEGRATED TASK

ACADEMIC DISCUSSION TASK

SELF-CHECK LIST

🎧 강의 음성은 TEST15.mp3에 수록되어 있습니다.

테스트 전 확인사항

☐ 휴대전화의 전원을 껐습니다.
☐ 메모할 종이와 연필이 준비되었습니다.
☐ 통합형 강의 mp3를 들을 준비가 되었습니다.
☐ 답안 작성 프로그램을 실행할 준비가 되었습니다.
☐ 시간을 체크할 시계가 준비되었습니다.

Directions   You have 20 minutes to plan and write your response. Your response will be judged according to the overall quality of the writing and how well you link the points in the lecture and the reading passage. Typically, an effective response is between 150 and 225 words in length.

읽기 제한 시간: 3분

Many people think that the brain has grown larger and larger over millions of years of human evolution. However, during the last 20,000 years, the average human brain size has actually been decreasing. A number of explanations for this phenomenon exist.

Some experts maintain that the decline in brain size resulted from a change in human societies. When humans lived on their own or in small groups, each person needed to be self-sufficient, doing everything from defending themselves from enemies to building shelters. However, as the population density increased, people began living in larger communities, allowing for a specialized division of labor. Since each individual no longer needed the mental capacity to accomplish such a wide range of tasks, a large brain was no longer required.

A second explanation is that the brain has shrunk due to a corresponding decrease in body size. Researchers have discovered that humans were much larger 20,000 years ago than they are today. They believe that when the human body was bigger, a larger brain was needed to control it. Moreover, there would have been a need for a bigger brain to process the extra sensory input coming from the greater amount of skin surface area. But as people became smaller, a big brain became unnecessary.

Moreover, the reduction in brain mass may be accounted for by a shrinking visual cortex, the part of the brain responsible for processing visual information. When humans were hunter-gatherers, they needed exceptional visual acuity to locate food sources and avoid predators. That is why the visual cortex was quite large at that time. However, as sedentary lifestyles were adopted, sharp vision became less critical, and the visual cortex diminished in size. As a result, the human brain got smaller.

Now listen to part of a lecture on the topic you just read about. 🎧

Question Summarize the points made in the lecture, being sure to explain how they cast doubt on the specific theories presented in the reading passage.

| Cut | Paste | Undo | Redo | | Hide Word Count | 0 |

Directions   Your professor is teaching a class on sociology. You must post a written response to your professor's question.

In your response, make sure to:

• state your opinion and support it

• contribute meaningfully to the discussion

A minimum of 100 words is required for a response to be effective. The time allotted for your response is 10 minutes.

Professor Carter

Tourism plays a critical role in the economic development of many countries. This has led to the constant development of new tourist facilities to bring in visitors. However, these projects have drawn criticism because of their negative effects on the people living in the area. I'd like you to think of one negative effect of the overdevelopment of tourist infrastructure on local communities. Then, explain what you think would be an effective way to minimize the effect.

Travis

Probably the biggest effect is increased pollution. As more and more tourists flock to an area, there is a rise in vehicle use that can worsen air quality. At the same time, visitors tend to produce large amounts of trash, such as plastic bags and bottles. One possible solution would be for the government to promote public transportation and recycling.

Emily

I feel that the most serious concern is the loss of cultural identity. The overdevelopment of tourism infrastructure results in an influx of tourists with no connection to the region. Locals who interact with these tourists regularly may abandon or change many of their customs. Establishing cultural centers to preserve important traditions would help avoid this.

| Cut | Paste | Undo | Redo | Hide Word Count | 0 |

모범 답안 · 지문 · 해석 p.149

SELF-CHECK LIST　　TEST 15

이번 테스트는 어땠나요?
다음 체크 리스트로 자신의 테스트 진행 내용을 점검해 볼까요?

▌통합형

1 나는 주어진 시간 내에 요약문을 완성했다.　　☐ Yes　☐ No
완성하지 못했다면, 그 이유는?

2 나는 주어진 읽기 지문과 강의의 내용을 모두 이해하고 노트테이킹했다.　　☐ Yes　☐ No
그러지 못했다면, 그 이유는?

3 문제 풀이 중 유난히 어렵거나 부족하다고 생각되는 부분이 있었다.　　☐ Yes　☐ No
있었다면, 어려웠던 부분과 그 이유는? (예: 읽기 지문에 모르는 어휘가 많았음)

4 나는 요약문 작성을 완료한 후 작성한 글을 다시 읽으며 검토했다.　　☐ Yes　☐ No

▌토론형

1 나는 주어진 시간 내에 답안을 완성했다.　　☐ Yes　☐ No
완성하지 못했다면, 그 이유는?

2 나는 답안 작성 전 아웃라인을 통해 글에서 전개할 내용을 명확히 정리했다.　　☐ Yes　☐ No
정리하지 못했다면, 그 이유는?

3 답안 작성 중 미처 쓰지 못한 내용이 있다.　　☐ Yes　☐ No
있었다면, 그 이유는? (예: 단어가 생각나지 않았음)

4 나는 답안 작성을 완료한 후 작성한 글을 다시 읽으며 검토했다.　　☐ Yes　☐ No

라이팅 실력 향상을 위해 개선해야 할 점

HACKERS TOEFL ACTUAL TEST WRITING

TEST 16

INTEGRATED TASK

ACADEMIC DISCUSSION TASK

SELF-CHECK LIST

🎧 강의 음성은 TEST16.mp3에 수록되어 있습니다.

테스트 전 확인사항

☐ 휴대전화의 전원을 껐습니다.
☐ 메모할 종이와 연필이 준비되었습니다.
☐ 통합형 강의 mp3를 들을 준비가 되었습니다.
☐ 답안 작성 프로그램을 실행할 준비가 되었습니다.
☐ 시간을 체크할 시계가 준비되었습니다.

Directions   You have 20 minutes to plan and write your response. Your response will be judged according to the overall quality of the writing and how well you link the points in the lecture and the reading passage. Typically, an effective response is between 150 and 225 words in length.

읽기 제한 시간: 3분

Fish farms are facilities where fish are raised in man-made enclosures and then harvested for food. Fish cultivation is an extremely fast-growing industry, with worldwide production of farmed fish now exceeding the amount of fish caught in the wild. Unfortunately, fish farms have some serious drawbacks that must be considered.

First, fish farms contribute to the spread of sea lice. They are tiny marine parasites that latch on to fish in order to feed on their blood. Since fish farms tend to be very cramped environments, lice spread quickly from fish to fish. Moreover, some of the lice are carried outside the enclosures by currents and attach themselves to wild fish in the area, killing many of them. This can be fatal to juvenile fish that have thin skin and are easily damaged by a lice's bite.

Next, fish farming results in the overharvesting of marine resources. Marine life, including krill and squid, must be caught in large quantities and fed to captive fish in order to provide them with protein. The problem is that up to three kilograms of these organisms is required to produce one kilogram of farmed fish. Therefore, fish cultivation greatly contributes to the depletion of ocean life.

A particularly troublesome aspect of fish farms is the tendency of captive fish to escape, which devastates marine ecosystems. Anything from extreme weather to equipment failure to human error can allow fish to swim free of the confines of a farm. Escapees that are not native to the area may then outcompete local species for food, habitats, and other resources, driving down the population of local fish.

Now listen to part of a lecture on the topic you just read about.

HIDE TIME 20:00

Question   Summarize the points made in the lecture, being sure to explain how they challenge the specific points made in the reading passage.

| Cut | Paste | Undo | Redo | | Hide Word Count | 0 |

Directions   Your professor is teaching a class on education. You must post a written response to your professor's question.

In your response, make sure to:
• state your opinion and support it
• contribute meaningfully to the discussion

A minimum of 100 words is required for a response to be effective. The time allotted for your response is 10 minutes.

Professor MacMillan

The education system has developed alongside technology, and there have recently been a lot of changes to how we learn. In particular, online learning has become increasingly popular thanks to better devices and the widespread availability of the Internet. For today's class, I would like to ask you this question: Is online learning a viable alternative to traditional in-person learning, or does it fall short in terms of quality and outcome? Why?

Anthony

When we go to school, it's not just about learning from books or lectures. We interact with our classmates and build relationships. And we can discuss subjects with our teachers face-to-face. These interactions are an important part of our education, and we only get them with traditional learning.

Sophie

I think online learning is not only viable, but it's absolutely necessary these days. All individuals deserve the chance to get an education, but it can be challenging for those who live in remote areas due to the distance involved in daily travel to and from school. Online learning makes education accessible to all people who want to learn.

| Cut | Paste | Undo | Redo | | Hide Word Count | 0 |

모범 답안 · 지문 · 해석 p.157

SELF-CHECK LIST TEST 16

이번 테스트는 어땠나요?
다음 체크 리스트로 자신의 테스트 진행 내용을 점검해 볼까요?

통합형

1 나는 주어진 시간 내에 요약문을 완성했다. ☐ Yes ☐ No
완성하지 못했다면, 그 이유는?

2 나는 주어진 읽기 지문과 강의의 내용을 모두 이해하고 노트테이킹했다. ☐ Yes ☐ No
그러지 못했다면, 그 이유는?

3 문제 풀이 중 유난히 어렵거나 부족하다고 생각되는 부분이 있었다. ☐ Yes ☐ No
있었다면, 어려웠던 부분과 그 이유는? (예: 읽기 지문에 모르는 어휘가 많았음)

4 나는 요약문 작성을 완료한 후 작성한 글을 다시 읽으며 검토했다. ☐ Yes ☐ No

토론형

1 나는 주어진 시간 내에 답안을 완성했다. ☐ Yes ☐ No
완성하지 못했다면, 그 이유는?

2 나는 답안 작성 전 아웃라인을 통해 글에서 전개할 내용을 명확히 정리했다. ☐ Yes ☐ No
정리하지 못했다면, 그 이유는?

3 답안 작성 중 미처 쓰지 못한 내용이 있다. ☐ Yes ☐ No
있었다면, 그 이유는? (예: 단어가 생각나지 않았음)

4 나는 답안 작성을 완료한 후 작성한 글을 다시 읽으며 검토했다. ☐ Yes ☐ No

라이팅 실력 향상을 위해 개선해야 할 점

HACKERS TOEFL ACTUAL TEST WRITING

TEST 17

INTEGRATED TASK

ACADEMIC DISCUSSION TASK

SELF-CHECK LIST

🎧 강의 음성은 TEST17.mp3에 수록되어 있습니다.

테스트 전 확인사항

☐ 휴대전화의 전원을 껐습니다.
☐ 메모할 종이와 연필이 준비되었습니다.
☐ 통합형 강의 mp3를 들을 준비가 되었습니다.
☐ 답안 작성 프로그램을 실행할 준비가 되었습니다.
☐ 시간을 체크할 시계가 준비되었습니다.

Directions   You have 20 minutes to plan and write your response. Your response will be judged according to the overall quality of the writing and how well you link the points in the lecture and the reading passage. Typically, an effective response is between 150 and 225 words in length.

🕐 읽기 제한 시간: 3분

In 2007, a collection of artifacts was removed from the Rhone River in southern France that included a life-sized bust. There has been a great deal of debate about the identity of the person depicted, but the available evidence supports the claim that it is a statue of Julius Caesar.

The person depicted in the bust has features that correspond to what is known about Caesar's appearance from a variety of sources. These include deep wrinkles running along the side of the mouth, and a prominent chin that points forward. In addition, the person portrayed in the statue has a receding hairline, which also matches with all accounts of Caesar. This is why the French government was able to confirm the identity of the sculpture's subject almost immediately.

Another point in favor of this being a bust of Caesar is that the area where it was found had a close connection to Caesar. It was discovered near Arles, where he established a Roman colony populated by veteran soldiers following his victory in a civil war. Giving land to soldiers was a common practice in ancient Rome. Therefore, it is likely that the statue was commissioned in his honor to celebrate the founding of the colony.

Finally, the material used to create the statue is a clue that it is a depiction of Caesar. The bust is carved out of a rare and expensive type of white marble. It is unlikely that this stone would be used for anything other than a bust of an important ruler because of its great cost. This marble would have been too expensive even for the members of the nobility.

Now listen to part of a lecture on the topic you just read about.

Question Summarize the points made in the lecture, being sure to explain how they challenge the specific points made in the reading passage.

| Cut | Paste | Undo | Redo | | Hide Word Count | 0 |

Directions   Your professor is teaching a class on marketing. You must post a written response to your professor's question.

In your response, make sure to:

• state your opinion and support it

• contribute meaningfully to the discussion

A minimum of 100 words is required for a response to be effective. The time allotted for your response is 10 minutes.

Doctor Brown

We read in the textbook about some successful marketing cases. Marketing plays a crucial role in selling a product, and a well-crafted marketing strategy can make the difference in determining a product's success. So what is the most important element to consider when developing a marketing plan for a new product? Should it be understanding the target consumer? Should it be selecting the proper routes for advertising? Should it be differentiating your product? Which approach is best, and why?

Amelia

I believe that understanding the target consumer is the most important factor. You need to know who your potential customers are and what their needs and preferences are. By understanding the target consumer, you can tailor the product or service to meet their expectations. It will eventually lead to increased satisfaction among consumers and higher chances of success.

James

I think differentiation is the most important factor. It is essential to differentiate your product from those of the competition and give consumers a reason to choose your product over others. This can be done through unique features, benefits, and messaging. Without differentiation, your product will just blend in with the others on the market.

| Cut | Paste | Undo | Redo | | Hide Word Count | 0 |

모범 답안·지문·해석 p.165

실전모의고사
프로그램

이로써 교재에서 제공되는 테스트 17회분이 모두 끝났습니다.
TEST 18~20은 실전모의고사 프로그램으로 제공되니, 실전과 동일한 환경에서 최종 마무리 연습을 해보시기
바랍니다.

* 해커스인강(HackersIngang.com)에서 이용하실 수 있습니다.

SELF-CHECK LIST TEST 17

이번 테스트는 어땠나요?
다음 체크 리스트로 자신의 테스트 진행 내용을 점검해 볼까요?

통합형

1 나는 주어진 시간 내에 요약문을 완성했다.　　　　　　　　　　　　　　☐ Yes　　☐ No
완성하지 못했다면, 그 이유는?

2 나는 주어진 읽기 지문과 강의의 내용을 모두 이해하고 노트테이킹했다.　　☐ Yes　　☐ No
그러지 못했다면, 그 이유는?

3 문제 풀이 중 유난히 어렵거나 부족하다고 생각되는 부분이 있었다.　　　☐ Yes　　☐ No
있었다면, 어려웠던 부분과 그 이유는? (예: 읽기 지문에 모르는 어휘가 많았음)

4 나는 요약문 작성을 완료한 후 작성한 글을 다시 읽으며 검토했다.　　　☐ Yes　　☐ No

토론형

1 나는 주어진 시간 내에 답안을 완성했다.　　　　　　　　　　　　　　☐ Yes　　☐ No
완성하지 못했다면, 그 이유는?

2 나는 답안 작성 전 아웃라인을 통해 글에서 전개할 내용을 명확히 정리했다.　☐ Yes　　☐ No
정리하지 못했다면, 그 이유는?

3 답안 작성 중 미처 쓰지 못한 내용이 있다.　　　　　　　　　　　　　☐ Yes　　☐ No
있었다면, 그 이유는? (예: 단어가 생각나지 않았음)

4 나는 답안 작성을 완료한 후 작성한 글을 다시 읽으며 검토했다.　　　　☐ Yes　　☐ No

라이팅 실력 향상을 위해 개선해야 할 점

MEMO

MEMO

1위 해커스어학원
260만이 선택한 해커스 토플

단기간 고득점 잡는 해커스만의 체계화된 관리 시스템

01 토플 무료 배치고사

현재 실력과 목표 점수에 딱 맞는
학습을 위한 무료 반배치고사 진행!

토플 Trial Test 02

월 2회 실전처럼 모의테스트 가능한
TRIAL test 응시기회 제공!

월 2회

03 1:1 개별 첨삭시스템

채점표를 기반으로 약점파악 및 피드백,
1:1 개인별 맞춤 첨삭 진행!

해커스 빡센 관리 받고
1달 만에 토플 고득점 졸업 go ▶